■ 本书为2022年浙江省哲学社会科学规划后期资助课题成果，

课题编号：22116023-G

浙江省哲学社会科学规划
后期资助课题成果文库

国际期刊论文词块使用的
多维度特征研究

李 雪 著

ZHEJIANG UNIVERSITY PRESS
浙江大学出版社
·杭州·

图书在版编目（CIP）数据

国际期刊论文词块使用的多维度特征研究 / 李雪著
. —杭州：浙江大学出版社，2023.12
ISBN 978-7-308-24632-3

Ⅰ.①国… Ⅱ.①李… Ⅲ.①英语－学术期刊－论文
－写作－研究 Ⅳ.①H315

中国国家版本馆 CIP 数据核字（2024）第 037197 号

国际期刊论文词块使用的多维度特征研究
李雪 著

责任编辑	诸葛勤	
责任校对	杨诗怡	
封面设计	周 灵	
出版发行	浙江大学出版社	
	（杭州市天目山路 148 号　邮政编码 310007）	
	（网址：http://www.zjupress.com）	
排　　版	浙江大千时代文化传媒有限公司	
印　　刷	浙江新华数码印务有限公司	
开　　本	710mm×1000mm　1/16	
印　　张	15.25	
字　　数	274 千	
版 印 次	2023 年 12 月第 1 版　2023 年 12 月第 1 次印刷	
书　　号	ISBN 978-7-308-24632-3	
定　　价	78.00 元	

前　言

　　词块(formulaic sequences)在语言中普遍存在,承载着意义表达的主要功能,是话语社团(discourse community)成员在学术交流中重要的话语特征之一,已成为语言学界的一个研究热点。随着计算机技术的发展,特别是语料库语言研究方法的兴起,词块研究在语言学界出现了方兴未艾的局面。本书就是语料库短语学视域下的词块研究,即采用语料库驱动的方法,以共现频率为基础,以定量分析为主要支撑的短语学研究。

　　本书聚焦于 n 元词分析中无自由词位的毗邻式词块(n-grams)与有一个自由词位的非毗邻式词块(phrase frames)。本书的主要研究内容是国际期刊论文词块使用的多维度特征,旨在分析毗邻式词块与非毗邻式词块在学术英语语篇中的学科差异,以及它们与语类结构(generic structure)的关联特征。毗邻式词块与非毗邻式词块在学术语篇中大量出现,对这两种词块的研究具有极大的学术价值与现实意义。

　　本研究采取定性与定量相结合的方法。本书自建专门用途语料库,语料来自四个学科(语言学、市场营销学、生物学、机械工程学,分别代表软性纯理、软性应用、硬性纯理、硬性应用学科)的 383 篇国际期刊英文论文引言部分。本书依据“创立研究空间”模式,人工标注语步(move)—语阶(step)单位。在研究过程中,本书首先分析语类结构的分布规律,为后续词块使用的语步特质性提供实证依据。接着,本书从频数分布、形式结构、语篇功能、意义单位等几个方面,依次分析毗邻式词块与非毗邻式词块在学术英语语篇中的学科特质,以及它们与语步—语阶的关联特征。毗邻式词块研究重在讨论固化的语言表达形式,探讨词块各个层面的共选关系,以及学科与语类结构对词块使用的制约关系。非毗邻式词块重在关注词块的变异性及词汇变体的语义聚合关系,映射语篇的程式化程度,探讨词块与词汇变体的组合与聚合关系,以及非毗邻式词块使用的学科与语类特质。为了进一步验证本研究的效度,本书依据研究成果,利用 Python 设计了一项学术英语教学辅助工具,方便使用者以学科与语步—语阶为检索项,检索相关的高频词块及上下文语境。

在本研究的语类分析部分,笔者发现,语步—语阶序列的独特性与重合性并存,反映出"软—硬""纯理—应用"的学科属性对语类结构的制约作用。"软—硬"的制约作用主要体现在"确立研究领域"语步,"纯理—应用"则主要体现在"介绍本研究"语步。另外,语类结构具有历时属性。这些数据可大体反映出学科作者对于使用何种修辞策略,以及传播何种信息的侧重,体现出学科话语社团对学术社团成员的制约。同时,结合这两种学科属性可以阐释学科文化是如何影响着语类结构的构建,以及相应的语言形式的选择的。

毗邻式词块分析结果表明,引言部分的毗邻式词块分布具有明显的次语类特征。通过分析共用毗邻式词块的频数分布与意义单位,笔者发现,部分共用毗邻式词块存在搭配、语义倾向与语义韵的差异。从语义韵的层面,相比一般态度意义,微观的具体态度意义更能区分学科差异。通过统计并分析引言语步的毗邻式词块分布,笔者发现,这些分布主要是"纯理—应用"的学科属性差异,而且主要体现在"介绍本研究"语步。非毗邻式词块研究结果表明,学科间存在内部变异性的差异。非毗邻式词块的频数与词汇变体之间呈现出中等程度相关(0.4—0.6)到强相关(0.6—0.8)。非毗邻式词块存在少量学科共用词块,其词汇变体的语义聚合可明显反映学科差异。通过统计引言语步的非毗邻式词块分布,笔者发现,这些分布同样存在"纯理—应用"的学科属性差异,差异主要集中在"确立研究领域"语步与"介绍本研究"语步。从功能聚类的角度对比两种词块的使用,泛化类与量化类倾向使用毗邻式词块,即相对固化的程式化表达;描述类和目标类词块倾向使用非毗邻式词块,即相对灵活的程式化表达。

本书的创新点主要体现在研究内容、研究方案,以及与学术英语教学实践接口的探索等方面,以期为语料库短语学,特别是语类视角下的学术词块研究贡献一份力量。

本课题是在我的博士生导师庞继贤教授的指导下完成的。感谢庞教授对课题不遗余力的支持和帮助,同时也感谢马博森教授、程乐教授、黎昌抱教授、钱毓芳教授、李文中教授与雷蕾教授对我的指导、鼓励和帮助。在我向各位老师请教问题时,他们都悉心教导,为我指点迷津,让我看到了大家风范和学者胸怀。

目　录

表目录

图目录

第1章 绪 论

1.1 术语界定

在语言中,承载意义的主要单位是短语,而非单词(Sinclair,2008:409)。经过几十年的发展,短语学(phraseology)已经成为语言学的重要学科,并在语言习得、语言教学、自然语言处理、机器翻译、词典编撰等多个领域得到了深入的研究和发展。短语学有多种研究路径。其中,语料库语言学的方法基于大量真实的文本数据,以频率统计为主要的量化手段,是目前最为常用的短语学研究方法。本研究的焦点即是运用语料库驱动的方法、以共现频率为基础、以定量分析为主要支撑的语料库短语学。

目前,短语学的研究单位尚有争议,对这类多词现象的界定、分类与识别尚未统一,与之相关的术语已多达 50 多个(Wray,2002)。随着语言学理论与提取技术的发展,短语学的术语还有增加的趋势。术语无法统一、同时存在的原因在于,在不同时期,研究者基于不同的语言学理论,有着不同的研究重心或研究方法,因而倾向使用不同的术语名称(段士平,2019)。另外,短语学的发展越来越具有跨学科研究性质,使其研究边界模糊易变(卫乃兴,2011)。因此,没有一种术语可以完全覆盖,任何一种界定都会有重合(Wood,2015)。鉴于此,本研究有必要在研究起始阶段,简明介绍相关术语,并界定相关概念。

短语学研究历时长、地域广、内容杂(李美霞,2016),不同学者倾向使用不同的术语及其相应的侧重点,有些英文或中文表述也并不完全相同。若强调语料库语言学的研究方法,术语至少包括以下几种:复现词组(recurrent word combinations)(Altenberg,1998)、词块(lexical bundles)(Biber et al.,1999)、语块(chunks)、多词单位(multi-word units)(Granger & Paquot,2008)、多词序列(multiword expressions)(Sinclair,2008)。也有术语来自自然语言处理领域,如 n 元组(n-grams)(Stubbs,2001)、词簇(word clusters 或 clustering)(Scott & Tribble,2006)等。若以语言教学为导向,较为典型的术语有词汇短语(lexical phrases)(Nattinger & DeCarrico,1992)、词汇组块(lexical chunks)(Ellis,1996)等,这类术语多强调这些多词结构已经被词汇化(lexicalized)。而在心理语言学或功能语言学领域,通常使用套语、程式语或程式化序列(formulaic sequences)(Wray,2002),这些术语从心理现实性的角度,强调多词结构"整存整取"的特性。在学术语篇中,短语学研究通常使用语料库驱动的研究方法,将这类多词现象统称为"formulaic sequences"(Hsu,2014)、"multi-word expressions"(Omidian et al.,2018)、"multiword sequences"(Shin,2020)、"phraseological items"(Ädel & Römer,2012)、"phraseology"(Thi & Harrington,2015)、"bundles"(Hyland,2012)等,中文术语包括词块(张会平,2020)、语块(陈海员、何安平,2017)、短语序列(李晶洁、卫乃兴,2013)等。

综上所述,尽管术语不一、侧重点不同,但它们都存在一个共通点,即这类多词单位需作为一个整体,有一定的词汇—语法特征,并实现特定的语用或语篇功能,本书将这种多词现象统称为词块(formulaic sequences,FSs)。

鉴于术语的多样性与复杂性,词块研究需要首先明晰其研究范畴,并以此进行概念界定。由于本研究焦点是语料库驱动的、以频次统计为基础的学术词块研究。本书参照 Granger & Paquot(2008:39)基于频数分布的统计方法分类标准(distributional categories)(见图 1.1),再根据本书的研究目的,对词块进行概念界定。

基于频数分布的词块研究主要划分为两类,即 n 元词分析或词簇分析(n-gram/cluster analysis)与共现分析(co-occurrence analysis)(Granger & Paquot,2008)。n 元词分析提取高频共现的两词及以上的连续性多词序列,主要存在两种情况:一种是结构固定(fixed)、相毗邻的(contiguous)多词序列,不存在自由词位(free slot)(如 a lot of),常用术语包括词束(clusters)、词串(chunks)、词块(lexical bundles)、语链/n 元组(n-grams)、复现序列(recurrent sequences)等;另一种为结构半固定(semi-fixed)、非毗邻的(non-contiguous)多词序列,存在一个或多个自由词位,称为搭配框架(collocational frames),由固定的高频功能词和一个居间的可变实词构成(如 a * of)(Renouf & Sinclair,1991)。

其他允许一个或多个自由词位的非毗邻式短语框架仍有"phrase frame"(Römer,2010)与"concgram"(Cheng et al.,2006)。"phrase frame"与"collocational frame"较为接近,定义描述为类似于 n 元词结构,但包含一个或多个自由词位与相应可替换的自由变体(variants),如 on the * hand,自由词

位为＊,自由变体为 one 与 other。"concgram"则是一种既允许成分变化(如
AB、ACB)、又允许位置变化(如 AB、BA)的两词及以上的非毗邻式搭配框架。

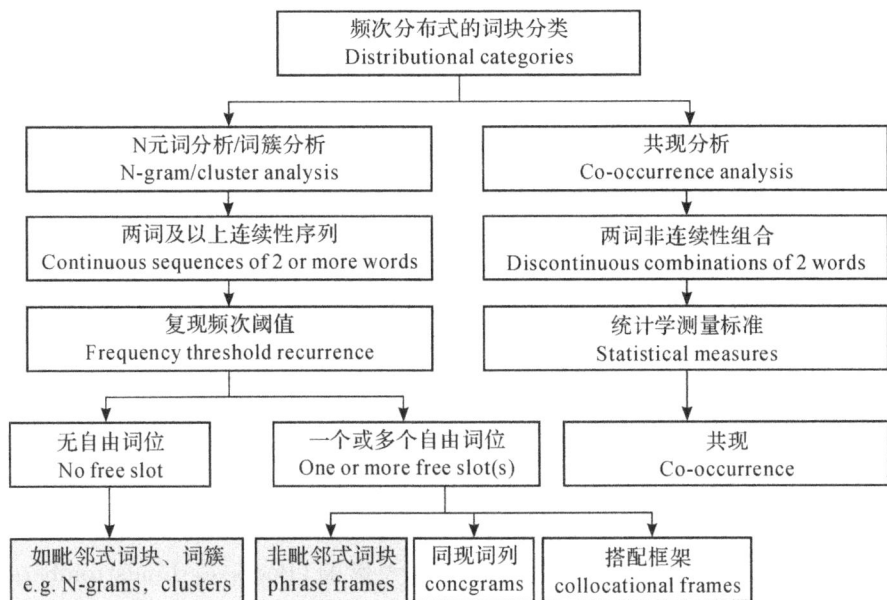

```
                    ┌─────────────────────────────┐
                    │   频次分布式的词块分类        │
                    │  Distributional categories    │
                    └─────────────────────────────┘
              ┌──────────────┴──────────────────┐
   ┌──────────────────────┐          ┌──────────────────────┐
   │  N元词分析/词簇分析    │          │     共现分析          │
   │ N-gram/cluster analysis│         │ Co-occurrence analysis│
   └──────────────────────┘          └──────────────────────┘
   ┌──────────────────────┐          ┌──────────────────────┐
   │  两词及以上连续性序列   │         │   两词非连续性组合     │
   │Continuous sequences of │         │Discontinuous combinations│
   │   2 or more words      │         │     of 2 words        │
   └──────────────────────┘          └──────────────────────┘
   ┌──────────────────────┐          ┌──────────────────────┐
   │    复现频次阈值        │          │   统计学测量标准       │
   │Frequency threshold     │         │ Statistical measures  │
   │   recurrence           │          └──────────────────────┘
   └──────────────────────┘
```

| 无自由词位 No free slot | 一个或多个自由词位 One or more free slot(s) | 共现 Co-occurrence |

| 如毗邻式词块、词簇 e.g. N-grams, clusters | 非毗邻式词块 phrase frames | 同现词列 concgrams | 搭配框架 collocational frames |

图 1.1　词块分类(基于 Granger & Paquot,2008)

共现分析则主要关注词项之间的统计关联性。词项之间非偶然因素的高
频共现称为搭配(collocations 或 collocate)(Sinclair,1991)或共现(co-
occurrence 或 occurrent)(Granger & Paquot,2008)。搭配又可分为语法搭配
(grammatical collocations)与词语搭配(lexical collocations)(Benson et al.,
1986)。语法搭配,如名词＋动词不定式、名词＋that 从句等。词语搭配,如形
容词＋名词、名词＋名词等实义词搭配。

据此分类,本书聚焦于 n 元词分析的固定结构词块与半固定结构词块。词
块的概念界定应根据当下的研究目的。但是,词块的概念较为复杂,任何概念
界定都可涉及理论与实际操作问题(Nesselhauf,2003)。词块的本体研究与争
论已持续多年,其界定、识别与分类至今尚未达成共识,是一项需要继续研讨的
课题。马广惠(2011)认为,鉴于任何一种分类都不能对词块进行全面细致的描
述,可考虑多方面描述,如结构、功能、词数、频率、紧密程度等。卫乃兴(2011)
认为,短语学研究更应强调语境因素,综合考虑多词单位的形式、意义以及功能
特征。

综合以上因素,词块在本研究现阶段的工作定义描述如下:

词块是高频复现的三词及以上、固定或半固定结构的多词序列,具有明确的意义,并可实现特定的语篇与语用功能。

本研究参照前人研究(Römer,2017;王丽,2014),将固定结构的词块称为毗邻式词块(n-grams),即高频复现的三词及以上、毗邻的多词序列(如 *a wide range of* 为一个四词的毗邻式词块);将半固定结构的词块称为非毗邻式词块(phrase frames,简称为 p-frames),即高频复现的三词及以上、非毗邻的、包含一个自由词位的多词序列(如 *the present study * to* 为一个五词的非毗邻式词块,* 位置为自由词位,词汇变体有 adds、aims、attempts、is、seeks 等)。

1.2 研究背景

在全球化背景下,英语已经成为国际学术交流的通用语言。研究表明,学术英语语篇中词块数量众多,是话语社团(discourse community)成员在学术交流中重要的语言特征(Biber et al.,2004;Cortes,2013;Hyland,2008)。词块对语言习得、加工、产出以及理解均存在较大影响(Boers & Lindstromberg,2005),词块的使用与写作能力直接相关(Chen & Baker,2010;Kim & Kessler,2022;Li & Fang,2022),适切地运用词块的能力应该成为二语学习者语言能力的重要考量之一(Appel & Wood,2016;Coxhead & Byrd,2007;Römer,2017)。

学术词块研究是国内外语言学界的研究热点。文献梳理表明,国外研究倾向于提取特定学科或特定学科属性(如软学科)的特色词块,并辅以分析其语篇功能。国内研究侧重讨论二语学习者的研究词块,如词块学习的内外影响因素,或词块使用存在的误用、多用、少用等实际情况(王芙蓉、王宏俐,2015)。这些研究无疑有很大的学术价值,国外研究通过考察特定学科作者高频使用的词块,为学术新手提供了参考和模板,帮助他们积极向本领域的话语社团靠拢;国内研究则指出了二语词块的使用特征以及可能存在的问题,为国内学术用途英语(English for Academic Purposes,EAP)的教学安排提供了参照依据。但不容忽视的是,学术语言作为知识生产和传播的语言载体,其表现形式会依据学科和专业的不同而有所区别(Halliday & Martin,1993),学科对语言影响的制约因素远远大于母语与文化背景(Dahl,2004;高霞,2017)。学科间的对比分析有利于进一步深入理解词块的本质,对学术英语教学具有重要的理论意义和实用价值(Swales,2019)。

　　由于各学科的知识体系存在一定的差异,各学科的学术语言运用也存在同质性与异质性。探析不同学科领域的共用词块与学科典型词块,可针对性地解释各学科作者如何使用修辞策略传播知识、推销(promote)学术成果。已有研究表明,学习者多接触特定专业领域的词块,更有利于其对专业领域词块的习得与产出(陈海员、何安平,2017)。但是,在学科差异背景下的词块研究中,多数研究侧重“软—硬”学科的学科知识属性分类,即软学科的知识具有反复性,硬学科的知识创新呈线性发展的特性。然而,笼统的“软—硬”二分法容易掩盖学科的独特性,且不足以分析受学科体系制约的语言运用特征。另外,学科间除了学科知识属性存在不同,研究成果和价值取向也可能存在不同。基于Becher(1987)“软—硬”“纯理—应用”的学科分类,纯理学科强调理解和解释,以出版学术论文(或著作)为主,应用学科更强调实用价值,以提供产品或产业建议为主。在语言学研究中,从整篇文本层面上分析,“软—硬”两分法基本可以分辨不同学科作者倾向的语言交际功能和语言使用特征(Durrant,2017)。但是,若基于语步—语阶(move-step)层面的语类分析与微观语言特征分析,不同学科期刊论文是否同时存在“纯理—应用”学科维度的语类结构倾向性,以及相对应的词块使用差异?这是需要验证的问题,也是本研究的选题缘由之一。

　　期刊论文作为一种重要的学术语篇语类,是传播学科知识的主要渠道(Thi & Harrington,2015),是一个以规范的形式展示科研成果,并被话语社团所认可的学术交流机制(庞继贤、陈明瑶,2007)。国际期刊论文语类的相关研究对学术发表具有重要的实际应用价值,也响应了学术成果“走出去”的学术战略。本研究将以引言部分作为分析的焦点,这是因为引言部分的语类研究更加成熟(如 Swales,1990;2004),可为本研究提供缜密的理论分析框架;同时,引言也是作者运用多种修辞手段努力推销其研究成果的部分,可直接反映出专家学者和学术新手的差别(庞继贤等,2021),也可直接影响学术成果的采纳与推广(高丹等,2018;雍文明,2018)。因此,引言语步的词块特征研究具有重要的理论意义和实际意义,值得学界深入探讨。关于引言部分,斯韦尔斯(Swales, J. M.)提出了“创立研究空间”(Creat a Research Space,CARS)(Swales,1990)图式,具体体现在:(1)研究背景;(2)文献综述;(3)研究的必要性;(4)研究目的;(5)研究的价值、意义或论文的结构(庞继贤,2008:51)。但由于学科文化的差异,各学科作者撰写引言的结构模式、侧重凸显的信息以及相应的语言特征也存在一定的学科差异,值得语言学者进一步探讨。斯韦尔斯在对学术英语语类分析的未来研究方向中指出,期刊论文仍有极大的研究价值,“不是期刊论文的语类研究太多,而是缺乏有信息量的语类研究”(Swales,2019:77)。

目前,语类分析(genre analysis)已不限于仅从宏观层面探讨如何构建语篇结构,而是扩展到结合微观层面,考察学科作者如何使用特定的语言构筑语篇(其主要概念框架见图 1.2),这为语类教学提供了重要佐证(Cotos et al.,2015)。Moreno 和 Swales(2018)呼吁学术界用更多的实证研究考察语篇中语言形式与功能的关联,以更好地理解学科化学术英语的本质。

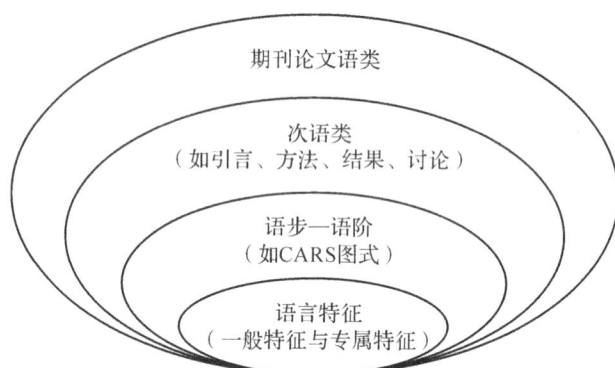

图 1.2　基于 Swales(1990;2004)期刊论文语类分析的主要概念

在有关词块研究中,多位学者呼吁结合语类与语步分析进行词块研究,考察特定语类(genre)或次语类(sub-genre)文本短语学特征。目前已经有少量语类分析视角下的词块研究考察了特定语类或次语类的文本短语学特征,以及词块在语步层面的特征和差异性(Casal & Yoon,2023;Cortes,2013;Golparvar & Barabadi,2020;Liu et al.,2023;Lu et al.,2018;Mizumoto et al.,2017;Omidian et al.,2018;Thi & Harrington,2015;胡新、黄燕,2017;李梦骁、刘永兵,2017;李晓红,2017)。这些研究不仅证实了语类分析方法的效度,也表明研究语料越限制在一种语类,越能凸显特定语类的词块特征。然而,鲜有研究利用数据分析方法验证语类分析框架是否适用于词块研究(Cortes,2013;Thi & Harrington,2015)。显然,语步—语阶的分类框架直接影响词块的提取与分析(Durrant,2017),在研究中需要对其进行验证并报告(Mizumoto et al.,2017)。对应分析(correspondence analysis)作为一种多元统计分析方法和可视化的数据分析方法,可以同时揭示同一个变量各类别之间的差异,以及不同变量各类别之间的对应关系。这种分析方法可论证语步—语阶的词块研究方法的可行性,进一步增加此研究方法的实证性。与此同时,仅少数词块研究考虑了语类维度与学科维度的潜在关联,这需要研究者予以关注。

此外,词块研究具有多样性与复杂性,大量学者聚焦于毗邻式词块的研究,对非毗邻式词块的研究相对不足(Golparvar & Barabadi,2020)。近两年,针对非毗邻式词块的研究逐渐增多,其语类范围与研究视角也更为广泛,且证实了非毗邻式词块教学的重要性、实用性和可行性(Geluso,2022;Liu & Chen,2022;Tan & Römer,2022;Ren,2022)。在学术英语语篇中,毗邻式词块大量出现,但大部分词块是由几个固定的功能词和一个居间的可变实词所组成(Biber,2009)。这些词汇变体通常是一个词类,或者是语义连贯的集合(Römer,2017)。这些词汇变体构成的词块通常具有类似的语篇功能。因此,非毗邻式词块研究具有极大的学术价值和现实意义。已有研究表明,通过分析非毗邻式词块的内部变异性及其自由词位的设定,可更全面映射出语篇语类(genre text)、学科及个人写作特征,对揭示语言现象、辅助语言教学及开发语言测试都有很重要的作用(Forsyth & Grabowski,2015;Lu et al.,2018;陈建生、赵佳美,2019;王丽,2014)。在实际教学中,非毗邻式词块可帮助学生理解语言的程式化特征,减轻学习者使用词块的记忆负担(Barabadi et al.,2020)。实际上,Simpson-Vlach 和 Ellis(2010)的学术词块列表(Academic Formula List)也包含了部分非毗邻式词块列表,作者将重合结构的毗邻式词块合并为非毗邻式词块(如 *it is possible that/to*)。而在 Martinez 和 Schmitt(2012)的短语表(Phrasal Expressions List)中,作者已意识到部分词块中存在一定的词汇变体,并有意识地进一步检索这些半固定词块,以增补一部分非毗邻式词块。以上两项研究的非毗邻式词块均是从最高频毗邻式词块中总结而来,这种方法的风险在于,容易忽略框架内部变异性(internal variability)较高的词块(Gray & Biber,2013)。因而,非毗邻式词块应设定检索标准、单独批量提取。Lu 等(2018)弥补了如上不足,制定了软学科期刊论文引言部分的非毗邻式词块列表。作者指出了未来研究应侧重非毗邻式词块与语步—语阶相关联的必要性,并在之后的研究中完成了非毗邻式词块与引言部分语步—语阶的关联研究(Lu et al.,2021)。

值得一提的是,词块的研究热度居高不下,原因之一在于词块研究对英语学习及教学的应用价值和启示意义。高频词块对学术用途英语有巨大的教学价值,可以为教材建设提供借鉴的素材(Hyland,2012)。但实际上,研究与教学实践之间还存在很大的隔阂(Oakey,2020),原因主要有以下几点:第一,目前,词块的提取大多通过语料库自动实现,根据一定的检索标准(如频次阈值40次/百万词)与概率统计值(如 MI 等),并辅以人工筛选。如此,目标词块的数量仍然很多,对于教学实践而言,任务量过于庞大。第二,大部分研究者会在研究论文的"讨论"或"结论"部分,提出当下研究对教学实践者的启示性建议。

但这些建议过于宏观,并非具体的教学建议,即如何教如何学,教学实践者仍无从下手。第三,尽管词块列表是从真实的语料中提取的,这些词块在语篇中实现了特定的交际目的,但孤立的词块列表是脱离语境的,并可能存在语义不完整或语义不透明的情况,对教学实践者与学生并不友好。最后,词块的研究分析路径大多基于词块的结构与语篇功能分析框架。但这些分析框架过于学术化,教学实践者和学生不容易理解与接受。

鉴于以上情况,解决的途径之一是关联词块与其具体的语境,从而增加词块的意义分析,具体分析词块的语义域(semantic domains)(Shin,2020)。而另外一个直接的方法是利用计算机技术,结合数据驱动学习(Data-Driven Learning,DDL)与计算机辅助语言学习(Computer-assisted Language Learning,CALL),设计开发一款基于语料库的学术英语教学辅助工具,将研究成果作为可操作的可视工具,展现词块在真实语境中的使用,并适时增加多个维度(如学科、语类结构等),为学术英语教学提供真实可参照的语言实例与使用依据,拉近词块研究与教学实践的距离。同时,这种工具可作为实证研究的验证平台,检验实证研究的适用性、应用性和推广性。

1.3 研究内容

本书的主要研究目标是国际期刊论文词块使用的多维度特征,旨在分析毗邻(contiguous)词块与非毗邻(non-contiguous)词块在学术英语语篇中的学科差异以及与语类结构的关联特征。本书的研究对象聚焦于 n 元词分析的无自由词位与有一个自由词位的词块(见图 1.1,阴影部分为研究对象)。

本书涉及语料库短语学视域下的多词结构研究,即采用语料库驱动的方法,以共现频率为基础,以定量分析为主要支撑的短语学研究。鉴于短语学研究历时长、地域广、内容杂(李美霞,2016),这类多词结构的术语表述与侧重点有所不同,英文或中文表述也并不完全对应。鉴于本书篇幅有限,术语方面不再展开论述。尽管术语不一、侧重点不同,但这些术语都存在一个共通点,即这类多词单位需作为一个整体,有一定的词汇—语法特征,并实现特定的语用或语篇功能。本书将这种多词结构统称为词块(formulaic sequences,FSs)。

Granger 和 Paquot(2008)将基于频数分布的词块研究主要划分为两类,即 n 元词分析(或词簇分析)与共现分析。但在包含自由词位的 n 元词分析中,Granger 和 Paquot 仅列出了"collocational frames"(Renouf & Sinclair,1991),

其他允许一个或多个自由词位的多词结构仍有"phrase frames"(Römer,2010)与"concgrams"(Cheng et al.,2006)。"phrase frame"与"collocational frame"较为接近,但不限定词性;"concgram"则是一种既允许成分变化(如 AB、ACB),又允许位置变化(如 AB、BA)的两词及以上的多词搭配结构。

　　本研究基于学科与语类维度开展词块分析。在学科文化的探索中,比彻(Becher,T.)等人提出的学科知识论分析框架极具影响力(Becher,1987;Becher & Trowler,2001),一些语言学研究也验证了其适用性(Groom,2007;Hyland,2008;高霞,2017;杨越森等,2019)。本研究参照此分类框架,根据研究客体特点、知识发展的过程特征、研究者作用、知识标准、目的等方面,选择语言学、市场营销学、生物学与机械工程学,分别代表软—纯理学科、软—应用学科,硬—纯理学科与硬—应用学科(见图 1.3)。期刊语类分析框架最具影响力的代表之一是 Swales(1990;2004)提出的语步分析(move analysis)与"创立研究空间"(Create a Research Space,CARS)模式。CARS 模式由三个语步(move)构成,每个语步又由必选或可选的语阶(step)构成。这个模式被学界广泛应用,本书也将加以修正使用。

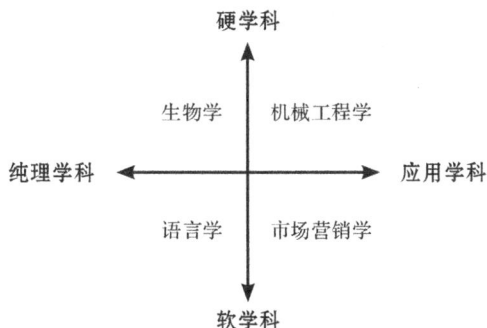

图 1.3　知识领域示意图和各领域代表性学科(基于 Groom,2007;卫乃兴,2019)

　　本研究自建国际期刊论文语料库,依据 CARS 模式、人工标注语步—语阶单位。本研究从频数分布、形式结构、语篇功能、意义单位等几个方面,依次分析毗邻式词块与非毗邻式词块在学术英语语篇中的学科特质以及与语步—语阶的关联特征。毗邻式词块研究重在讨论固化的语言表达形式。通过分析毗邻式词块的结构、功能与意义单位,探讨词块各个层面的共选关系,以及学科与语类结构对词块使用的制约关系。非毗邻式词块重在关注词块的变异性及词汇变体的语义聚合关系。通过分析非毗邻式词块的分布特征,如内部变异性、词汇变体与词块数量的相关性等,映射语篇的程式化程度,探讨词块与词汇变体的组合与聚合关系,以及非毗邻式词块使用的学科与语类特质。为了进一步验证本研究的效度,笔者依据研究成果,利用 Python 设计了一项学术英语教学辅助工具,方便使用者以学科与语步—语阶为检索项,检索相关的高频词块及上下文语境。

本研究将以引言部分作为分析的焦点,这是因为引言部分的语类研究更加成熟(如 Swales,1990;2004),可为本研究提供缜密的理论分析框架;同时,引言也是作者运用多种修辞手段努力推销其研究成果的部分,可直接反映出专家学者和学术新手的差别(庞继贤等,2021),也可直接影响学术成果的采纳与推广(高丹等,2018;雍文明,2018)。因此,引言语步的词块特征研究具有重要的理论意义和实际意义,值得学界深入探讨。

本书主要回答以下研究问题。

(1)在四个学科的期刊论文引言部分,语步及语阶的分布情况如何? 常用的语步及语阶序列是什么? 学科间语步—语阶分布异同存在的原因是什么?

(2)在四个学科的期刊论文引言部分,高频毗邻式词块的总体分布情况如何? 是否存在学科共用毗邻式词块? 各个学科作者高频使用的毗邻式词块在不同语步的频数分布是否具有显著差异? 在各语步实施的语篇功能存在哪些异同? 存在如上差异的原因是什么?

(3)在四个学科的期刊论文引言部分,高频非毗邻式词块的总体分布情况如何? 是否存在学科共用非毗邻式词块,以及词汇变体的选择是否存在学科差异? 各个学科作者高频使用的非毗邻式词块在不同语步的频数分布是否具有显著差异? 在各语步实施的语篇功能存在哪些异同? 存在如上差异的原因是什么?

通过以上研究方法和可能的研究结果,本书期望为学术英语的语篇构建机制提供启示,帮助我国论文作者更加了解国际学术圈的写作规范,熟练运用学科独特的语篇构建机制和语言表达。

本书有以下研究重点。

(1)语类标注。语类分析框架与语类标注需要多方印证、最大限度地保证研究结果的信度和效度,这是因为语类分析框架与语类标注结果可直接影响语言分析结果与研究结论。为此,本研究采取了以下方法:双人识别标注;信度检验,验证人工标注的一致性;对应分析(或称 R-Q 型因子分析),验证本研究语类分析框架的可行性与适用性。

(2)语言现象分析。在大量语言数据面前,结合话语分析,挖掘有价值的语言信息和语言规律更为重要。本研究的语言现象分析主要涉及语篇内(text-internal)的语言学层面的词块语法—语义—语用—功能聚类分析,以及语篇外(text-external)的语篇生成过程和社会环境因素的考量。这个过程需要观察大量检索行,也需要关注历时的学科文化与社会文化动态,并访谈学科圈内人士(insider)解释部分语言现象,三方互证加大研究的效度。

本书有以下研究难点。

(1)语类标注。本研究采取双人识别标注方式,由笔者与相关学科的博士生合作标注,并由笔者开展前期培训并跟踪检查,整个环节需耗费大量人力。此环节设计的考量在于,在标注过程中,各语步和语阶之间的界限不分明,需要标注员首先从上到下研读文本内容,了解其话题的起始转换和内容之间的逻辑衔接,再从下至上结合语言层面(词汇和句子)判定相应的功能、划分语步—语阶单位(Moreno & Swales,2018;王立非、刘霞,2017)。因此,标注者熟悉上下文语境和学科专业知识十分重要(杨瑞英,2006)。

(2)数据分析。本研究运用 Python 和 R 处理与统计语言数据,需要本书研究者具备一定的编程基础与数据处理能力。目前已有的语料库软件主要分为检索软件和标注软件两大类。若在标注语料中提取、统计相关的语言特征,一般使用正则表达式、XML 路径语言技术(XPath)或编写脚本程序执行操作。本书利用 Python 编写脚本程序,依次统计语步—语阶序列、词块(及词汇变体)与语步—语阶的关联频次;使用 R 开展对应分析,以及卡方检验、标准化残差等统计学检测。此外,本研究使用 Python 的 Tkinter 模块进行教学辅助工具的窗口视窗设计。

1.4 研究意义

本研究具有以下重要的理论意义与实际意义。

理论意义如下。

(1)扩展了共选理论。根据共选理论,共选是学术作者选择语言形式来实施语篇行为的核心机制(李晶洁、卫乃兴,2013)。本研究表明,词块的高频共现凸显了四类共选关系,除了两种基本的共选关系,即词汇与词汇的共选、词汇与语法的共选,还有词块使用与学科知识构建的共选,以及与语类结构(generic structure)的共选。本研究考察语篇中语言形式与功能及学科的关联与共选关系,有助于更好地理解学科化学术英语的本质(Moreno & Swales,2018;Swales,2019)。

（2）丰富了词块的意义分析。在词块研究中，研究者较多关注词块的结构和功能，较少开展词块的意义分析。但在语料库语言学的研究体系中，语言词项的结构、功能与意义为不可分割的整体，三者之间为相互制约的共选关系。另外，学界对"语义韵"的态度所指仍存在争议，即语义韵应关注其一般态度意义还是微观的具体态度。本研究表明，相比一般态度意义，微观的具体态度更能区分语言使用的学科差异。

（3）明确了"纯理—应用"学科维度在语言分析中的重要性。学科知识特征制约学术话语行为，软—硬学科的规律性制约尤为明显，这项发现已得到多数研究的证实。但通过结合语类分析（genre analysis），本研究发现，在部分语步—语阶（move-step）单位中，词块的分布与功能倾向性受制于学科的"纯"或"应用"特性，需要学界的进一步关注和探讨。

实际意义如下。

（1）论文指导。本研究归纳了学科特色的语步—语阶序列，以及其循环与套嵌规律，可以帮助教师有效地指导论文写作；帮助读者提高对论文内容的预测能力，提升其科研敏感度和科研能力；帮助学术新手了解学科独具的语篇构建机制，提高写作质量与写作效率；助推学术成果"走出去"，在国际学术舞台发出中国学者的声音。

（2）教材编撰。通过相关系数检测以及与语步—语阶单位的关联分析，本研究探讨了高频非毗邻式词块的研究意义和教学价值，为学术用途英语（English for Academic Purposes，EAP）的教材编撰提供了实证的参照依据。

（3）软件应用。在前人的相关研究中，关于研究的教学价值的阐述过于笼统，故其成果在真实教学环境中的有效性和实现性仍旧存疑（Cheng，2019）。本研究利用 Python 开发学术英语教学辅助工具，将语料库指导的词块列表设计为可操作的可视工具，结合语类与学科维度，展现多维真实使用语境，拉近研究与教学实践的距离，为学术英语课堂及相关教材设计提供切实的帮助和指引。

1.5　本书结构

本书分为 8 章。

第 1 章为绪论。该部分包括术语界定、研究背景、研究内容、研究意义与论文结构。本章将明确本书的研究焦点和研究框架，从整体上阐述词块的重要研究地位，简述本书的研究内容、研究问题与相应的研究意义。

　　第 2 章为文献综述。该部分将结合文献计量分析法与内容分析法。笔者首先通过年度发文量、主题词知识图谱、作者共被引知识图谱,整体把握词块的研究路径与发展趋势;再通过文献研读,详述词块(毗邻式词块与非毗邻式词块)的提取方法与理论分析框架,并分别评述学科差异与词块研究,以及期刊论文语类与词块研究。本章将全面回顾相关的理论基础与前人研究,为本研究提供坚实的理论基础和方法依据。

　　第 3 章为研究方法。该部分将分别介绍本研究的语料构成、语料处理与分析步骤,包括研究语料的建库情况、人工标注的方法与一致性报告、词块的提取标准、词块的对应分析,以及词块的总体分析路径。本章将为后续研究提供重要的方法论基础。

　　第 4 章为期刊论文引言的语步—语阶序列分析。本章将重点回答第一项研究问题,即在四个学科的期刊论文引言部分,各学科作者常用的语步与语阶序列分别是什么?语步分布和语阶分布情况如何?为了保证研究结论的客观性,笔者将自编计算机程序,统计各学科论文引言的语步—语阶序列与频次,并结合"必要"(obligatory)语步—语阶与"可选"(optional)语步—语阶的概念,进一步探析引言语步的学科分布差异。此类数据并非对写作规范的设定,而是从大体上反映出学科成员对何种信息的侧重,以及对何种信息传播方式的偏好(赵永青等,2019)。此项语类和语步—语阶分析可为后续词块使用的语步特质性提供必要的依据。

　　第 5 章为毗邻式词块研究。本章将重点回答第二项研究问题,即在四个学科的期刊论文引言部分,高频毗邻式词块的总体分布是否存在差异?其结构和功能分布及二者交互是否存在差异?各学科间是否存在共用词块?各学科作者使用的词块在不同语步的频数与语篇功能分布是否存在显著差异,以及原因是什么?针对这项研究问题,本章将首先介绍毗邻式词块在不同学科期刊论文引言部分的总体使用情况,包括其频数分布、结构和功能的分布,以及结构和功能的交互。接着,本章将从频数、搭配、语义倾向与语义韵的角度,探究学科共用词块的使用情况。最后,本章将介绍各学科词块在引言各个语步的分布是否存在显著差异,使用卡方检验(chi-square test)确定各学科在三个语步中的分布是否具有显著差异($p < 0.05$);若存在显著差异,将进一步运用标准化残差(standardized residual),明确造成显著差异的语步组别($R > 1.96$ 或 $R < -1.96$)。确定其统计学意义后,本章将开展质性分析,以语步为分析单元,从词块功能、学科文化、学术规约等角度探究其学科差异的深层次原因。

　　第 6 章为非毗邻式词块研究。非毗邻式词块的研究重点在于其内部变异性及词汇变体的学科差异,将其与毗邻式词块的使用特征加以比较,可以反映出词块的变异性倾向。本章重点回答第三项研究问题,即在四个学科的期刊论文引言部分,高频非毗邻式词块在总体使用频率上是否存在差异?各学科是否存在共用非毗邻式词块,以及词汇变体的选择是否存在学科差异?各学科非毗邻式词块在引言三个语步的频数与功能分布是否存在显著差异,以及原因是什么?基于此研究问题,本章首先将介绍非毗邻式词块的整体使用情况,包括其频数分布、内部变异性、词块频数与词汇变体数量之间的相关性,以及结构形式和语篇功能的分布情况。其次,本章将探讨学科共用非毗邻式词块。为了更直观地考察其词汇变体的学科差异化,本研究利用词云(word cloud)分别展示各学科共用词块的词汇变体。最后,本章讨论了非毗邻式词块在引言各个语步的使用情况。使用卡方检验确定各学科在引言三个语步的频数分布是否具有显著差异($p<0.05$);若存在显著差异,则进一步运用标准化残差,明确造成显著差异的语步组别($R>1.96$ 或 $R<-1.96$)。下一步,笔者将结合质性分析,以语步为分析单元,以功能为分类标准,探讨学科作者如何通过不同的词块框架与词汇变体,实现特定的语篇功能与修辞手段。

第 7 章为基于词块的学术英语教学辅助工具介绍。此工具是本研究结果的现实应用,可验证本实证研究的效度,与语言研究部分(第 4—6 章)相辅相成、自成一体。本章首先阐述计算机辅助语言学习的理论与相关实践,然后介绍本教学辅助工具的一般规格、指导方法与技术应用。在使用者试用本工具后,本研究将运用民族志方法对使用者进行半结构式访谈,对本词块写作工具进行反馈,为下一步的开发调试做准备。

第 8 章为结论与启示。本章首先依据研究问题依次展示本研究的主要发现。其次,论述本研究的研究贡献与研究启示。最后,指出本研究的局限性与不足,并探讨未来研究的可行性建议。

本书有较多的语言数据以附录形式存于百度网盘,分别为:语料库入选期刊(附录 1)、期刊论文引言语步序列(附录 2)、期刊论文引言语阶序列(附录 3)、期刊论文引言部分毗邻式词块的结构与功能分布(附录 4)、期刊论文引言语步毗邻式词块的结构与功能分布(附录 5)、期刊论文引言部分非毗邻式词块的功能分布(附录 6)和期刊论文引言语步非毗邻式词块的功能分布(附录 7)。请参考百度网盘 https://pan.baidu.com/s/1hK0Hz1oV-HqAvBYKijd2Kw? pwd＝tjun。

第 2 章 文献综述

基于词块在语言研究中的显著地位,以及词块研究的现实意义,有关词块的研究层出不穷,并涉及多个语种(如英语、德语、韩语、汉语、西班牙语等),其中英语的词块研究占了绝大多数。本书焦点在于英语学术词块,本章的焦点在于英语学术词块的相关研究及发展路径。由于对词块的界定与分类各有不同,词块的提取标准与分析路径也各不相同,而这两个方面是词块研究所不可忽略的环节。因此,词块的提取标准与分析路径也将是本章的重点阐述内容。

学术词块研究是国内外学者关注的热点主题。在不同时期,均有权威期刊与学者对词块研究进行梳理。2012 年,国际权威期刊 *Annual Review of Applied Linguistics*(《应用语言学年刊》)设特刊,以程式化序列为主题,系统介绍了不同语言学领域的程式化序列研究。其中,Hyland(2012)对英语学术词块做了系统论述,重点介绍了毗邻式词块的独特性,包括其识别与提取方法,相应的结构和功能特征等。Hyland(2012)表示,毗邻式词块存在学科与语类差异,具有很大的教学价值和研究意义。同时,Hyland(2012)也强调,学术英语中同时存在非毗邻式词块与非连续式词块,需要得到学术界的关注。屈典宁、彭金定(2016)梳理 1993—2013 年 SSCI 期刊的词块研究实证论文,发现词块的研究范式在整体上呈现出逐步转向多方验证方法的趋势。但作者并未专述学术英语领域的词块研究。陈海员、何安平(2017)重点关注了学术词块研究,综述了国外英语学术词块的进展。首先,作者区分了词块的不同分类、不同提取途径及分析路径。其次,作者发现了词块的使用研究多从词块本身的结构和功能展开,词块的构成与语步的宏观关系仍有很大的研究空间。另外,作者展示了教学实践方面的词块实证研究,肯定了词块教学的有效性及其对国内教学的参照价值。这些述评对本书研究有所启发,但均未聚焦于国内的词块研究。

随着词块研究的发展,词块的研究范畴与研究方向皆有新的发现与进展,需要进一步更新文献数据。另外,词块研究的计量数据(例如发文数量、发文途径、主题关键词等)也是未来研究发展的重要依据。因此,为了全面概述英语学术词块研究,本章首先使用计量文献分析法,纵观词块研究的历时发展概况,再运用内容分析法,研读梳理重要文献,分别评述词块的提取标准、词块的分析框架、学科差异与词块研究,以及期刊论文语类与词块研究。

2.1　词块的计量文献分析

传统的文献分析通过阅读、归纳庞大的文献,存在一定的主观性与局限性。文献计量法作为图书情报学分支科学,采用数学和统计学方法,对文献进行多元与历时分析,可以描述并预测某个学科、研究主题或期刊等的核心知识热点和发展趋势,其研究结果客观且有对比性。文献计量一般包括描述性统计、引文分析(Citation Analysis)和共词分析(Co-word Analysis)三部分(王节祥、蔡宁,2018)。作为一种成熟的文献分析和信息挖掘方法,文献计量法已广泛应用于信息科学、计算机科学、地理学、管理学等。在语言学领域,Lei 和 Liao(2017)通过文献计量法分析了语言学期刊中中国大陆、台湾、香港和澳门的发表量和影响力,Lei 和 Liu(2019)则分析了应用语言学 SSCI 国际权威期刊的研究热点和前沿,依据大数据为目标读者提供了研究思路。

本研究将使用 CiteSpace(5.6.R5)软件作为科学知识图谱(Mapping Knowledge Domains)的计量分析工具,辅以内容分析法对代表性文献进行梳理,对词块的研究路径做系统的综述,为本书打下坚实的文献基础。

2.1.1　计量文献研究设计

本书通过科学引文索引数据库(Web of Science,WoS)与中文社会科学引文索引数据库(Chinese Social Sciences Citation Index,CSSCI)浙江大学端口进行文献检索。方法如下。

国外相关文献以 WoS 为检索平台,限定核心合集中的 SSCI 和 A&HCI 索引期刊为数据源。国内相关文献以 CSSCI 为检索平台。分别检索学术词块在语言学领域的文献,文献类型为"article",检索时间段为 2000—2019 年,通过专业检索式检索,获取 352 条外文文献记录与 263 条中文文献记录,选取与词块直接相关的文献,最终获取 253 条外文文献记录与 191 条中文文献记录。所有文献记录均通过检索平台导出题录,并以纯文本格式保存。

根据以上文献,计量文献分析将回答以下问题。

(1)中外学术词块研究有怎样的发文量变化,其中有哪些高发文期刊?

(2)中外学术词块研究有哪些高被引作者? 主要贡献是什么?

(3)这 20 年(2000—2019)中,中外学术词块的研究主题是否有显著的变化?

2.1.2　计量文献研究发现

2.1.2.1　文献数量变化

分别统计英文文献与中文文献的年度发文量(见图 2.1 与图 2.2),本研究发现,国内外的发文趋势较为一致,呈现出在波动中上升的趋势,中文文献的发文量与增长趋势略缓慢于英文文献。如图 2.1 所示,英文文献发文量从 2008 年逐渐增加,在 2011 年出现快速增长模式,之后出现波浪形的递增趋势。根据图 2.2,中文文献发文量同样在 2008 年逐年增加,在 2010 年出现一个突发,词块研究进入鼎盛时期,之后开始出现有起落、但整体增加的趋势。

通过进一步内容分析,本研究发现,自 2008 年以来,不同学者(Ellis,2008;Römer,2009;Sinclair,2004)基于不同的理论,逐渐深化对词块的认识,并一步步将词块视为语言的核心。这些作者形成了词汇与语法不可分割的论证共识,并融合了词块的界面。语料库语言学基于文本大数据分析,证实了这个语言理论,并进一步促进了词块研究的发展。在不同的历史时期,学界出现了不同的短语学理论,如习语原则(idiom principles)、短语项目(phraseological items)、词块理论(lexical bundles)、词汇启动(lexical priming)。这些理论从不同的语言学视角出发,如习语原则与词块理论是基于语料库语言学的视角,短语项目是基于短语学的视角,词汇启动论是基于认知语言学与神经科学的理论视角。这些理论的共通点在于强调频率、词汇共现与语篇,以上这些都需要语料库语言学的研究范式与研究数据。可以说,学术词块研究的快速增长源于语料库语言学方法的发展。

在提取方法上,词块的提取最初主要通过直觉,在较少的语料样本中提取词块,研究过程较为烦琐,界定标准相对主观。随着语料库技术的成熟和发展,语料库语言学方法是当下最易推广且普遍使用的研究方法,尤其是语料库驱动的研究方法。该方法主要通过软件自动提取与概率统计,提取相关程式化序列,并得出相应的结论。词块研究从定性研究逐步转向与定量相结合的研究,研究内容也趋于多样化与丰富化。与此同时,词块研究的相关发文量也急剧上升。而从 2008 年之后,国内学界学术词块的研究发文逐步从偏重理论化的研究转向偏向二语学习者的教学研究,并逐步盛行"词汇法""词块教学法""提升词块意识"等论断。

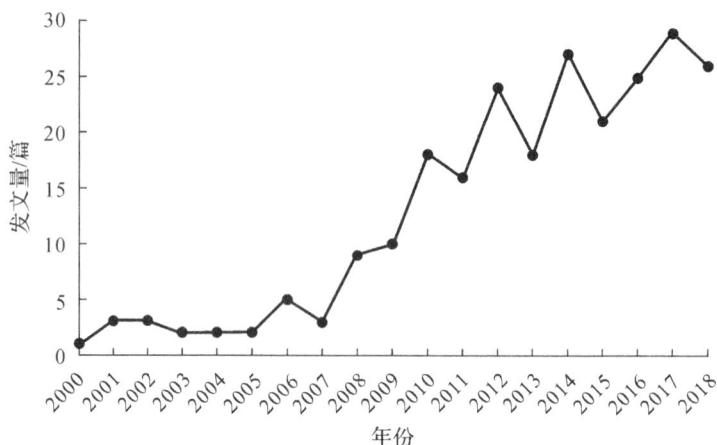

图 2.1　英文文献年度发文量

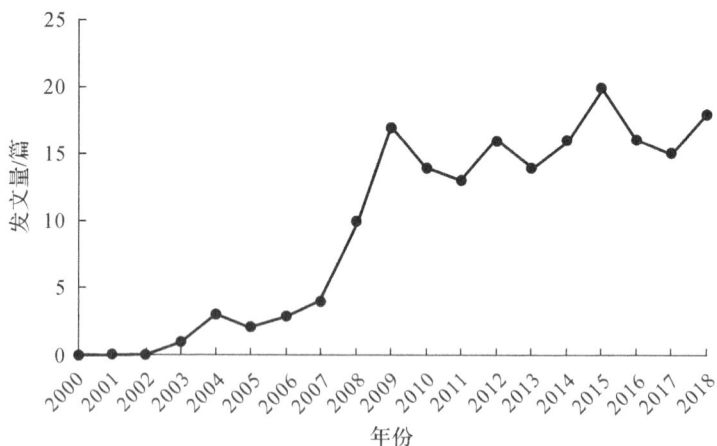

图 2.2　中文文献年度发文量

　　通过统计中英文期刊,我们发现,英文期刊分布相对较广,高发文量期刊(N≥5)主要为 *Journal of English for Academic Purposes*(《学术英语杂志》)、*International Journal of Corpus Linguistics*(《国际语料库语言学杂志》)、*English for Specific Purposes*(《专门用途英语》)、*System*(《系统》)、*Applied Linguistics*(《应用语言学》)等(见图 2.3);中文期刊相对集中,高发文量期刊(N≥5)主要为《外语界》《外语与外语教学》《外语教学理论与实践》《外语学刊》《解放军外国语学院学报》等（见图 2.4）。

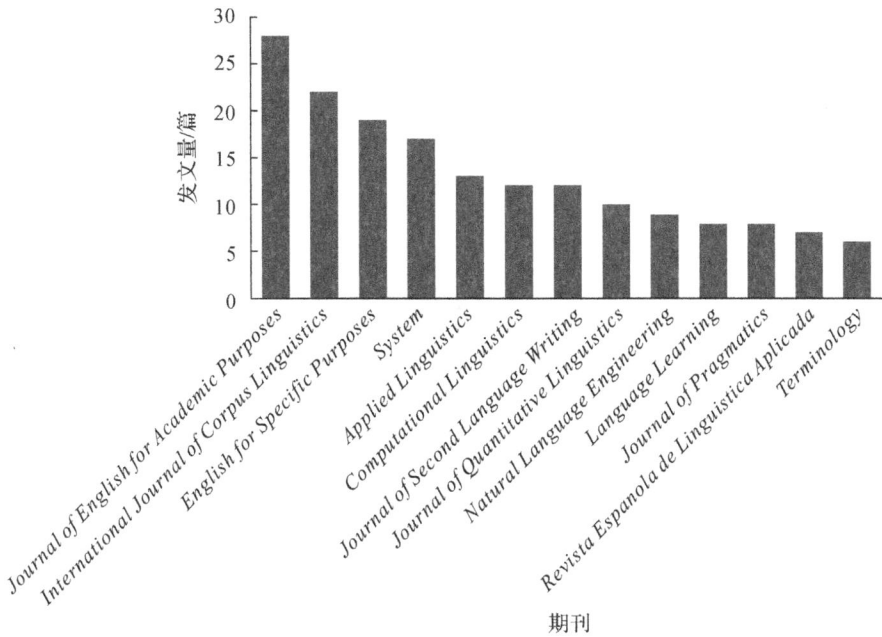

图 2.3　高发文量英文期刊

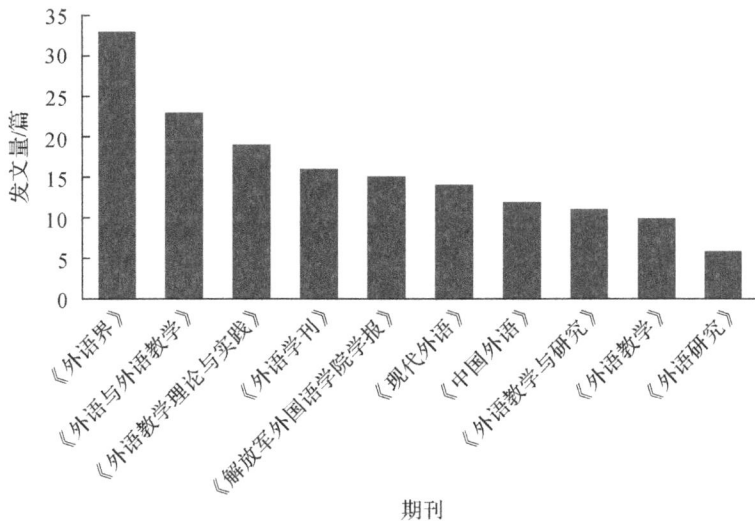

图 2.4　高发文量中文期刊

2.1.2.2 高被引作者

节点设置为 Cited Author,时间切片为 1 年,获得国内外作者共被引知识图谱(见图 2.5 与图 2.6,圆圈大小代表聚类程度)。本书将以国内与国外两条主线,探讨词块研究的重要学者及其重要贡献。

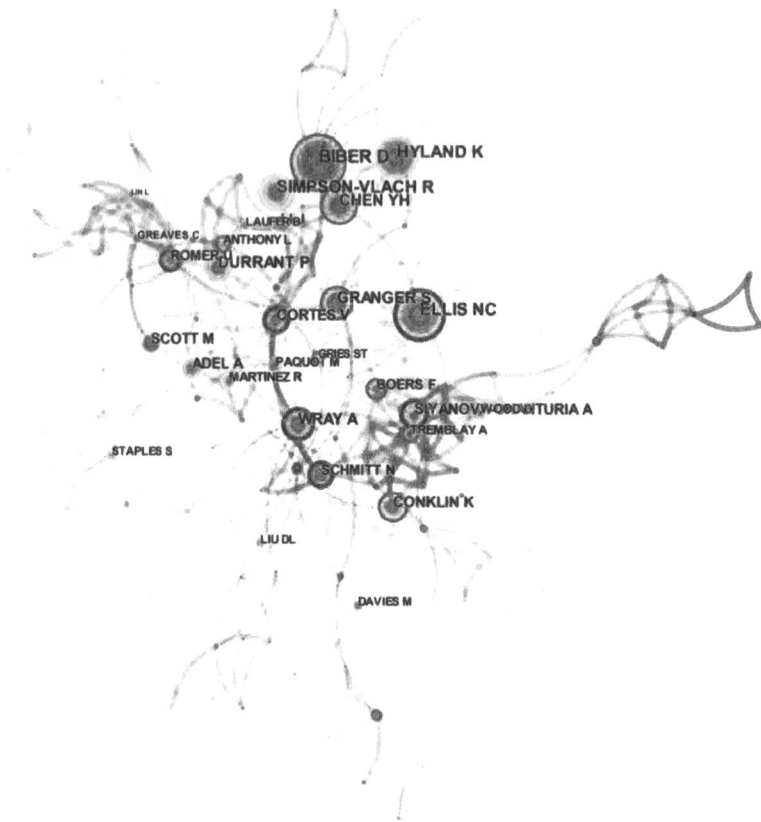

图 2.5 英文期刊高被引作者

国外高被引作者主要有辛克莱(Sinclair,J. M.)、埃利斯(Ellis,N. C.)、比伯(Biber,D.)、海兰(Hyland,K.)、雷(Wray,A.)、格兰杰(Granger,S.)、辛普森-弗拉赫(Simpson-Vlach,R.)、科尔特斯(Cortes,V.)、罗马(Römer,U.)等。这些资深学者在词块研究领域做出了显著的贡献,主要表现在以下几处。

(1)发展了词块的本体研究,逐步确定了词块在语言学系统中的核心地位。

在语言学的各个发展阶段,不同学者基于不同的语言学理论,对词块进行了不同的拓展研究。因此,词块的术语名称多达几十个,目前仍未达成共识。

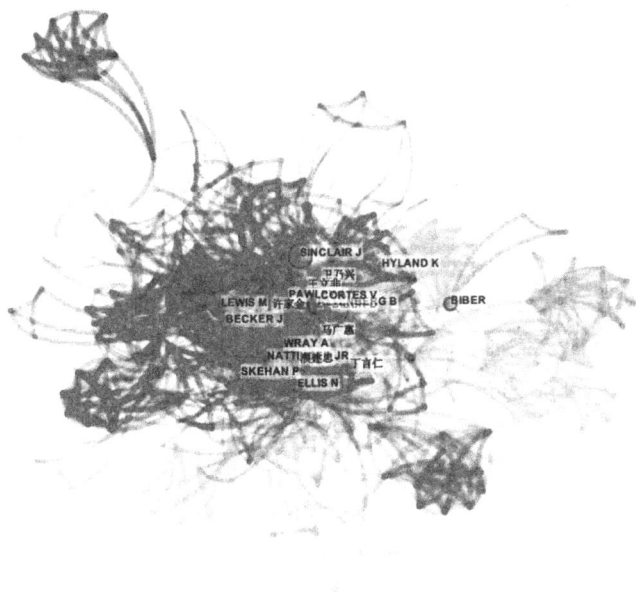

图 2.6　中文期刊高被引作者

毕竟,没有一种术语可以完整的概括多词现象的所有特征。词块的术语名称也映射出不同的、甚至相互融合的语言学理论。词块预设理论的发展路径大致为:结构主义(structuralism)—普遍语法(universal grammar)—构式语法(construction grammar),经历了从起源、边缘化到逐渐回归中心的词块认知路径(段士平,2019)。本书以时间线轴为框架,介绍词块在不同时期的主要相关研究论断。接着,根据本书的作者共被引知识图谱,介绍这些高被引学者的主要学术贡献。

在结构主义盛行的阶段,词块被认为是一种结构"型式"(pattern),但很少有学者进一步关注。从 20 世纪 40 年代起,俄罗斯短语学逐步提出较为完整的描述框架。俄罗斯短语学的出发点是习语,主要关注连续性多词序列。其研究范式是基于理论驱动的、自上而下的分析。而从 20 世纪 60 年代起,以乔姆斯基(Chomsky, A. N.)为代表的生成语法在语言学界逐渐占据上风,他们将词块列为边缘(periphery)语法。多词现象被一度边缘化。随着时间的推进,以考伊(Cowie,A)为代表的西欧学者继续发展了俄罗斯短语学的理论体系,将功能与意义纳入短语学的评价范畴。但是,他们更关注固定性的词块结构,如习语、固定表达等。此后,认知语言学与语料库语言学得到发展,词块的主要研究思想为:词块是一种构式,是形式与意义的结合;这些词块是词与词之间的共现,固化在大脑里,待使用者选择。语法与词汇不可分割,而词块则是两者交融的界面,并形成一种意义单位。词块在学术语篇范围内的研究也反映出相应的研究范式。通过关键词共现图谱,本研究发现,这些高被引作者可映射出不同的词块研究理据。

辛克莱对语料库语言学做出了巨大贡献,对短语学的研究广度与深度产生了重要影响(Sinclair,1991;1996;2003;2004)。辛克莱确定了语料库驱动的研究方法,并提出了短语学研究应注重意义单位的描述,以及意义、结构与语法的组合分析。辛克莱提出了共选理论、习语原则与开放选择原则,极大地填补了短语学的理论空白。同时,辛克莱重视搭配框架(collocational frame)的研究,增加了语言研究的新视角。Biber 等(1999)在 *Longman Grammar of Spoken and Written English*(《朗文英语口语和笔语语法》)中首次提出了术语"lexical bundle",并把它定义为一种复现的多词语言结构和扩展化搭配结构(extended collocation),且不论它的习语性与结构完整性。该术语及其所代表的基于语料库、以频次为基础、以量化研究为主要支撑的研究方法具有很强的实际操作性,促进了学术词块研究的发展。但这个操作方法的风险在于,所提取的目标词块可能是无实际意义的组合。另外,Biber(2009)、Gray 和 Biber(2013)与Römer(2010;2017)等学者对非毗邻搭配框架的拓展研究,也是其被引率较高的原因之一。

埃利斯与雷主要从心理语言学的方法角度开辟了词块研究的新思路,为二语词块的习得与词块教学提供了重要的理论支撑。Wray(2002:9)从心理现实性的角度,将这种多词共现的语言现象定义为"可整体储存整体提取、使用时无须语法生成或解析、由单词或其他意义单位组成连续性或非连续性的程式序列"。这个定义强调应从语言使用与语言使用者的行为出发考量词块使用,被学者们广为引用。但也有学者对这个定义表示质疑,如马广惠(2011)认为这个概念的边界不清晰,没有明晰语义与功能因素。

(2)提出了重要的方法论。

有些学者改良了目标词块的提取路径。词块的研究范式逐步从单一的方法转向多方印证的方法,即从语料库研究方法转向与话语分析相结合的方法,以及从语料库的定量研究方法转向与心理语言学相结合的方法。Simpson-Valch 和 Ellis(2010)编制了多学科的跨学科高频学术词块表(Academic Formula List,AFL)。AFL 的定性与定量集合的识别标准,综合考虑了语料库语言学、心理语言学以及本族语者主观判断等多方印证的方法,是可参照的实证研究。同时,这个学术词块列表也为后人研究提供了一种参照标准。

另外,也有学者提出了词块的分析框架。在词块研究中,尤其是书面语的词块研究,尤为重视其形式结构与语篇功能的分析。其中,Biber(1999;2004)与 Hyland(2008;2018)提出了不同的分析框架,并广为后人研究所引用或修正使用。Granger 和 Paquot(2008)将短语单位(phraseological units)依据功能分为三种——指示短语素、文本短语素与人际短语素。

(3)拓宽了词块的研究维度。

词块研究逐步从单一的通用语料研究发展为多维度的研究,如口语语域与笔语语域的对比(Biber et al. ,2004;Biber & Barbieri,2007;Biber,2009)、专家学者与学术新手的词块使用对比(Cortes,2004)、L1 与 L2 的词块使用差异(Chen & Baker,2010),以及学科之间的词块特征差异(Hyland,2008)。Cortes(2013)增加了语步—语阶维度,分析了引言部分的词块使用,并进一步关联词块与语步—语阶,提出了"触发词块"(trigger)的概念。

高被引作者在国内主要有卫乃兴、王立非、马广惠、濮建忠、丁言仁、许家金等。这些专家学者对推进国内的词块研究做出了重要贡献,主要体现在以下两处。

(1)深入词块的本体研究,引介与梳理词块的相关理论。

有些学者(李晶洁、卫乃兴,2010;李晶洁、卫乃兴,2013;濮建忠,2003;许家金、熊文新,2009)探究了如何使用语料库的研究方法,通过自动识别并提取词块,进一步改进了提取词块的计算模型,并开展了相关的意义分析研究,如搭配、类连接、语义韵等。马广惠(2011)对词块界定、识别与分类的文献梳理,也广为引用。卫乃兴(2007;2011;2012)对辛克莱的理论引介,促进了国内学者对于搭配与意义单位的认识。这些理论引介与相关的实证研究,在一定程度上促进了国内词块研究的发展。

(2)拓展词块研究的语言载体,并与语言教学研究相结合。

王立非、张岩(2006)及马广惠(2009)分别研究了议论文与说明文中的词块使用。许家金、许宗瑞(2007)分析了英语学习者的互动话语词块。这些二语词块的共性在于,将英语学习者的词块使用与本族语者的词块使用做对比,指出了英语学习者的词块使用问题,并提供了与语言教学相关的教学启示。有些研究者仅以英语学习者的词块为研究对象,自身作为评价者,汇报词块的使用情况。丁言仁、戚焱(2005)探讨了词块运用分别与口语、写作水平的相关性,由此提出词块学习的重要性甚至高于语法,并同样提供了与教学相关的启示。

2.1.2.3　研究主题的发展路径

高频关键词的统计可以清楚展现论文主题的发展趋势和研究热点。本研究分别统计了英文期刊与中文期刊词块研究的关键词时间线（Timeline 视图），详见图 2.7 与图 2.8。

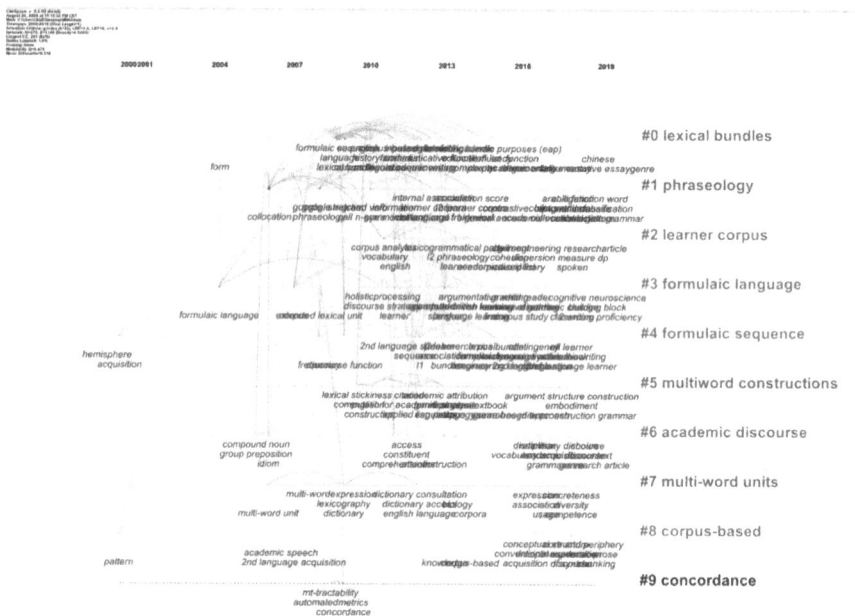

图 2.7　英文期刊词块研究的关键词时间线

词块研究的发展路径首先涉及词块的界定、识别与研究路径。前文已概述一些重要的短语学理论，以及词块研究从边缘到中心地位的大致发展路径。根据研究范式，卫乃兴（2011）将这种多词单位的研究分为经典短语学与语料库驱动的短语学。下文将以这两种范式为主线，首先介绍词块的界定与识别，再介绍词块的研究路径。

经典语言学是始于俄罗斯、由部分欧洲学者继承并发展的短语学研究。经典短语学是理论驱动的、基于语法的（linguistically-based）、自上而下的理性分析。其短语的界定和识别依赖语义与句法标准，短语形式具有固定性、规约性与语义的非合成性（non-compositionality）。因此，经典短语学的词块常是语义透明的惯用语、成语或习语。

语料库驱动的短语学则以频次阈值作为首要参照标准，遵循自下而上和数据库驱动的方法。以弗思（Firth，J. R.）与辛克莱为代表的学者从搭配现象的研究逐步过渡到短语学理论，认为语言研究应着重考察语言现象本身，并从中心词开始研究语言的搭配，且词汇与语法密不可分，词块才是意义的基本单位。

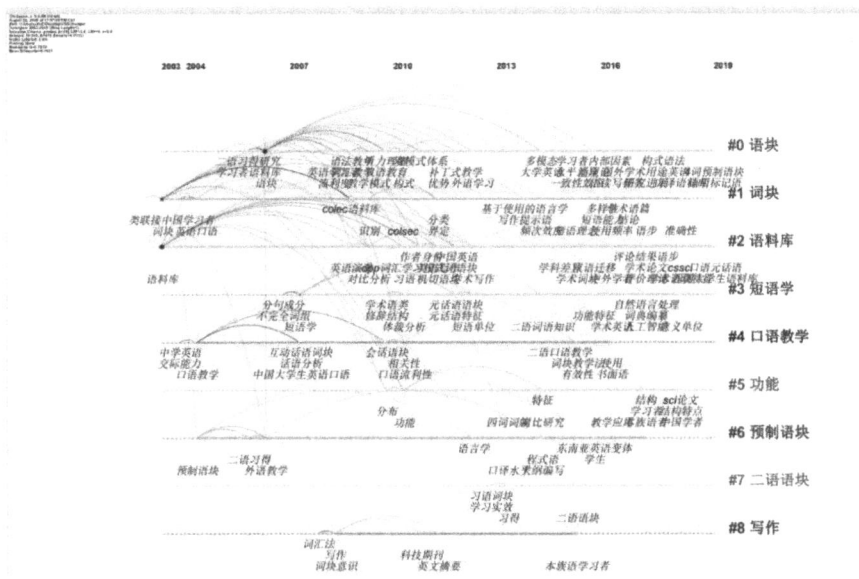

图 2.8 中文期刊词块研究的关键词时间线

语料库驱动的短语学中短语的界定与识别虽不直接参照语义标准,但依据了 Firth(1968)的意义语境理论。根据意义语境理论,意义是每个层面语言构成元素之间的相互联系,并与外部的经验世界构成了联系。语境则通过这些联系,对意义进行描写和分析(高歌、卫乃兴,2020)。前文已简述语料库短语学的重要理论,这些理论形成了区别于经典短语学的方法,也包含了更多的词块种类,至少包括如下几种:搭配(collocations)、毗邻式词块(lexical bundles)、n 元词(n-grams)、短语动词(phrasal verbs)、习语(idioms)、谚语(proverbs)和合成词(compounds)等(Wood,2015)。

关于词块的研究路径,经典短语学的词块研究是基于直觉的定性研究与话语分析,追求精细的分类,过于强调固定性,而忽略了变异性的情况。早期的词块研究分类和分析框架影响至今。但是,受限于较为限定性的标准和提取技术,词块研究进展缓慢。随着计算机技术和语料库语言学的发展,词块的研究范式发生了变化。在语料库语言学方法中,频次是基础指标,词块研究也因而受到极大的影响。语料库研究方法的突出优点是,基于大样本的实际语言使用,通过相关软件检索和统计,实现了量化的研究范式,结果更令人信服。与此同时,语料库短语学也汲取了自然语言处理的技术和方法。在此基础上,学者们开始改良计算方式,使词块的自动识别更精准地符合研究目的。

但是,语料库方法重在描述语言本质,缺乏系统的理论框架。话语分析方法虽克服了如上缺点,但无法开展大样本语言的频次统计。为了弥补这种缺陷,语言学家转向考察词块的结构、"型式"、意义和功能,即采用量化与定性相结合的方法,更全面地考察词块的分布与使用特征。这种方法更容易得到"有信息量"的研究结果(Swales,2019:77)。当然,词块的界定、识别、分类与研究路径还是一项需要继续研讨的学术课题。随着语言理论与计算技术的发展,词块的本体研究将一步步接近语言本质与实际应用。

根据关键词分布与文献研读,学术词块在国内外语言学界主要有三大研究路径。

(1)不同母语背景造成的词块使用差异。

此类研究主要包括两方面。一方面,一些研究分析不同母语背景下,相同语言水平的学术新手间是否存在词块使用的差异。研究表明,尽管语言水平接近,在不同母语背景下,词块使用具有不同的结构与功能倾向(林维燕、何安平,2019;张会平,2020)。另一方面,许多研究侧重比较二语学习者与本族语者的词块使用差异。研究表明,本族语者与二语学习者在词块使用的频数、结构形式及语篇功能上存在显著差异(Pan et al.,2016),学术新手会过多使用(王丽、李清婷,2014)、过少使用词块或过分依赖少部分词块(Chen & Baker,2010)。另外,有研究发现,随着年级和学习水平的升高(如学士、硕士与博士学位论文),词块的数量、种类增多,娴熟程度增强,更接近专家学者的学术词块特征(如一些名词类和介词类短语结构)(Qin,2014;Vo,2019;徐昉,2012)。国内学者较为重视二语语块的研究,并注重其与外语教学的结合。例如,国内研究对英语学习者的口语或笔语进行文本分析,以此发现国内学习者的词块使用规律,以及与本族语者的使用差别,从二语习得的角度(如母语迁移)分析二语学习者的词块误用。

(2)同一言语社群,不同维度(语域、语类、学科)产生的词块使用差异。

研究发现,词块具有鲜明的语域特征、语类特征与学科特色。口头交际与学术语篇中词块的使用在数量上高于小说和新闻,不同文体的典型高频词块也有较大差别(Biber et al.,1999)。通过对比分析口头交际、课堂话语、教材和学术语篇的词块使用,再次证实口语语域与笔语语域在词块功能上也存在明显差异(Biber et al.,2004)。在词块研究中,语类广度也发生了变化,语类类型涉及演讲(王立非、钱娟,2011)、教材(从中小学到大学阶段等)(Northbrook & Conklin,2018)、学术论文(Hyland & Jiang,2018)、硕士与博士学位论文(Lu & Deng,2019)、书评(Wright,2019)、议论文(Bychkovska & Lee,2017)等。学术论文的子语类也引起了学界的关注,已涉及摘要、引言、讨论等。这些研究均发现,词块具有语类特质性。近年来,词块与语步—语阶的关联研究也引起了学界的关注,成为学术英语一项重要的研究主题(Cortes,2013;Durrant & Mathews-Aydinli,2011;Thi & Harrington,2015;Omidian et al.,2018;李梦骁、刘永兵,2017)。另外,词块是区分学科间学术语言差异的重要标识,学科间存在核心词块,同源学科的共用词块更多,研究词块使用对学科分类及学术英语教学很重要(Durrant,2017;Hyland,2008)。实际上,学科分类的学术词块研究更符合学术英语的研究本体,即一方面解释学术用途语言的语言特征,另一方面将此语言研究发现反哺于实际教学(姜峰,2019)。

(3)以需求为导向,开展词块研究,并应用在词块教学、词典编撰等领域。

有些学者整理了高频词块列表,如应用语言学(Mizumoto et al.,2017)、数学(Cunningham,2017)、同源学科(如软学科)(Lu et al.,2018)、跨学科、跨文体(Simpson-Vlach & Ellis,2010)的短语序列表。Cortes(2013)与 Morley(2015)则进一步增加了语类结构与语步—语阶的分析维度。Cortes(2013)以多学科的期刊论文引言部分为语料,将词块与语步—语阶相关联。Morley(2015)编撰了学术短语库,以语类结构、语步—语阶与语篇功能为框架,尤其强调分句或句子层级的词块与搭配短语框架,并将此学术成果进一步制成在线检索工具(http://www.phrasebank.manchester.ac.uk/),增加了学术研究的应用价值。但这两项研究并未涉及学科分类研究。

另外,词典编撰也成为学术英语研究逐步关注的话题。词典学结合学术词块研究可更深层次地满足词典编纂的需求,毕竟词与词共选构成的短语序列是学术词典的重要补充,可帮助学术英语学习者更好地把握通用语言与学术语言的不同、学科间的不同,以及母语文化与英语文化的不同,以此帮助特定学科的学习者融入话语共同体、更好地参与国际平台的学术交流(张乐、陆军,2015)。在此背景下,许家金(2017)研编医学学科词典,提出"体裁短语学"的描写方法,将短语学与学科知识、语步分布结合,使其更符合医学专业学术英语学习者的需求。这项研究再次证实,学术词块的研究结合学科与语步维度后,更能体现其理论意义与现实价值。

总而言之,在 2000—2019 年的学术词块研究中,其界定与识别方式,以及研究主题均发生了显著的变化,其研究领域呈现出不断拓展的发展趋势。相比国外研究,国内的词块研究起步较晚,词块研究的理论引介较多,更偏重二语词块与词块使用的研究,偏好研讨国内英语学习者词块使用的具体情况,尤其是与本族语者的使用对比情况。依据计量文献及文献阅读,书面语是学术英语领域词块研究的主要研究语域,也是本研究关注的语域类型。学术语篇的词块研究基本采用的是语料库驱动的研究方法,研究路径一般是概念界定—确定研究方法—确定语料库或自行建库—提取词块—语法学层面分析—功能聚类分析。下文将首先介绍词块的提取标准和分析框架。

2.2 词块的提取标准

从传统的整体论而言,词块以一个单元储存,并可从心理词库直接获取。换言之,词块已经被词汇化。这种整体假设和语言使用论一致,认为使用频次是一个核心因素,影响着语言的认知表征,即越被重复使用,其记忆表征越强,也更易取(Jeong & Jiang,2019)。同样,在识别词块时,频次是非常重要的标识,根据学习效应,频次也决定着一个词语的重要性。作为一种以结构不完整为特点的短语序列,词块是否符合“整体假设论”(即整体储存与整体提取)在学术界存在争议。为此,需要把词块放置在有功能意义的语境中进行研究,开展词块的实证语义研究(empirical semantics)(卫乃兴,2011)。有的学者同时使用测量关联度的方法,研究共现概率高的词块(统计方面常用的方法是 MI 值侧量与 T 值测量,通常认定 T 值≥2 或 MI 值≥3 为显著值),并进一步筛选目标词块。但关于测量关联度的方法在学术界也存在不一样的声音。有些学者认为,测量关联度的初衷在于测量两个词的搭配,对于三词及以上的多词序列,并未考虑其组合词的顺序,而这种多词序列(词块)实际上同样受到词序的影响;另外,以关联度为筛选条件,更容易提取出低频的实义词多词序列(Biber,2009;李晶洁、卫乃兴,2010)。但是,没有任何方法绝对正确,不同的研究方法侧重不同的多词序列,这些序列在话语或语篇中承担着不同的功能。下文将依次介绍毗邻式词块与非毗邻式词块的提取标准,重点关注基于语料库驱动的、以频次为基础的量化研究方法。

2.2.1 毗邻式词块的提取标准

毗邻式词块常用的提取软件为 Antconc、Wordsmith 等,有些研究或根据研究目的自编程序软件。识别词块需符合以下条件:第一,频次。频次是词块提取的先决条件,词块需在语料库中高频出现,前人研究设定四词词块的频次阈值在频数 10 次/百万词(Biber et al.,1999)、频数 20 次/百万词(Cortes,2004;Hyland,2008)、频数 40 次/百万词(Biber et al.,2004),或根据原始频次(Chen &

Baker,2010)设定频次标准。词块词数与频次呈反比关系,频次阈值依据词数的增加而减少,如五词词块设为 10 次/百万词;或以百分比的标准,如出现 10%文本。第二,多文本复现率。避免某些词块归因于个人写作/话语特征,需在多个文本(或学科)中出现,标准可为文本的数量或百分比。这两项条件一般为对比差异性(如学科差异、语言水平差异、语类差异)常用的研究方法。因研究目的与语料库大小的不同,频次和范围均无统一界定标准。复现率常设定为百分率(如 10%)(Hyland,2008)或文本数量(如 3−5 篇)(Biber & Barbieri,2007)。

但这种基于频次、"机切"的提取方法易产生一些无意义或意义不完整的组合,这使它们在学术英语研究和学术写作教学的价值受到了质疑(Swales,2019)。为了克服这项缺点,学界还常使用如下研究方法:第一,人工后处理。为保证词块列表对学术英语写作教学有益,人工筛选也是设立词块列表的研究方法之一。筛选标准依研究目的而不同,如 Simpson-Vlach 和 Ellis(2010)请学术英语教师和测试者定夺哪些词块有意义和功能并值得教学。第二,关联度测量。为保证目标词块有很强的关联度,许多研究者采取计算搭配强度的方法(Hunston,2002;Hsu,2014)。但此方法的计算原理也受到了质疑,部分学者不予采纳。另外一个提取词块的方法是通过软件(如 Wordsmith)确定主题词表(keywords),再检索与主题词共同组成的词块(Thi & Harrington,2015)。

2.2.2 非毗邻式词块的提取标准

非毗邻式词块的识别与提取主要有两种方式:一是通过已提取的高频毗邻式词块,归纳出可能存在的非毗邻式结构框架,称为"词块—框架"的方法(bundle-to-frame approach)(Biber,2009;Cunningham,2017);二是从语料库中直接提取所有高频的非毗邻式词块框架,称为"完全归纳"的方法(fully inductive approach)(Gray & Biber,2013;Forsyth & Grabowski,2015;Lu et al.,2018)。Grey 和 Biber(2013)分析对比了两种提取方式,证实第一种提取方式容易忽略框架内部变异性较高的词块,第二种提取方式能更全面地反映非毗邻式词块的特征。

非毗邻式词块所设定的自由词位的位置(* BCD、A * CD、AB * D、ABC *)在前人研究中也有所差别。Römer(2010)研究自由词位在中间位置的非毗邻式词块。Flecher(2007)及其编写的工具 kfNgram 设定非毗邻式词块的自由词位可在词块的任意位置。Lu 等(2018)则剔除了自由词位在首位的非毗邻式词块。本研究经初步分析后发现,自由词位在首位的词汇变体大多交叉着不同的短语结构,而自由词位在末尾的词汇变体大多涉及研究话题。因此,本书采取"完全归纳"方法,即从语料库中直接提取,这不仅可以提取出较为完整的非毗邻式词块列表,也可以通过非毗邻式词块的内部变异性数据,与毗邻式词块做对比,探讨词块变异性有何种学科或语类倾向。本小节将重点介绍如何运用"完全归纳"方法提取非毗邻式词块。

提取非毗邻式词块的常用工具为 kfNgram,它可提供类符(types)和形符(tokens),也可列出相应的词汇变体和频数。与词块类似,它的识别条件首先是(1)频次和(2)多文本复现率,但这些标准暂未统一。Gray 和 Biber(2013)研究四词词位,频次标准为1,范围无限制标准。Lu 等(2018)研究把五词词位的非毗邻式词块设定为 16 次/百万词,把六词词位设定为 12 次/百万词,将文本和学科复现率设定为两个及以上。由于非毗邻式词块有自由词位和相对应的一组词汇变体,不同于毗邻式词块,非毗邻式词块的第(3)个识别条件是它的变异性。有的研究设定词汇变体为两个及以上。有些研究通过测量词汇密度等测量自由词位的固定性(如 TTR,词汇变体的数量÷非毗邻式词块的形符),更多方法参见 Forsyth 和 Grabowski(2015)。与毗邻式词块一样,若想提取有益于学术英语教学的列表,须经过第(4)个条件——人工后处理。例如,Lu 等(2018)通过人工筛选排除无含义或与教学无关联的词项。排除标准是:结构不完整、可被包含在更多词位的非毗邻式词块中、更合适作为一个词块。经过前几项标准的筛选,余下的词项由学术英语写作教师与学生分别打分(如 1-5分),最终列出有教学参考价值的非毗邻式词块列表。与毗邻式词块类似,非毗邻式词块也会从结构和功能的角度出发,对其进行系统的归类、量化和分析。

2.3 词块的分析框架

2.3.1 词块的结构分析框架

2.3.1.1 毗邻式词块的结构分析框架

频次是提取词块的首要条件,在编制高频词块列表后,深入考察词块的结构与功能是十分重要的,这也成为词块研究的学术传统。词块结构的分类标准较为客观,但依旧存在不同的分类方案。下文将简要介绍几种主要的结构分析框架。Biber 等(1999:1015-1024)利用自下而上的方法,总结出口语语料和书面语语料的词块结构框架(见表 2.1)。

表 2.1　毗邻式词块结构分类(Biber et al. ,1999)

结构分类	示例
名词短语＋of 短语片段	*the end of the , the beginning of the , the base of the , the point view of*
名词短语＋其他后修饰语片段	*the way in which , the relationship between the , such a way as to*
介词短语＋嵌带 of 短语片段	*about the nature of , as a function of , as a result of the , from the point of view of*
其他介词短语片段	*as in the case , at the same time as , in such a way as to*
先行词 it＋动词短语/形容词短语片段	*it is possible to , it may be necessary to , it can be seen , it should be noted , it is interesting to note that*
被动动词＋介词短语片段	*is shown in Figure/Fig. , is to be found in*
系动词 be＋名词短语/形容词短语片段	*is one of the , may be due to , is one of the most*
(动词短语＋)that 从句片段	*has been shown that , that there is a , studies have shown that*
(动词或形容词＋)to 从句片段	*are likely to be , has been shown to , to be able to*
副词从句片段	*are shown in Figure/Fig. , as we have seen*
代词或名词短语＋be(＋……)	*this is not the , there was no significant , this did not mean that , this is not to say that*
其他形式	*as well as the , may or may not , the presence or absence*

注:Biber 等(1999)结构分类的中文版参照了(马广惠,2009)的翻译。

Biber 等(1999)的结构分类为后继的词块结构分类研究提供了重要依据,学者们一般会依据当下研究对此分类略加修正使用。在后继研究的词块分类中,词块一般归纳为三类到五类,主要区分在于名词类与介词类词块是否归为一类,以及动词类与句干类词块是否列为一类。Biber 等(2004)把词块归纳为三类,分别为:(1)动词短语片段词块;(2)句干片段词块;(3)名词和介词短语片段词块。Pan 等(2016)把动词类和句干类词块归为一类,词块结构归纳为:(1)基于名词的;(2)基于介词的;(3)基于动词的。

Hyland 和 Jiang(2018)沿用了 Biber(2004)的三类分法,并根据学术写作语篇的词块特点,把每个类别的子类做了相对调整。他不仅剔除了口语词块特征的相关结构(如一般疑问句片段),并细化了学术词块的结构特征(如区分了主语是抽象主体或人类主体的句干类词块)(见表 2.2)。

表 2.2　毗邻式词块结构分类(Hyland & Jiang,2018)

结构类别		示例
动词词块	被动动词	*is shown in Figure/Fig. , can be noted that*
	系动词 be	*is one of the , is the number of*
	祈使语气	*should note that the , let us observe that*
句干词块	先行词 it	*it is important to , it follows that the*
	抽象主体	*the goal is to , Figure/Fig. x shows the*
	人类主体	*we shall have to , one should note that*
	as 从句片段	*as can be seen , as shown in Figure/Fig.*
	if 从句片段	*if and only if , if we look at*
	there 存在句片段	*there seems to be , there has been a*
	wh-从句片段	*which is to be , which is equivalent to*
	that 从句片段	*that the effect of , that needs to be*
名词介词词块	名词短语＋of 短语片段	*the nature of the , the case of the*
	名词短语＋其他后修饰语片段	*the fact that the , the extent to which*
	介词短语	*in terms of the , with respect to the*
	比较性表达方式	*as well as the , as far as the*

然而,Lu 和 Deng(2019)认为以上分类方法混淆了名词、介词、动词与句干类词块各自的分布特征,因此,他们把词块结构进一步细化为五类,分别为:(1)名词词块;(2)介词词块;(3)动词词块;(4)句干词块;(5)连接词词块(见表 2.3)。

表 2.3　毗邻式词块结构分类(Lu & Deng,2019)

类别	子类	示例
名词词块	名词短语＋of 短语片段	*the performance of the*
	名词短语＋其他后修饰语片段	*the research on the*
	其他名词短语	*more and more attention*

类别	子类	示例
介词词块	介词短语＋嵌带 of 短语片段	*in the form of*
	其他介词短语片段	*with respect to the*
动词词块	系动词 be＋名词/形容词短语	*is one of the*
	主动动词	*play an important role*
	动词不定式	*to better understand the*
	被动动词	*can be used to*
	过去分词为首词	*based on the above*
句干词块	介词短语＋系动词 be	*of this study was, of this paper are*
	名词短语＋系动词 be	*this thesis is to*
	先行词 it＋系动词 be＋形容词短语	*it is possible to*
	先行词 it＋被动动词＋that 从句	*it is found that*
	名词短语/补足语＋被动动词	*little is known about*
	名词短语＋主动动词	*this thesis focuses on*
	名词短语＋主动动词＋that 从句	*we find that the*
连接词词块		*as well as the*

2.3.1.2 非毗邻式词块的结构分析框架

非毗邻式词块的结构分析框架主要有两种，第一种是沿袭毗邻式词块的结构框架模式，把非毗邻式词块与词汇变体作为完整的词块，分为名词类、介词类、动词类、句干类词块（Cunningham，2017；王丽，2014）。第二种是根据构成词块框架的单词语法成分，把非毗邻式词块分为动词类、实词类以及虚词类词块（Gray & Biber，2013；Lu et al.，2018），详见表 2.4。

表 2.4 非毗邻式词块结构分类（Gray & Biber，2013）

	结构类别	示例
动词类	含有一个及以上动词	*the * study aims to, can be used to * *
实词类	含有一个及以上实词(不含动词)	*the * of this research, lack of research on * *
功能词类	仅含有功能词	*on the * of the, as in the * of*

其中,动词类是指非毗邻式词块框架含有一个及以上情态动词、系动词或主动词。实词类是指词块框架不含动词,但含有一个及以上名词、形容词、副词。功能词类是指构成词块的单词只有虚词,如介词、限定词、连词、代词、补足语等。

2.3.2 词块的语篇功能分析框架

2.3.2.1 毗邻式词块的功能分析框架

基于频数分布的词块研究没有直接参照语义和句法标准,但意义本身并没有排除在外,而是更加注重单词和语境的系统性(systematicity),以及对语境意义的影响。在词块研究中,词块的语法结构形式是多数学者关注的语言特征。除此之外,学者们也认识到把词块关联到语境语义与语用功能的重要性,并相继提出了几种分析功能框架。这些功能分析框架曾受到部分学者的批评,他们认为功能框架并不能概括所有文本类型词块的交际功能,许多词块也不免出现具有多个功能的情况。但 Simpson-Vlach 和 Ellis(2010)认为,尽管功能分类会出现多种分类不精确或功能叠加的情况,但基于功能分类的词块列表仍为教师提供了有用的教材。这种教材并非教师最终实际使用的教材,而是作为一种参考资料,辅助教师分析课堂中真实文本语境中的多词结构语言特征。

尽管词块的功能分类存在划分不一、名称相异的情况,但基本上是依据系统功能语言学的三大元语言功能的,即概念功能、人际功能与篇章功能。其中,Biber 等(2004)与 Hyland(2008)的功能分类是引用较多的分类框架。下文将系统介绍如上两位学者的功能分析框架、相关的修正类框架和研究成果。

Biber 等(2004)将功能性词块分为四类,分别为:立场词块、组篇词块、指示词块与会话专用词块(见表 2.5)。此分类框架被后人在研究时使用(Cortes,2004;2013),也被其他学者扩展或修正(Chen & Baker,2010;Simpson-Vlach & Ellis,2010)。如 Simpson-Vlach 和 Ellis(2010)以此框架为基础,在指示词块中增加了对比与比较功能,在立场类词块中增加了模糊限制语、评价与确定表达语,并将需求、目的/预测合为一类,他们还把组篇词块进一步分为三类:元话语和文本照应、因果表达、话语标记语。但以上分类方法是基于会话和写作两类语域语料,并从课堂话语、教材、期刊论文等多个语类语篇中归纳,弱化了词块的语域和语类特征标志,不适合特定学术语篇语类(如期刊论文)的词块研究。

表 2.5 毗邻式词块语篇功能分类(Biber et al.,2004)

语篇功能			示例
I 立场词块 (stance expressions) 对其他命题表 达关乎确定性 的态度或评价			*I don't know if* *I think it was*
	态度立场 (attitudinal/ modality stance)	需求 (desire)	*if you want to* *I don't want to*
		义务/指示 (obligation/directive)	*you might want to* *it is important to*
		目的/预测 (intention/prediction)	*I'm not going to* *it's going to be*
		能力 (ability)	*be able to* *can be used to*
II 组篇词块 (discourse organizer) 反映语篇前后 文关联	话题导入/聚焦 (topic introduction/focus)		*what do you think* *if you look at*
	话题展开/分类 (topic elaboration/clarification)		*I mean you know* *on the other hand*
III 指示词块 (referential bundles) 指示具象或抽 象个体或语篇 语境本身	标识/聚焦 (identification/focus)		*that's one of the* *of the things that*
	不严密 (imprecision)		*or something like that* *and stuff like that*
	属性限定 (specification of attributes)	量化属性 (quantity specification)	*there's a lot of* *how many of you*
		有形属性 (tangible framing attributes)	*the size of the* *in the form of*
		无形属性 (intangible framing attributes)	*the nature of the* *in the case of*
	时间/地点/ 文本指示 (time/place/ Text reference)	地点指示 (place reference)	*in the United States*
		时间指示 (time reference)	*at the same time* *at the time of*
		文本指示 (text reference)	*shown in Figure N* *as shown in figure*
		多功能指示 (multifunctional reference)	*the end of the* *the beginning of the*

　　基于此,Hyland(2008)以学术语篇的期刊论文与硕士与博士学位论文为语料,归纳出更适于考察学术语篇的功能框架,将语篇功能分为研究、文本和参与者三个维度(见表 2.6)。研究导向词块对应 Biber 等(2004)的"指示词

块",侧重对研究的描写,以及对现实世界行为和体验的组织;文本导向词块对应"组篇词块",主要关注语篇组织、意在构建连贯通顺的语篇;参与者导向词块对应"立场词块",聚焦于作者与读者间的人际关系,包括作者的态度表达以及与读者的互动。

表 2.6　毗邻式词块语篇功能分类(Hyland,2008)

	语篇功能	示例
I 研究导向词块 (Research-oriented bundles) 帮助作者组织现实世界的行为和体验	定位(location) 指出时间或地点	*at the beginning of*, *at the same time*, *in the present study*
	过程(procedure) 描述事物过程	*the use of the*, *the role of the*, *the purpose of the*
	量化(quantification) 量化事物	*the magnitude of*, *a wide range of*, *one of the most*
	描述(description) 描述事物特性	*the structure of the*, *the size of the*, *the surface of the*
	话题(topic) 描述相关研究话题	*in Hong Kong*, *the currency board system*
II 文本导向词块 (Text-oriented bundles) 关注语篇组织以及它作为讯息与论点的含义	过渡(transition signals) 建立成分间的加链接或对比链接	*on the other hand*, *in addition to the*, *in contrast to the*
	结果(resultative signals) 标记成分间的推论或因果关系	*as a result of*, *it was found that*, *these results suggest that*
	文本结构(structuring signals) 组织语篇片段或引导读者到某语篇片段	*in the present study*, *in the next section*, *as shown in Figure/Fig.*
	框架(framing signals) 具体化条件以设定论点	*in the case of*, *with respect to the*, *on the basis of*, *in the presence of*, *with the exception of*
III 参与者导向 (Participant-oriented bundles) 关注语篇的作者或读者	立场(stance features) 表达作者的态度和评价 融入(engagement features) 直接与读者互动	*are likely to be*, *may be due to*, *it is possible that*, *it should be noted*, *as can be seen*

注:Hyland(2008)功能分类的中文版部分参照了(高霞,2017)的翻译。

　　根据功能分类框架,Chen 和 Baker(2010)发现,L1 与 L2 学生作文中的差异较少,但学生和专家学者的差异更大,学生偏好使用更多的动词词块和语篇词块。Lu 和 Deng(2019)发现,本族语学生与中国学生均使用了 2/3 的文本导向词块,但本族语学生主要使用文本结构类词块,中国学生则更多使用结果类、框架类、目标类以及过渡类词块。同时,两组群体为实现这些功能所使用的词块种类也存在差别。经深入分析这些差异,本研究发现,中国学生对英语的词汇语法系统掌握得不够完善,同时也带有汉语的迁移特征和汉语的话语公约,以及对硬学科类语块特征意识不足。综上所述,从功能上分析不同学习者群体,能更有针对性地发现其使用差异。同时,非本族语学者以及学术新手在词块使用上依旧存在问题,因而针对专家学者的词块使用研究举足轻重。

2.3.2.2 非毗邻式词块的功能分析框架

在非毗邻式词块研究中,其功能分析框架仍运用毗邻式词块的功能框架。但是,非毗邻式词块不仅有短语框架,也有相应的词汇变体。尽管这一组词汇变体常是一个语义域,但仍会出现功能叠加的情况。针对这个情况,前人研究主要采用两种参照依据,分别是:(1)固定词块框架(忽略自由词位)的交际功能(Grabowski,2015);(2)自由词位的语义以及整个词块在语境中的交际功能(Lu et al.,2018)。

这两种方法都存在利弊,需要在实际研究中加以权衡。使用第一种方法,可以尽可能地避免多功能分类的情况,但会出现形式—功能不对等的情况。第二种方法着重考虑了形式、意义与功能的共选,但需要分别列出实现不同功能的短语框架和相应的词汇变体,词块列表相对冗杂。

2.3.3 词块的意义分析框架

2.3.3.1 相关理论基础

在学术词块研究中,大多学者关注词块的结构和功能,较少有研究关注词块的意义分析。在语料库语言学研究中,语言的形式结构、意义与功能是一个整体,这几个方面在语言分析中不可或缺。而短语学研究也逐步形成了一些重要的意义分析理论,为词块研究提供了重要的理论依据与可行的分析程序。本小节将重点关注共选理论与扩展意义单位模型中的搭配、语义韵与语义倾向,以早期的理论渊源为起始点,重点介绍其主要内容与争议点,为本书的分析奠定理论基础。此外,本小节将列举以共选理论或扩展意义模型要素为理论依据的相关研究。

共选理论在 20 世纪 70 年代已有论述,是语料库语言学重要的理论阐述,也是促进短语学研究发展的重要理论依据。共选理论主要指两种基本的共选关系：词汇与语法的共选、词汇与词汇的共选，而这两种共选关系又影响高一层次的共选（如"型式"与意义的共选）（卫乃兴，2012）。辛克莱基于搭配（collocation）研究，又提出了两大语言组织原则：开放选择原则（open-choice principle）和习语原则（idiom principle）。前者重视语法结构，根据结构的空位选择相应的词汇；后者强调意义的构建依附于半预制词块，这些词块是一个单位，供使用者一次性选择。之后，辛克莱弱化了这两个原则，提出语言存在短语趋势（phraseological tendency）与术语趋势（terminology tendency），即词汇并非单独存在，而是通过词与词的共选形成多词序列，从而在语境中传达明晰的语义。此后，辛克莱提出了"词汇语法"（lexical grammar）理论，语法与词汇不可分割，语法即由词与词的组合，即词块来体现，词块也是意义的基本分析单位（徐泉，2010）。词汇语法则是处于短语趋势与术语趋势连续统的中间体。在此基础上，局部语法（local grammar）理论得以发展，其重在处理实际语言使用中的个性特征。

Sinclair（1996；2004）进一步提出了扩展意义单位（extended unit of meaning）的概念，并在此基础上建立了扩展意义单位模型，使共选理论成为可操作的语言分析模型。扩展意义单位模型将扩展意义分为义核（core）、搭配（collocation）、类连接（colligation）、语义倾向（semantic preference）和语义韵（semantic prosody）。扩展意义模型将语境、意义、结构与功能集于一体，通过几个构成要素概括各个层次的共选关系，是较为全面的语言描述模型（陆军，2012），是语料库驱动的短语学研究的重要理论视角（卫乃兴，2012）。

"义核"由一个或多个只受一定语法变化影响的词语组成。"搭配"在于观察义核周边的"词汇型式"（lexical patterns）。Sinclair（1991）则将搭配定义为两个或多个词在特定跨距（span）内的共现，进一步明确了观察搭配的操作实践，不仅限制了跨距（如前后跨距为4），也确定了计算搭配强度的可能性，使搭配成为更科学更高效的操作实践。当然，在搭配分析的实际操作中，研究者的直觉也尤为重要。统计仅起到辅助作用，过分的依赖反倒适得其反（李文中，2016）。"类连接"是义核周边词汇形成的倾向"语法型式"（grammatical patterns）。在前人研究的基础上，Sinclair（2003：171）将类连接定义为"一个语法类或结构'型式'与另一个语法类或结构'型式'，或其与某词或短语的共现"，意在强调类连接也可指具体的节点词（node）与语法范畴的关系。"语义倾向"是义核周边词汇形成的语义集。Sinclair（1996；2003）创造了语义倾向的概念，认为短语结构中可能存在一组具有特定意义词汇的意义倾向。他强调了节点词的搭配词可能词类不同，但在语义上却可被归为一类。"语义韵"是意义扩展单位整体所传达的态度意义。在实际的意义分析中,语义韵容易与语义倾向混淆一体。Sinclair(2004)认为,若设定语义—语用连续统,语义倾向则处于语义的一端,指的是义核周边实义搭配词的语义特征;语义韵则处于语用的一端,指的是整体意义单位所表达的态度意义,它统领了整个意义表达单位,是整个词项所组合的目的和决定因素。

毫无疑问,扩展语义单位模型是语料库语言学最有价值的成果之一。但目前学界对模型各个要素的理论界定、相互关系与分析途径还存在争议。这一点尤其体现在"语义韵"要素上。作为扩展意义单位的必要组成部分,语义韵的重要价值在学界已基本达成一致,但语义韵的所指和性质在学界仍存在分歧(濮建忠,2020)。其中一个重要的分歧在于,语义韵的态度意义指的是一般性态度意义还是微观的具体态度意义。

有些学者认为,语义韵是由整个词项(包括节点词与搭配词)所决定的,是一种隐含的一般性态度意义。有的学者(如李文中)则不赞成这个说法,认为消极、积极或中性不足以描述短语序列的态度意义,而应参照 Sinclair(2004)与Hunston(2007),采用更加微观与具体的分析路径,需要通过观察文本或检索行,通过跨距内的搭配意义考察语义韵,说明其具体的语用目的(如不情愿、挫败)(李文中等,2020)。基于此,卫乃兴(2012)提出了二者兼顾的办法,即在一般性态度意义的基础上,再深入地、微观地、细化地概括意义单位的具体态度和语用目的。

在语言学研究中,短语学研究(phraseology)处于核心领域。在短语学的历时发展进程中,学界不断提出新的理论和一系列分析方法,短语学研究蓬勃发展。伴随着计算机技术与语料库语言学的兴起,短语学研究更加有依据,并反过来验证理论与实操的可行性。本研究发现,诸位学者的论断多基于通用语料库(如 COCA)的观察和发现,而基于学术英语文本的扩展意义研究还不多见,这也将成为本研究的一项研究依据和选题缘由。

2.3.3.2 意义分析与词块研究

在短语学研究中,逐步有学者从意义单位的角度,探讨多词单位的搭配和词汇语法"型式",以及它们在特定语境下的语义倾向性。共选理论与意义扩展模型是前人研究使用较多的语言描述模型。

陆军(2012)以共选理论为分析框架,以中国英语专业写作语料为研究对象,参照英汉对比语料库(英语国家语料库的书面语子库与现代汉语语料库),探讨英汉本族语"型式"构成的差异性特征,以及这些特征对学习者英语"型式"构成的影响。研究发现:英语学习者缺乏足够的英语"型式"知识,汉语词汇的语义韵直接影响英语词汇的类连接与搭配词。此项研究说明,意义分析对于"型式"构成具有重要作用,语义韵在意义分析中占据重要的地位。词块的结构"型式"也存在一定的形式特征,这些"型式"特征与意义形成一定的共选关系。此项研究对跨学科词块使用的意义单位分析有一定的启示意义。

李晶洁与卫乃兴(2013)同样以共选机制为理论基础,以多学科、多语类的学术英语语料库为对象,将语料进行词块物理切分,总结实现特定语篇功能的"型式"与搭配特征,反映出学术语篇中存在较为凸显的共选关系,即词汇—词汇、词汇—语法、短语序列—话题(学科)以及短语序列—篇章宏观结构的共选。同时,短语序列是实现学术语篇行为功能的重要手段,两个以上共选词汇能够构成词汇—语法链,从而实现特定的意义与功能。

张会平(2020)从搭配与类连接的角度,考察了中国英语初学者与奥地利英语初学者在写作中的词块偏好与词块误用。研究发现:中国的英语初学者存在特定的搭配误用倾向于类连接误用,并具有一定的口语倾向,作者认为这是母语负迁移所导致的语言现象。作者同时建议,老师在教学中可引导学生主动发现语篇中的高频词块用法,帮助学生提高词块使用多样性的意识。

Shin(2020)以语义韵与语义倾向为理论依据,以 L1 与 L2 大一新生议论文写作为分析语料,探讨在不同语言背景组别中,共用词块的语义韵与语义倾向是否存在差异。研究结果表明,共用词块的语义特征有一定语言背景的倾向性。此项研究对本书多学科共用词块的意义分析具有一定的方法论意义。

2.4　学科差异与词块研究

2.4.1　学科差异与学科分类

学科是决定学术文本特征与语言使用的重要因素。不同学科有不同的学科文化和论文修辞结构。论文作者须沿袭已有的学科规范,满足读者的期望,获取学术社团的认可。理论上,不同学科存在独有的知识领域与学科界限,不同学科研究者在限定的语境下完成相应的学术目标,并形成独特的学科语言特征。但实际上,学科和学术领域之间存在一定的知识重合,学科界限并不清晰(Omidian et al.,2018)。许多学者在研究学科差异化和相似性时设定了相应标准将学科分门别类,并提出了不同的分类方案。但需要说明的是,各种学科分类均是基于不同的原则与需要,不管在学术层面还是管理层面,学科分类的标准都是不同的(邵玲芝等,2020),任何学科分类都会涉及一定的主观因素。鉴于学科分类的重要性,学科分类本身已经成为一项重要的研究课题。这一小节将重点介绍三个学科分类框架,为本书学科差异背景下的词块运用分析奠定一定的理论基础。

早期从事学科分类比较研究的是 Biglan(1973)与 Becher(1987),他们给予了后人的研究许多启发。Biglan(1973)设定了三个主要维度,分别是:硬学科(hard disciplines)—软学科(soft disciplines)、纯理(pure sciences)—应用(applied sciences)、生命系统(life sciences)—非生命系统(non-life sciences)。Biglan(1973)的分类是非常有启发意义的,通过这个分类,可以看出学科特征与学术领域间的重合是如何影响学术活动以及相应的信息表达方式的。Becher(1987)则主要设定了其中的两个维度标准,即"软学科—硬学科"与"纯科学学科—应用科学学科",他认为这两种分类维度相互影响。因此,他将两种维度相互交叉地分为四种学科类别,它们分别为"软—纯科学学科""硬—纯科学学科""软—应用科学学科"与"硬—应用科学学科"(见图2.9),并以此为基础解释四种类别学科的知识特性、价值取向、研究成果和学科文化。

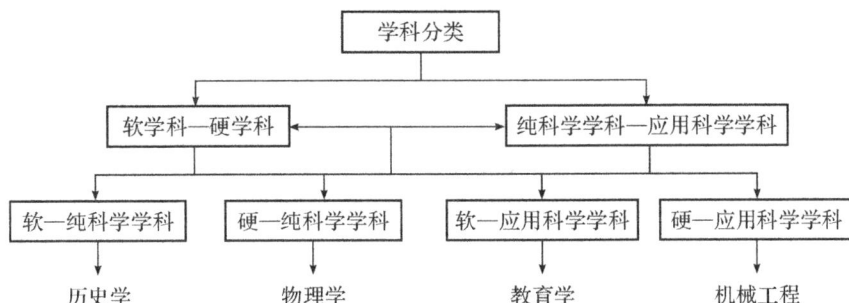

图 2.9　学科分类(Becher,1987)

Biglan(1973)与 Becher(1987)都重视"软—硬"与"纯理—应用"的学科分类维度。硬学科与软学科的表达方式有明显的趋向性。硬学科属于范式(paradigmatic)领域,具备规范的实验流程和既定的理论知识,且这些学术规范都是学科领域中同行读者较为熟悉与认可的,在论文中并不需要详述。而软学科属于非范式(non-paradigmatic)领域,论文作者需要描述相应的研究背景、假设基础、研究问题,并建立评价体系,用于建立研究地位以及评价作者自己回答研究问题的标准。顾建民(2006)在软硬学科的分类基础上进一步说明,解释硬学科的知识具有累积性,知识创新呈线性发展,强调在前人的基础上创新,拒绝重复研究,多以课题组的合作研究为主。软学科的知识具有反复性和整体性,需要学者个人的学术沉淀,合作者很少超过三个,但每篇论文篇幅较长。"纯理—应用"考量的标准是学科研究领域的应用性程度。纯理注重理论创新,应用注重实践操作。简言之,前者在于认识世界,后者在于指导或改造世界。

杜育红、臧林(2019)对学科分类采取了不一样的思路。他们以哈佛大学的学系设置为参照,认为"专业实践性"是学科分类的首要考量。依此理据,学科首先应分为"文理基础学科"与"综合实践学科"两大类。杜育红、臧林(2019)认为,文理基础学科是"对自然界、人类社会以及人类自身规律的研究",综合实践学科则是"基于社会的实践领域需求而设计的研究"。这些学科的研究目标决定了学科内容与知识体系。根据上述分类原则,文理基础学科可进一步分为"人文基础学科""科学基础学科"(作者另设"社会科学基础学科",如经济学。由于不是本书关注的重点学科,笔者将不做另外陈述)。综合实践学科则可进一步分为"社会综合实践学科"与"科学综合实践学科"(见图2.10)。尽管思路不一致,杜育红、臧林(2019)与Becher(1987)的学科类别却如出一辙。若将此分类与Becher(1987)作一一对应,则"人文基础学科"对应"软—纯理学科","科学基础学科"对应"硬—纯理学科","社会综合实践学科"对应"软—应用学科","科学综合实践学科"对应"硬—应用学科"。

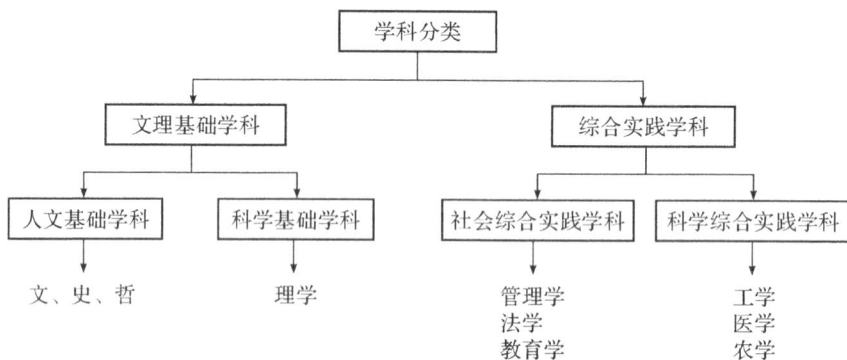

图 2.10　学科分类(杜育红、臧林,2019)

综合以上学科分类标准,可以达成的共识是:"软—硬""纯学科—应用"均应同时考虑,才能较为全面地评价一个学科体系。但值得一提的是,学科的产生与发展主要有两个动因:一是内部学科知识体系的逻辑演进,二是外部社会发展的实际需求(王绫珉,2003:89)。同时,热门学科的发展离不开它的创新动力与实际应用价值,只是各学科存在程度上,以及形态上的差别。本研究认为,

"软—硬"学科的分界点在于其知识属性是否具有科学上的重复与控制;"纯理—应用"学科的分界线在于学科体系的"专业实践性",即其学科内容与理论体系是否来源于社会实践,且又可进一步指导社会实践。但是,学科分类不是绝对的,在无法做出判断时,可将分类维度看作一个连续统,具体学科予以具体分析。

基于以上分析,可以看出,学科是一种知识体系,同时也是一种组织系统。学科分类有助于分辨学科间的异同,对学术评价、人才培养以及语言研究均有重要的学术与应用价值。诚然,任何学科分类都带有主观因素,也有被简化的风险。毕竟每个学科都具有独特性与复杂性。另外,随着社会的进步与发展,学科间也可能存在知识流动(knowledge flow)与跨学科(interdisciplinary)研究(叶鹰等,2020),这种趋势必然会增加某一学科的特殊性,需要研究者予以慎重考虑。

在语言学研究领域,已有许多学者认识到因学科差异而造成的语言使用差异,许多学者还将此作为主要的研究议题。海兰(Hyland, K.)是学科差异性研究的领军学者,他在诸多研究中试图回答:不同学科是否存在不同的语言表达形式,其原因是什么。海兰的实证研究的研究结果肯定了语言使用的学科差异性,并分析其原因主要在于不同的学科规约和学术社团文化形成了独特的语言逻辑结构和词汇语法形式。语言学家的任务则在于描述这种特定学科的逻辑结构,以及实现这些结构的语言形式,并根据特定学科的规约解释这种语言现象。认识到不同学科知识体系的不同构建方式,有利于解释各学科作者如何使用语言传播知识。同时,探析不同学科作者构建和传播知识的不同语言表达形式,对理解学术话语的本质有着重要意义。

但是,在学科差异化的语言研究中,多数学者以"软—硬"两分法作为学科选择的依据,且多是基于全篇文本的实证分析。从整体的文本语篇层面,"软—硬"两分法基本可以断定不同学科作者倾向的语言交际功能。但是,若基于语步—语阶层面的语类分析,不同学科期刊论文是否同时存在"纯理—应用"学科维度的语类结构倾向性,以及相对应的语言使用差异?这是需要探究的问题,也将是本书研究的选题缘由之一。

2.4.2　学科差异与词块研究

学科差异背景下的词块研究也受到了语言学界极大的关注,本小节将分别从国外期刊与国内期刊两方面论述词块的学科差异化研究(见表 2.7)。

表 2.7　学科差异与词块研究

作者	语料来源	研究对象	学科
Cortes(2004)	期刊论文与大学生写作	四词毗邻式词块	生物学与历史学
Hyland(2008)	期刊论文、硕士与博士学位论文	四词毗邻式词块	电气工程学、微生物学、商学、应用语言学
鲁莉、王敏(2015)	期刊论文	二词及以上毗邻式词块包含少量非毗邻式词块	医学、工程学
王芙蓉、王宏俐(2015)	期刊论文	三至五词毗邻式词块	语言学、能动与电气工程学
高霞(2017)	期刊论文	四词毗邻式词块	物理学、计算机、语言学、管理学
Durrant(2017)	大学生写作	四词毗邻式词块	24 个学科归为四组：硬学科、软学科、生命科学与商务
Hyland & Jiang(2018)	期刊论文	四词毗邻式词块	应用语言学、生物学、工程学、社会学
Omidian et al.(2018)	期刊论文摘要部分	四词及以上毗邻式词块	应用语言学、市场营销、社会学、物理学、生物学、机械工程学
Lu et al. (2021)	期刊论文引言部分	五词和六词非毗邻式词块	人类学、应用语言学、政治学、心理学、社会学

注:MICUSP＝Michigan Corpus of Upper-level Student Papers(密歇根高级学生论文语科库)。

Cortes(2004)分别从学科与语言水平的维度,考察了生物学与历史学期刊论文的四词毗邻式词块(目标词块)使用情况,以及这些目标词块在大学生作文中的使用情况。统计期刊论文的目标词块,结果表明:这些词块在结构和功能上均存在学科差异。例如,在结构层面上,生物学语料涵盖了更广的词块结构。在功能层面上,在立场类词块中,生物学作者多使用从句类结构,历史学作者则使用单词或其他短于四词词块的结构。统计大学生作文的目标词块使用情况,结果表明:学生很少使用目标词块,并重复使用特定的词块,使语篇语言较为冗杂。另外,大学生使用的目标词块未必实现了专家学者倾向实现的话语功能。此项研究再次证实,词块具有明显的学科差异,是高级水平写作者语言(结构)储备的一部分。同时,在词块的教学设计中,目标词块需有相关的索引行语境,以增进学术新手的理解,保证词块的恰当使用。但是,这项研究的学科范围较小,其研究结果的泛化略显局限性。

Hyland(2008)依据"软—硬"学科分类(电气工程学、微生物学代表硬学科、商学与应用语言学代表软学科),分析期刊论文、硕士与博士学位论文三个语类语料的四词毗邻式词块使用情况。结果证实:词块不仅在学术语篇的构建中有着重要地位,也是区分不同学科语篇的重要途径。首先,学科共用词块较少。在前 50 个高频词块中,仅有五个学科共用词块。其次,不同学科词块的功能倾向不同,硬学科偏重研究类导向词块,而软学科的文本类词块占了 2/3 的比重。这个差异反映了不同学科领域的论证方式,即软学科注重关联前期研究,硬学科重在图文信息与研究发现,避免凸显作者身份。但是,笼统的"软—硬"二分法过于简化,需要进一步细化或分级化学科分类,更明晰因学科差异造成的语言使用差异。

Durrant(2017)基于大学生议论文语料库(选自 BAWE),通过四词毗邻式词块探讨学科分类与学科差异,并依据功能分析框架,分析词块的学科差异化特征。与前人研究不同的是,作者未依据现有的学科分类,而是通过聚类分析与词块分布,将学科依次分为科学/技术(硬学科)与人文/社会科学(软学科),生命科学与商业被认为是"软—硬"学科之间的过渡。作者发现,"软—硬"学科的分类基本可以区分语言使用特征。但作者也发现,学科分类不是绝对的,学科间存在重合的词块特征,这些重合源于学科是"纯理"或"应用"的本质。综上所述,词块具有学科差异,而不同学科词块的差异与重合又能进一步验证学科分类的信度。这项研究表明,词块的学科分类研究具有十分重要的价值。另外,学科的"纯—应用"属性在词块分析中不容忽视。

Omidian 等(2018)探讨了四词及以上毗邻式词块在软学科(应用语言学、市场营销学、社会学)与硬学科(物理学、生物学、机械工程学)期刊摘要中语步的使用情况。与 Cortes(2013)类似,这项研究结合了宏观的语步与微观的语言分析。不同的是,这项研究考虑了学科差异的因素。通过量化统计和质性分析,作者发现,软学科与硬学科的频数分布存在显著差异。另外,依据学科典型词块更能针对性地区分词块的学科特质,不同学术领域学者偏好使用一定的词块来实现学术领域特定的文本互动与交际功能。这一论断在论文的其他部分(引言、方法、讨论等)是否成立仍需进一步验证。

Hyland 和 Jiang(2018)以 1965 年、1985 年与 2015 为时间节点,以应用语言学、生物学、电子工程学、社会学期刊论文为语料,首次考察了四词毗邻式词块使用的历史演变与学科差异化特征。研究发现,词块不是一成不变的,而是随着学术环境的变化而变化的。其中最明显的变化反映在立场功能方面,硬学科作者使用更多的立场类词块,强调作者的立场,争取读者的认同,并共同构建语篇的论断。这是因为,近年来学术出版强调跨学科的学术交流合作,鼓励作者争取更多对此话题不熟悉的新读者,以获得更高的引用率和更多的外部经费。另外,软学科领域则朝着相反的方向发展,更加弱化作者身份,用研究型和语篇型词块代替软学科特质性的参与型词块。作者未明晰其原因,但这种变化与软学科更加注重实证量化研究,从而限制了更多的立场类词块有关。这项研究给我们的启示是,语言研究不仅应研究文本内语言特征,也应结合文本外的、历时的学科文化和学术环境,综合分析学术语篇构建,为当下学术英语教学与研究提供可靠的实证证据。

Lu 等(2021)以五个社会科学学科期刊论文引言部分为语料,检索出五词和六词非毗邻式词块列表,分析了词块使用的学科差异。值得探究的是,Lu 等(2021)以 Swales(2004)的语类分析为分析框架,从微观层面进一步讨论了词块与语步(语阶)的分布关系,从学科和语类两个维度讨论了词块的学科特质与语类特质。结果表明,在五个社会科学学科期刊论文的引言部分中,修辞语步的分布及非毗邻式词块与修辞语步的关联特征存在着实质性的学科差异。在数量分布上,"概括议题内容""介绍研究内容"与"概述文章结构"语阶的非毗邻式词块最多。其中,在"概括议题内容"语阶,心理学与社会学更多使用立场类词块;在"介绍研究内容"语阶,每个学科使用不同的词汇变体;在"概述文章结构"语阶,政治学较多使用学科典型词块。这些研究发现表明,学科倾向的认识论与话语实践方式决定了学科作者所倾向的不同的修辞目的,以及实现这些修辞目的所使用的不同语言表达。

在国内研究中,鲁莉、王敏(2015)基于医学和工程学期刊论文语料库,探讨了词块使用的学科差异。不同于前人文献中通过语料库驱动的方法提取高频词块,她们主要依据 Simpson-Vlach 和 Ellis(2010)创建的学术词块表(Academic Formulas List,AFL),选择其中的共核类与书面语词块(大部分为毗邻式词块,含有少量非毗邻式词块)作为目标词块,再通过 Antconc 逐一检索,统计目标词块在两个学科语料库中出现的标准化频次,再进行推断性量化统计分析。结果显示:工科论文中词块使用的数量明显大于医学,两者使用的典型词块有所差异。另外,词块在两类学科的形式结构和语篇功能分布上也存在较大的差异。这个研究再次证实,词块使用与学科的交际目的、信息传达方式有很大关联,研究语料应趋于学科领域化,考察学科典型高频词块可更明晰其学科特征。

　　王芙蓉、王宏俐(2015)主要讨论语言学和工学期刊论文中四词词块的形式结构、语篇功能,并分析了词块的固定性特点,即词块是固定的(1234)或半固定的(12x4、1x34、1x3x/x2x4、x2xx、xx3x,x 代表自由词位)。结果显示,词块在结构形式、语篇功能和固定性上均存在学科差异。其原因在于,语言学采用描述性、推论性、评价性的论证方式,大多附有例证和解释。而工科着重解决问题,强调数据的客观事实规律,并多以图表展示,弱化行为主体(研究者),强化研究方法的可重复性和结果的客观科学性。这项研究表明,学科的研究方法和信息表述方式制约着语言的使用;语言的选择也在一定程度上反映了学科差异,实现了个体学者对学术惯例的认同与靠拢。另外,鉴于工科的应用性,在学科差异性的词块研究中,也应将此应用类学科囊括其中。

　　高霞(2017)分别从学科维度与母语背景的维度,考察了四词毗邻式词块在期刊论文中的使用情况。她根据"软学科—硬学科""纯理学科—应用学科"的学科分类标准选择了四个学科:语言学、管理、物理与计算机,分别代表软性理论、软性应用、硬性理论与硬性应用学科。通过考察频数分布、共用词块的使用特征与聚类分析,探讨词块使用是否存在学科差异,以及母语背景是否影响词块使用。结果表明:学科属性决定词块使用,尤其"理论—应用"学科属性对词块使用产生了必要的影响。另外,学科对语言选择的影响远大于母语。但作者也表示,两种学科分类属性对词块的影响还需进一步验证。

2.4.3　核心词块与典型词块

　　上文讨论了学科差异与词块研究,而在词块研究中,"学术语篇是否存在核心词块"也是一个学术界的热点问题。随之而来的问题是,在学术英语领域,语料库建库的语料范围应该趋于专用性(specificity)还是通用性(generalization)。有的学者认为语料收集范围应趋于专门化,有的则认为应趋于一般化,语料覆盖普遍化。

　　有些研究认为,学术语篇存在核心词块,学术词块研究应以核心词块或通用词块为研究重点(见表 2.8)。Simpson-Vlach 和 Ellis(2010)使用 MICASE 与 BNC 的学术英语子库(包括学术演讲与部分学科的学术写作)与 Hyland 期刊论文语料库,创建了学术词块表(AFL)。Martinez 和 Schmitt(2012)则使用 BNC,创建了最高频不透明词块列表。此外,Liu(2012)利用 COCA 和 BNC 中多个学科期刊论文与教材子库,提取了最高频多词结构。

　　但是,有些学者认为,语言的使用与语类和学科均有很强的关联。因此,许多学者自建小型专门语料库,其语料则来源于特定的语类(教材、期刊论文等)或学科(软学科、特定学科等)。有些学者强调研究语料的语类一致性。Cortes(2013)以多学科期刊论文引言为语料,创建了引言部分语步与语阶层面的专项词块与通用词块。Hsu(2014)选取了教材语类,提取语义不透明词块列表。Lu等(2018)依据软学科的期刊论文引言语料,提取了非毗邻式词块列表。另外,也有学者同时强调学科的独特性。王芙蓉、王敏(2013)以应用语言学期刊论文为语料,编制了语言学学科高频学术词块,并用其与 AFL 校对,结果显示:AFL中仅有 10% 与语言学高频词块一致。当然,AFL 无疑具有它的学术价值和教学价值。但是,AFL 不能涵盖各学科的多数词块,尤其是学科典型词块。提取特定学科学术词块列表,并考察这些词块的语篇功能和形式结构,具有极大的研究价值。Hyland(2008;2018)也在研究中证实,学术语篇的核心词块过少,研究语料应趋于专用性,语料库应分门别类,以满足不同的语类与学科。

从学术英语的层面出发,Flowerdew(2017)认为学术英语专门语料库优于通用语料库,特定学科的语料库优于跨学科语料库,特定语类语料库优于涵盖众多语类的语料库。另外,将研究语料聚焦于特定的语类与学科,可以得出促进学术英语教学的研究成果(Hyland,2002)。

表 2.8 学术类核心词块研究

作者	语料库	研究方法	词块列表	研究目的
Simpson-Vlach & Ellis (2010)	MICASE、BNC、Hyland（2004）期刊论文语料库	频次、覆盖度、MI 并参考教学者观点	学术词块表(AFL)	创建一个有教学价值的学术用途英语词块列表
Martinez & Schmitt (2012)	BNC	n 元词、人工筛选	最高频的 505 个不透明短语列表	结合现存的词列,促进语言教学、词汇测试
Liu(2012)	COCA＋BNC(多学科期刊与教材)	频次、覆盖度	提取 228 个高频多词结构(包含习语、词块、短语/介词动词等)	总结最高频的多词词块列表,对比美国英语与英国英语的差异,并验证大型语料库的重要性
Cortes(2013)	多个软硬学科期刊论文的引言部分	频次、覆盖度、语类标注	创建引言部分语步与语阶的专项词块与通用词块	探索功能—形式映射,促进教学
王芙蓉、王敏(2013)	应用语言学期刊论文	频次、覆盖度、人工筛选	创建应用语言学英语学术词块列表	创建有学科特色和教学价值的学术词块

续 表

作者	语料库	研究方法	词块列表	研究目的
Hsu(2014)	40 个领域的教材	频次，覆盖度、MI 并由教师筛选出可教性词块	教材语义不透明词块表	为非英语专业读英文教材提供便利
Lu et al.(2018)	四个软学科期刊论文的引言部分	频次，覆盖度，人工筛选、专家/学生打分为参照	适合教学的引言部分非毗邻式词块列表	促进引言部分的教学

注：MICASE＝Michigan Corpus of Academic Spoken English(密歇根学术英语口语语料库)；BNC＝British National Corpus(英国国家语料库)；COCA＝Corpus of Contemporary American English(美国当代英语语料库)

毫无疑问，学科差异背景下的词块研究有极大的研究价值和现实意义。同时，学科间的共用词块研究也有重要的启示意义。通过探讨共用词块在不同学科的频数分布、结构与功能特征，可以明晰各学科作者如何使用共用词块构筑语篇，以实现特定的语篇或语用功能(Hyland，2008;高霞，2017)，也可以从历时角度，通过共用词块的演变，考察学科文化与语言特征的演变(Hyland & Jiang，2018)。但是，较少有学者通过语境考察共用词块的语义搭配(如语义倾向与语义韵)与实证语义(Shin，2020)。因此，学科共用词块研究值得进一步拓展。

2.5 期刊论文语类与词块研究

2.5.1 期刊论文语类与语步分析

语类(genre，或称为"体裁")是一个抽象的、为社会或社会中的某一社团所广为认可的语言运用图式，是学科话语社团活动的一种"模板"，社团成员通过运用这一种模板来发展相互间的关系，来计划、交流、调整、实施他们的交际行为(庞继贤、程乐，2012)。"语类"常用来表示某种语言交际的类型，如期刊论文、硕(博)毕业论文、书评、商业信件等。"语类"也包括相关的"次语类"，如引言部分、方法部分、结果部分、讨论部分均为学术论文语类的次语类。语类与次语类为相对概念，在学术研究中，若不做两者的对比研究，就会将次语类称为语类。语类的运用,即语篇,则是具体的社会交际行为和话语实践的过程与结果。在应用语言学领域,语类的理论目标在于对基于学术或职业情景下语言行为的探究,试图回答的焦点问题是:在一个特定的话语社团中,社团成员是如何运用语言来"以言行事"和"以言成事"的(Swales,2004;Bhatia,2004)。

西方的语类理论常被分为三个流派:美国的新修辞学流派(American New Rhetoric)、系统功能语言学流派(Systemic Functional Linguistics)和应用语言学流派(Applied Linguistics)(庞继贤、程乐,2012)。庞继贤、叶宁(2011)认为三者并非相互对立,尽管理论渊源与研究焦点有差异,但三者都把语言运用作为一种社会行为和策略,把语类作为动态的、历史的、语境化的社会行为规律,研究目标都在于分析社会文化功能与语言运用之间的关联。若把这种关联看作语篇—语境的连续统,新修辞学流派趋向语境,把语类作为社会行为,探讨语类的典型性、动态性、语境性、结构双层性和话语社团拥有性,并注重分析作者群体的先验知识。系统功能语言学流派则注重语篇,其语类分析以语篇为依据,通过观察语篇的语类构式,描述和解释构筑语篇的语言形式;而应用语言学流派则是前两个流派的融合和实践:既吸收了新修辞学流派的篇章互文性特点的观点,又汲取了系统功能语言学派的语篇组织与词汇语法选择受语境(context)所制约的观点(李冰,2019),其主要研究领域是专门用途英语(English for Specific Purposes,ESP)。ESP视角主要研究语篇的宏观结构,即语类由多个语步构成,语步则通过循序渐进或循环往复的语阶来实现,同时,ESP也关注实现语类的各种语言形式特征(徐昉,2013)。本书将重点评述ESP视角的语类分析路径及其代表性理论。

斯韦尔斯与巴蒂亚(Bhatia, V. K.)是ESP的代表人物,常被称为"Swalesian学派"。斯韦尔斯在学术语篇的语类结构及相关语言形式的描述框架方面,为后人相关研究提供了重要的理论依据。国际权威期刊 *Journal of English for Academic Purposes* 在2015年发行了特刊 *25 Years of "Genre Analysis"*,纪念斯韦尔斯开创性的代表著作 *Genre Analysis:English in Academic and Research Settings*(《语类分析:学术和研究环境中的英语》)出版25周年,详细描述了该书对理论、方法论以及教学实践的贡献。在中国知网(Chinese National Knowledge Infrastructure,CNKI)和科学引文索引(Web of Science,WoS)核心数据库中,有大量有关语类研究的文章。近20年里,SSCI索引的国际权威期刊 *Applied Linguistics*、*English for Specific Purposes*、*Journal of Pragmatics*(《语用学杂志》)、*Journal of English for Academic Purposes*、*IBERICA*(《伊比利亚》)、*Discourse Studies*(《话语研究》)和 *Text &*

Talk(《文本与话语》)共刊登了 40 篇至百篇以上相关主题文章,并主要限制在 ESP 领域。早期 ESP 语类研究的主要方法是语步分析法(move analysis),研究焦点为语类的整体结构与词汇语法特点(庞继贤、程乐,2012)。

语步分析是斯韦尔斯在 1981 年提出的一种文本分析方法和一种重要的语类分析框架,主要用来分析研究论文每个部分的修辞结构。斯韦尔斯在其代表作 *Genre Analysis*:*English in Academic and Research Settings* 中,提出了语类(genre)、话语社团(discourse community)、任务(task)这几个重要概念(Swales,1990)。在此基础上,他又提出了引言部分的"创立研究空间"(CARS)语步模式。这个模式是层阶(hierarchical)的交际功能单位,即引言由三个语步组成,每个语步又通过可选(optional)或必选(obligatory)的语阶[step,又称为"步骤"或"分语步"(sub-move)(Santos,1996)、"策略"(strategies)(Bhatia,1993)]来实现。斯韦尔斯称语类是交际事件的分类,语步是具有特定交际目标的修辞手段或语篇片段,语阶是实现语步的可供选择的修辞策略(Swales,1990)。不管是语步还是语阶,它们都以交际功能为单位,实现它们的语篇单位很灵活,可为小句、句子、话语或篇章。迄今为止,对于语步和语阶最小的语篇单位尚未有定论。斯韦尔斯又深入介绍了如何运用语类分析期刊论文以及其他几种语类语篇,为后人开展语类分析提供了重要的理论框架。

在 2004 年的著作中,斯韦尔斯修正了 CARS 模型。他把语步一的三个语阶"建立中心议题""概括论题内容"和"回顾前人研究"变为一个"概括论题内容";把语步二的四个语阶"反面论证""指出差距""提出问题"和"延续传统"省略为两个,即"指出差距"和"补充已知",并增加"提出正面理由";同时把语步三具体化,基于学科的独特性增加了归纳研究方法、界定概念、陈述研究价值。在指出修改理由时,斯韦尔斯称语步一的"建立中心议题"语阶和"概括论题内容"语阶很难区分;他还说明虽省去了"回顾前人研究",但不代表在学术英语教学中可略过此部分的写作教学,这个修改有点不合理,故目前大多数语类研究仍比较倾向 1990 版的语步一模式(Swales,2004)。在语步二中,斯韦尔斯把界限模糊的四个语阶改为两个,大多数研究采用了 2004 版语步二的分类,但由于学科的独特性(陈菁等,2019),对生物类文章仍采用了 1990 版语步二的分类。对于细化的语步三,各个研究依据学科与语类差异对其做了修正。

迄今为止,CARS 模型仍是被广泛应用的语类分析模型。CARS 语步模式最初通过期刊论文引言部分归纳,但不少学者沿用 CARS 模式或稍加修正,把语步分析法扩展到论文的次语类部分,如摘要、方法、结果、讨论,或不同的语类语篇,如学位论文等。语类与语步分析方法至今仍是学术语篇的热点研究领域(徐昉,2013),是非本族语者了解专业期刊论文语篇结构的重要工具,也是分析专家学者与学术新手构建语篇差异性的重要方法。在前人研究中,各学科的语类分析让我们了解到期刊论文是如何构建语篇结构,并利用特定的语言构筑语篇的,这也为语类教学提供了重要佐证(Cotos et al.,2015)。另外,研究表明,语阶可以更准确地反映语篇的结构特点、作者相应的修辞偏好和语言实现形式(Swales,1990;Yang & Allison,2003)。

巴蒂亚认为语类分析需综合考虑语篇内和语篇外因素,通过跨学科、多视角、多维度的多方分析,使语类分析趋于批评语类分析(Critical Genre Analysis)。其代表作 *Analyzing Genre:Language Use in Professional Settings*(《体裁分析——专业情景中的语言运用》)指出,语类分析不应局限于语篇层面,而应考虑特定语境的因素(如特定行业或特定学科文化以及相关的实践活动),从语言使用的视角对特定行业或特定学科进行描写和解释(Bhatia,1993)。他认为具体的分析路径应从基于语言层面的描写转向基于语境层面的多维度描写,分析视角应依次从语篇层面(Textual Space)向社会—认知层面(Socio-cognitive Space)及社会层面(Social Space)展开(Bhatia,2004)。语篇层面的分析主要包括:基于数据库或语料库的词汇—语法分析、语篇结构分析、篇内与篇际互文性分析。其中,互文性的实现方式有语类或语步/语阶的混合、内嵌、循环、移植等,即作者利用已有的专业语类和规约来组织一种新的语篇混合体,从而实现自己的交际目的。社会—认知层面的分析主要探究与语类构建相关的交际目的和社会语境。社会层面的分析主要考察与语言使用相关的社会层面因素,如社会结构、社会现实、社会变化等(李冰,2019)。

期刊论文语类分析主要有两方面成果,一类是宏观层面的分析,即论文的语类结构,一类是微观层面的分析,即论文的语类结构与语言特征之间的关联。在早期的语类分析研究中,较多研究剖析语步模式,且限于一个学科(如语言学),语料规模较小(如10—20篇)(Yang & Alison,2003;杨瑞英,2006)。在实证研究和课堂实践中,应避免刻板化语类结构,鼓励在语类分析的基础上,启发二语学习者识别交际目的和相应的表达形式,探寻深层次的交际动机。Lim(2006)结合语步分析与微观语言分析,分析了20篇数学期刊论文的方法部分的语步模式,以及所在语步的句法和词汇选择。这些研究都在探析学科内某一语类语篇的结构共性,但都忽略了语篇构建的灵活性,如语步—语阶的循环与套嵌。

目前,主流的语类研究已超越宏观的语篇结构分析,主要通过与微观的语言特征相结合,对特定语类语篇中的词汇语法、修辞等方面展开分析。在研究方法上,不再局限于语篇内(text-internal)的文本分析,而是扩展到语篇外(text-external)的语篇生成过程和社会环境因素的分析,并通过民族志案例分析或圈内人士(insider)访谈的印证,三方互证提升研究的效度(庞继贤、程乐,2012)。在学术英语、语类分析及语料库语言学领域,学术研究也逐渐倾向研究实现修辞功能的语言形式,即研究的出发点不仅在于描述交际功能下的宏观结构,更在于探究实现这些交际功能的语言特征。这样的研究可超越简单的表层语言分析,通过语篇结构探讨深层次的社会文化因素和学科内的心理认知因素,揭示实现不同交际目的的语言形式和语篇构建的规范性,以符合学科内的信息表述方式(胡新,2015)。

基于语料库的语类分析,可以实现修辞功能和语言特征的组合关联。如前所述,Swales(1990)提出了引言部分的 CARS 语步模式,在学术界掀起了语步分析的热潮,诸多学术用途英语和专门用途英语教师与学习者也从语类分析中受益。语步分析可在真实的语言例子中,让学生了解特定学科的宏观结构(语步和语阶),以及实现相关交际目的语言手段。尽管语步分析推动了学科差异研究的发展,但许多研究仅侧重于描述语篇的宏观结构(称为语步和语阶),忽略了与之联系的语言特征(Omidian et al.,2018)。另外,实现功能的语言研究焦点比较有限,主要是报道动词(reporting verbs)、标识名词(signalling nouns)等。

自上而下的语类分析方法与自下而上的数据库驱动的研究方法并不冲突。语类分析方法对学术英语语篇产生了深远影响,语料库语言学自下而上的研究方法对学术英语语篇的研究和实践也产生了重要影响。需要说明的是,目前大多研究并未严格遵循激进的语料库驱动的研究范式,而是"基于语料库"(corpus-based)研究范式的折中。以词块研究为例,若使用激进的语料库驱动的研究范式,应该符合以下三个基本特征(Biber,2009:281):

(1)基于语料库中实际出现的词形(而不是词根);

(2)基于词形的连续序列分析,忽略这些连续序列的语法或句法地位;

(3)关注高频重复出现的多词组合形式。

然而,大多数词块研究主张语料库驱动的研究,他们并没有严苛遵循以上几条基本特征(Biber,2009)。同时,语料库驱动的、自下而上的研究方法受到了部分学者的质疑,他们指出激进的语料库驱动的研究范式过于钻研词汇语法层面,较少关注更广的话语或语篇层面。近些年,这一缺点在逐渐被克服。语类写作研究被认为是语类的自上而下的研究与语料库的自下而上的研究的相互结合,能够进一步帮助学习者提升修辞功能与语言特征相结合的写作意识

（Flowerdew，2015）。

语类分析已得到学界的认可，语类标注的问题接踵而来。值得一提的是，学术界对于语料库的标注仍存在分歧，对标注的态度可视为一个连续统，处在两极的为强烈反对与强烈赞成，两者之间的则是谨慎的保留态度（李文中，2012）。主张语料库标注的支持者认为，标注后的语言学信息更加明确，信息量增大，并可重复利用，方便进行多维度、多用途的语言研究。同时，语料库作为真实语言的集合，是各种理论假设的验证平台。使用现有的理论分析分类框架，是"基于范畴的方法"（Hunston，2002），可以范畴化地描述语言现象。反对者认为，语料库标注使语言失去了真实客观性，先入为主的理论假设预制了语言的描述，易于忽视语言数据的复杂性与变异性。他们多主张 Sinclair（1991）提出的"干净文本原则"，认为语言理论要完全来自对语料文本的观察。但辛克莱本人却对语料库标注持谨慎的保留态度，表示不反对标注，标注与否取决于实际的建库原则和研究设计，同时也说明应理解标注再去使用标注，并谨慎判断标注的局限性，否则是无益的。语料库标注与否代表了研究者的学术思想及对数据的态度，但在语料库研究与操作实践中，标注与否并非泾渭分明，折中而温和的实际考虑比两种激进的态度更值得提倡（李文中，2012）。毋庸置疑，语料库标注有许多有价值的语言信息和语言规律亟待挖掘。

目前，学界还没有公开的语步—语阶标注完善的语料库（Cotos et al.，2015），也没有可开放使用、准确度较高的自动语步识别工具。本质上，语步识别工具和模型的根本任务是文本自动分类（王立非、刘霞，2017），采用朴素贝叶斯（NBM）、隐马尔科夫（HMM）、支持向量机（SVM）或条件随机场（CRF）等方法自动识别语步特征和语步顺序。自动语步标注工具多聚焦于论文摘要部分（Anthony，2003；王立非、刘霞，2017；丁良萍、张智雄、刘欢，2019），其中一个原因在于摘要部分是趋于格式化的文体类型，部分期刊也要求作者标明语步标识（如引言、方法、结果、结论），总体上方便进行机器学习（machine learning）。除了摘要部分的限制条件外，这些标注软件目前仅限于同一学科领域或同一学科分类，如理工相关学科（Anthony，2003）、语言学学科（王立非、刘霞，2017）、科技论文（丁良萍、张智雄、刘欢，2019）。Cotos 等（2015；2017）以全篇的语步为基础，开发了计算机辅助写作工具"Research Writing Tool"。这项工具可为用户的写作文本提供多种修辞语步结构的反馈，并在检索行中展示相关已发表期刊论文的文本，以及简短的教学视频和相关语步概念的幻灯片演示。这项工具极大化地利用了语步和语阶的构念，将语步自动标注与教学相结合，可以称为目前最先进的语类写作教学辅助工具（Mizumoto et al.，2017）。但这项工具仅限部分域用户使用,并未向公众开放使用。

毋庸置疑,语步自动标注工具得到了许多学者的重视,并已有较大的发展。但是,自动标注软件的设计需要大量的训练数据集(training data),才能保证深度的机器学习。丁良萍等(2019)证实,训练样本数量在 60 万条,语步识别效果最佳。然而,对于创建小规模语料库来说,这样的操作是不太现实的。因此,语类标注研究多是纯手工标注,过程烦琐且带有主观判断,很难进行大规模的语篇语类分析。另外,目前也未定论最小的标注单位(短语、句子或段落),对于多功能语步或语阶的情况,在学术界也没有统一参照标准(Moreno & Swales,2018)。这些局限性因素为语步分析的发展带来了不利影响。但是,标注的一致性系数,以及标注框架适用性的统计学验证,在很大程度上保证了人工标注的信度与效度,这也是本书将采用的语类标注验证方法。

2.5.2 期刊论文语类与词块研究

通过文献梳理,本研究发现,语类分析背景下的词块研究可归纳为以下三种:第一种是基于语类整体的词块研究,如期刊论文语类、学术论文语类等。这些研究以语类为单位,讨论不同语类(如期刊论文、硕士与博士学位论文等)的词块差异,或同一个语类中不同写作者群体的词块使用差异。第二种是基于次语类的词块研究,但不涉及进一步的语步分析。次语类为语类的子部分,词块研究通常涉及的次语类是期刊论文语类的不同子部分,如引言、方法、讨论、结论等。第三种是基于语步分析的词块研究,即在次语类的基础上,对其进行语步(和语阶)的分析,并把语言的语用功能与其相关联。由于本书的研究重点在于基于(引言)次语类和语步分析的词块研究,本小节将述评基于次语类的词块研究,下一小节将述评基于语步分析的词块研究。

王丽(2014)与 Lu 等(2018)均以引言部分的非毗邻式词块为研究对象。但两项研究的研究目的不同,前者在于对比中国学习者与专家学者的词块使用差异,后者在于提取特定学科类型的词块列表。尽管二者都使用工具(kfNgram)自动提取词块,王丽的目标词块是三词非毗邻式词块,将标准设定在最低频次≥5,词汇变体的数量≥3。这样的做法可以明显减少词块数量,增加质性分析的可操作性,但同时也会有忽略部分词块或词汇变体的风险。而Lu 等(2018)的目标词块是五词、六词非毗邻式词块,将标准设定在最低频次≥1,即穷尽式提取,词汇变体的数量≥2,再人工排除无含义或与教学无关联的非毗邻式词块。下文将分别评述这两项研究的主要内容与启示意义。

王丽(2014)以引言部分的高频词块(三词非毗邻式词块)为研究对象,以国内硕士与博士学位论文、国外期刊论文为研究语料,考察了中国二语学习者与专家学者的词块使用差异,包括频数分布、结构特征和词汇变体特征等。结果表明:博士学位论文更接近国际期刊论文写作特征,但硕士与博士学位论文词块使用的共性大于差异性,二者皆存在总量上多用词块和词汇变体,且多用、少用、误用部分词汇变体。其中,名词词块比重过高,其他结构偏少,词块习得存在石化现象。作为国内少数非毗邻式词块的研究之一,这项研究说明,二语学习者在学术训练中词块习得不充分,需要教师在学术英语课堂上,讲授专家学者常用的非毗邻式词块,以及相应的词汇变体,帮助二语学习者靠拢学科的话语共同体。但从方法论的角度来看,此研究局限于频次层面的对比,作者分析了非毗邻式词块的结构、并展示了部分词汇变体,但并未进行详尽的功能分析,而词块功能恰是反映词块特征的重要方面。

Lu等(2018)的主要研究目的是提取非毗邻式词块列表。研究语料仅囊括软学科的期刊论文引言部分。他们认为关注特定的语类(期刊论文)、特定的次语类(sub-genre)(引言部分)可更好地辅助语类教学和特定群体的学习者习得词块。他们使用了语料库驱动的方法,舍弃从毗邻式词块中归纳非毗邻式词块的方法(bundles-to-frame approach),利用从语料中穷尽提取的方法(fully inductive approach),并辅以人工筛选。这种方法能较为全面地总结非毗邻式词块的特征。但是,学科分类并不是绝对的,每个学科都具有独特性与复杂性,毕竟每个学科所回答的研究问题不同,价值取向也可能不同。因此,学科差异背景下的非毗邻式词块研究不可忽略。

Wright(2019)则以毗邻式词块为研究对象,基于教育学、心理学和医学三门学科,自建综述类学术论文语料库,探讨词块(四词毗邻式词块)在IMRD[Introduction(引言)-Method(方法)-Result(结果)-Discussion(讨论)]四个部分的语篇功能。这项研究表明,与前人研究相比,尽管语料内容不同,提取标准不完全统一,综述类学术语篇与其他学术语篇语类(如期刊论文)的词块研究结果较为一致。词块在频数上存在细微的差别,但词块的功能类别分布较为接近。这个研究在一定程度上验证了学术语篇语类存在共核词块。另外,期刊论文作为传播知识的重要手段,其词块研究可作为教学的重要参考标准,可帮助学生与学术新手更好地理解并产出不同语类的学术语篇。但是,这项研究并未关注学科间的语言使用差异。

综上所述,上述研究均根据研究目的设计了不同的研究,证实了词块与次语类的关联性特征。但是,上述研究均未考虑学科差异。另外,次语类的语步是否分布不同的词块？是否具有特定的功能倾向？为此，下文将进一步论述期刊论文语步与相关词块研究。

2.5.3 期刊论文语步与词块研究

通过研读文献，本研究发现，语步层面的词块研究主要有两种研究路径：第一种是先提取词块，评判词的结构与功能。接着，将词块在语料中逐一检索，在检索行中判断词块所在的语步或语阶，并计算判断者之间的一致性系数（Cortes，2013；Omidian et al.，2018；李梦骁、刘永兵，2017）。第二种是先标注语步（与语阶），计算人工标注的一致性系数。接着，从标注语料中提取词块。最后，对词块进行结构与功能分类（Mizumoto et al.，2017；胡新、黄燕，2017）。

在相关的语步与词块研究中，不断有学者关注到词块在语步层面的特点和差异性（Cortes，2013；Lu et al.，2018；Mizumoto et al.，2017；Omidian et al.，2018；Thi & Harrington，2015；李晓红，2017），以及在语步层面实施词块教学的优势（Cai，2016；Peters & Pauwels，2015；李梦骁、刘永兵，2017）。研究发现：语步中的高频典型词块是其所在语步的重要标识，是构建语篇的重要语言手段，部分词块存在一定的语步专属性。若二语学习者习得此类专属词块和通用词块，依照国际学术惯例构筑语篇，便可得到目标读者和话语社团的认可。这类研究证明了"语步—词块"的关联性，具有很大的学术价值。

与此同时，学界也认识到了语阶层面描述词块的优势（Cortes，2013；Moreno & Swales，2018；Thi & Harrington，2015）。首先，语阶相对于语步更能指向共通的心理现实，更能清晰地描述语篇的宏观结构（Moreno & Swales，2018）；其次，从语阶层面出发，可更深层次地描述学科差异、文化差异、专家学者与学术新手的语言使用差异，帮助学术新手准确地实现学术语篇中特定的交际目的。

表 2.9 展示了语步—语阶层面的词块研究。由于语步—语阶标注程序相对烦琐，工作量相对繁重。大部分词块研究多集中于一个次语类（摘要、引言、方法、讨论、结论），其中摘要部分的相关研究最多（Omidian et al.，2018；胡新，2015；胡新、黄燕，2017）、引言部分（Cortes，2013；Lu et al.，2021；王丽，2014）和其他部分（如结果部分、图注说明）（Liu et al.，2023；李梦骁、刘永兵，2017）较少。另外，鲜有研究涉及学科对比分析。下文将以研究时间为主线，分别介绍国内和国外学术界的词块相关研究。

表 2.9　语步分析与词块研究

作者	语料来源		学科	研究对象	研究目的
	语类	次语类			
Cortes (2013)	期刊论文	引言(语步—语阶分析)	涵盖软学科和硬学科13个学科	四词及以上毗邻式词块	分析整个学科语料库中四词及以上词块的结构和语篇功能,并把上述词块与语步和语阶关联
王丽、李清婷(2014)	期刊论文、硕士与博士学位论文	引言(语步分析)	应用语言学	四词毗邻式词块	分析中国学习者学术论文引言各语步词块的使用情况,并找出与专家学者的差异
胡新(2015)	期刊论文	摘要(语步分析)	工学(电子、机械工程、计算机、光学、通信)	三词毗邻式词块	对比分析中国作者与本族语作者在摘要各语步的词块使用异同
Thi & Harrington (2015)	期刊论文	讨论部分的"评述结论"语步(语阶分析)	应用语言学	三至八词毗邻式词块	详述"评述结论"语步如何使用词块实现不同的语阶
李梦骁、刘永兵(2017)	期刊论文、硕士与博士学位论文	结论(语步分析)	应用语言学	四词毗邻式词块	探索不同学习阶段、不同语言水平的中国学习者的词块使用差异,并找出与专家学者的差异
李晓红(2017)	博士学位论文	摘要(语步分析)	应用语言学	二至三词毗邻式词块	对比英美国家与中国语言学博士学位论文摘要语步的词块,总结国内博士常用的短语"型式",以及这些所体现出的语篇策略特征
胡新、黄燕(2017)	期刊论文	摘要(语步分析)	工学(电子、机械工程、计算机、光学、通信)	三词毗邻式词块	以13个共用高频词块为研究对象,对比分析中国学者和本族语学者在摘要各个语步中共用高频词块的使用差异

续　表

作者	语料来源		学科	研究对象	研究目的
	语类	次语类			
Mizumoto et al.(2017)	期刊论文	摘要、引言、方法、结论、讨论(语步分析)	应用语言学	四词毗邻式词块	在语步层面创建语言学学科词块列表,并开发一款在线工具,根据语步展示词块和相关语境
Omidian et al.(2018)	期刊论文	摘要(语步分析)	应用语言学、市场营销学、社会学、物理学、生物学、机械工程学	四词及以上毗邻式词块	从语步维度分析软、硬学科构建、传播知识的不同方式和不同重点
Lu et al.(2021)	期刊论文	引言(语步分析)	人类学、应用语言学、政治学、心理学、社会学	五词和六词非毗邻式词块	从语步(语阶)维度分析五个软学科作者如何使用词块实现交际目的和重点
Liu et al.(2023)	期刊论文	图注说明(语步分析)	细胞生物学、临床医学、材料物理、化学工程	三词非毗邻式词块	以语步为单位,分析词块在数量、结构和功能上的分布规律

　　Cortes(2013)以 13 个学科期刊论文的引言部分为研究语料,分析了四词及以上毗邻式词块的结构和语篇功能,并把上述词块与语步—语阶关联。这项研究发现,词块中存在一种触发词块(trigger),能够导出某个语步或语阶。这项研究以语类视角,综观语步—语阶与词块的关联,对多学科词块使用与教学有一定的参考价值。但如 Mizumoto 等(2017)所言,这项研究有悖于语步与词块的本质,因为不同学科趋于使用不同的词块实现不同的修辞功能,词块的学科差异化研究不容忽视。

　　与上述研究不同的是,Thi 和 Harrington(2015)没有收集多学科语料,也没有关注整体论文或论文某部分的宏观语类结构,而仅仅关注了应用语言学一个学科,并将研究限制在论文讨论部分的"评论结果"语步,讨论了各语阶构成的词块使用情况。同时,他们运用了不一样的词块提取方法。他们首先创建了讨论部分的主题词表(keywords),再到语料库中检索与上述主题词搭配的词块。其研究结果表明,词块使用可凸显出语类特征和所在语步—语阶的交际目的。

王丽、李清婷(2014)以中国应用语言学硕士与博士学位论文语料为研究语料,以期刊论文语料为参照语料库,分析中国二语学习者的词块(四词毗邻式词块)使用情况。结果表明,词块使用与语言能力相关,博士的词块使用能力更接近专家学者。接着,作者以语步—语阶为单位,深层次地考察词块的使用情况。研究发现,在不同的语步,硕士与博士学位论文存在词块使用过多或过少的情况,并具有明显的语步倾向性。这项研究表明,中国二语学习者的词块学术训练不足,词块显性输入不多。因此,提供特定学科和语步层面的目标词块,在一定程度上可满足二语学习者对语篇构建的学习需求。

胡新(2015)以工学期刊论文英文摘要为语料来源,分析了摘要语步中词块(三词毗邻式词块)的使用特征。通过分析词块结构与语篇功能,作者探讨了(国内期刊)中国作者和(国际期刊)本族语作者的词块使用异同。结果表明,本族语作者的语篇功能更加丰富,在背景语步着重使用立场词块,并带有强势限制语成分(如 *promising*、*critical*、*capable*、*significantly*),作者表达更加自信;在目的语步偏好搭配第一人称结构的词块(如 *we present/propose a*),表现出作者主动参与和与读者互动的写作方式。这项研究表明,结合语步分析,可以从深层语义功能层面剖析不同群体使用词块的异同,帮助中国学者撰写符合国际学术规范,并满足目标读者期待的英文摘要。

基于胡新(2015)的研究,胡新、黄燕(2017)统计了 13 个共用高频词块,并以此为研究对象,对比了中国学者和本族语学者共用高频词块在摘要语步的使用差异。结果表明:在两个群体中,共用高频词块的频数分布具有显著差异,在语步的结构和功能分布上也有明显差异。差异表现在,两个群体的语步倾向性不同。例如,中国作者偏好开门见山,摘要中缺失背景语步的详细信息,词块使用频率明显偏少。在结论语步中,中国作者以动词词块和文本类导向词块为主,渲染文章的重要性。本族语学者则以少量名词类和从句类词块实现研究导向的词块,简单明了地向读者介绍研究结论。这项研究表明,词块的语步分布要同时考证其频数分布、形式结构与语篇功能特征,以及结构与功能的交互。另外,共用词块可区分不同群体的语言使用特征,具有很大的研究价值。

李梦骁、刘永兵(2017)以结论语步的高频词块(四词毗邻式词块)为研究对象,以应用语言学中国硕士与博士学位论文、中国学者期刊论文与本族语学者期刊论文作为研究语料,对比分析不同语言水平的中国学者与本族语学者的词块使用差异。结果显示,中国学习者的词块储备相对有限,表现出了中介语的特异性。学习者的偏好词块与教育水平、语言水平有关。例如,在词块结构中,中国学习者偏好"the NP + of the",缺乏多样化的动词结构;在语篇功能中,文本导向的限定词块(framing bundles)极少被中国学习者在"总结研究"和"研究启示"语步中使用,揭示出中国学习者缺乏基于读者的写作理念。这个研究再次证实,词块具有语类结构特质性。词块研究结合语步分析,可以探究学术语篇的规律性框架,更加了解国际学术规范。

李晓红(2017)对比了英美与中国应用语言学博士学位论文摘要语步的词块使用,提取了二词与三词毗邻式词块,总结出较为独特的短语形式及其所体现出的语篇策略。研究发现,摘要语步的短语形式具有明显的语步特质。同时,国内论文与国外论文侧重不同的语步与语篇策略,反映出国内外博士的学术写作思维存在一定的差异。这项研究说明,学术英语结合语步分析与短语学研究,可为学术英语写作提供了新的视角,为目标群体的科研训练带来独特的教学启示。

Mizumoto 等(2017)为了进一步促进技术支持的语类写作教学,开展了一项语料库驱动和语类理论支撑的词块研究,并根据研究成果,开发了一项在线写作辅助工具(writing support tool)。用户可以语步为检索项,检索出最高频的四词毗邻式词块。他们随后收集了试用者的使用反馈,大多为正面反馈。这项研究为此类工具的开发设计提供了可行性方案。同时,这项研究也证实了语步—词块的关联研究具有研究可行性和教学实用价值。另外,作者开展了对应分析,进一步支撑了语类框架的可行性,为后续语类分析研究提供了一个新的方法论视角。但 Mizumoto 等(2017)在文中也提到,此研究的局限性之一是仅标注了语步,未涉及语阶与词块的关联,因而他呼吁后人研究在此方面进行深入。同时,这项研究的研究语料仅包含应用语言学学科,未来可进一步拓展。

Omidian 等(2018)以"词块使用具有学科差异性"为认知前提,选了 6 个学科,分别代表软学科与硬学科,分析了不同学科摘要语步的词块使用情况。他们首先运用量化研究方法,证实软学科与硬学科的词块分布具有显著差异。接着,找出软学科与硬学科的特色词块(distinctive bundles),即只出现在软学科或硬学科的词块。然后,结合质性分析方法,描述词块使用的差异特征,并从学科与语步维度,寻求合理的解释。研究发现,不同学科的摘要语步有不一样的呈现重点,软学科强调研究目的和学科贡献,硬学科强调研究方法或实验装置,从而提升研究价值。这项研究也说明,词块研究结合语步分析方法,从交际功能层面分析语言形式的不同,能给学科差异化研究带来更多发现。

上述研究均以期刊论文为研究语料或参照语料库,证实了期刊论文语料的研究价值。相比国外研究,国内词块研究多集中于二语学习者与本族语者的对比。另外,国内外研究大多关注语言学学科。由于对本专业的认知度较高,选择语言学学科便在情理之中。但只关注本学科显然过于局限,不同学科领域间的对比具有更大的研究价值。从方法角度分析,这些研究大多未验证语类分析框架的适用性。另外,这些研究多以毗邻式词块为研究对象,未进行相关的语步—非毗邻式词块的关联分析,因此,词块研究需要进一步探索。

2.6　本章小结

本章为全书的文献综述部分,结合文献计量分析与内容分析,回顾了词块研究(包括毗邻式与非毗邻式词块)的相关理论基础与前人研究概况。第一小节从文献计量的角度,分析了词块研究的历时研究概况,分别介绍了文献数量变化、高发文量期刊分布、高被引作者的主要贡献,以及研究主题的发展路径。余下的小节则通过内容分析,详述词块(毗邻式词块与非毗邻式词块)的相关研究。第二小节与第三小节是关于词块的方法论文献,包括词块的提取标准与理论分析框架,在描述这些方法的基本概况与历时发展之后,指出了不同方法的优越性与不足之处。第四小节与第五小节分别是学科差异与词块研究、期刊论文语类与词块研究,在简要介绍主要的文献之后,指出了这些研究的启示意义与局限性,进一步明确了本研究的必要性。本章为后续研究提供了重要的文献基础与理论支撑。

第 3 章　研究方法

本研究结合了自上而下的语类分析方法与自下而上的语料库驱动的研究方法,是定性与定量相结合的实证研究。这一章将介绍本书的研究方法,分别描述研究语料、语料标注、词块的识别与提取、词块与语步—语阶的对应分析、词块的分析框架以及词块的总体研究路径。

3.1　研究语料

本书自建学术论文引言语料库,基于比彻等人提出的学科知识论分析框架,根据研究客体特点、知识发展的过程特征、研究者作用、知识标准、目的等方面,以"软—硬""纯理—应用"的分类维度作为本书学科的划分依据(学科分类论述详见 2.4.1),选取了语言学(Linguistics)、市场营销学(Marketing)、生物学(Biology)、机械工程学(Mechanical Engineering)(Becher,1987;Becher & Trowler,2001)[①]。笔者认为,"软—硬"学科的分界点在于:其知识属性是否具备科学上的重复与控制特征;"纯理—应用"学科的分界线在于:其学科内容与理论体系是否来源于社会实践,以及是否可以进一步改良社会生产实践。

本研究的学科选取以及学科划分的理据如下:

传统意义上,语言学属于人文社会学科,但语言学也是比较特殊的存在。因为语言学首先是一门基础理论学科,但随着社会进步,尤其是计算机技术的发展,它的研究成果也可在其他领域发挥重要的应用价值,这些领域有语言教学、自然语言处理、机器翻译、人工智能、情报分析等。语言学的研究成果可为这些领域的发展提供直接或间接的知识与材料(陆俭明、沈阳,2010)。尽管如

[①]　在本研究的语言实例中,笔者将语言学简称为 L,将市场营销学简称为 MK,将生物学简称为 B,将机械工程学简称为 ME。

此,语言学的知识属性仍具有反复性、特殊性、质性和复杂性,并仍以理解和解释为主要目标。在研究过程中,语言学研究常从一个复杂或有争议的概念出发,尽管论证逻辑严密,但由于其基础上的复杂性,常常会引发学界的争议与探讨。简言之,语言学研究不具备科学上的重复与控制,语言学首先是一门软学科。另外,实践知识并非语言学的重要学科内容,其研究结果也常常不能直接指导人类社会实践中的具体问题。换言之,语言学的学科内容并非来源于社会生产实践且大多数情况下不能直接反哺于社会生产实践。即使将"纯理—应用"看作一个连续统,从具象层面看,语言学仍靠近"纯理"的一端。因此,本书将语言学划分为"软—纯理学科"的学科类别。

市场营销学属于管理学门类,是社会性、应用性和综合性极强的学科。市场营销学是系统地研究市场经营活动规律和市场行为模式的一门学科。它的关注对象是单个经济主体(如企业、消费者)的行为模式或经济变量(如商品、服务)的影响因素。因此,在学科分类上,市场营销学首先是一门软学科,它关注的是社会行为,以理解和解析为前提和研究的第一阶段目标。市场营销学又是一门应用学科,它的理论与方法实践是实践经验的总结,所提炼的理论与方法又服务于实践。它的最终目标是最大程度化地争取顾客,并制定商业策略,最大利益化地赢得市场占有率。市场营销学的学科特色是注重市场调研,收集分析大量一手信息,提出并验证作者的模型。在大量实证基础上,深入分析、准确定位,从整体和战略的高度制定营销策略,谋求整体最大化的积极效应,积极推进制度与决策上的推陈出新。综合以上原因,本书将市场营销学划分为"软—应用学科"的学科类别。

生物学是自然科学的基础学科之一,是一门研究生物类(如植物、动物、微生物)的属性和一般发展规律的科学学科(本语料来源期刊未选取生物工程等跨学科领域期刊)。生物学属于硬学科中的纯理学科,关注事实的普遍性,强调知识的累积性,并以发现和解释为目标。作为一门基础学科,生物学与人类生活十分紧密,传统上被认为是农学与医学的基础,涉及植物业、畜牧业、制药、食品、卫生、能源等方方面面。在论文写作与发表中,生物类学科需要大量的实验和数据作为支撑,以简化的语言汇报研究发现,并以此深化对世界的认识,推动其他领域的发展。因此,本书将生物学划分为"硬—纯理学科"的学科类别。

机械工程学是以自然科学与技术科学为理论基础,结合生产实践中的技术经验,研究和解决机械开发设计、机械制造、机械安装、机械运用和机械性能维护等环节的理论和实际问题的一门应用学科(曹彤,2011)。从机械的开发到运用,要经历几个不同工作性质的环节,各个环节相互交叉、互相重叠。机械工程有不同的工作原理,又可运用于多种生产实践,如工业动力、汽车工程等。这些不同的工作性质、工作原理与应用领域使机械工程学成为一个综合性与实践性极强的学科。机械工程学的最终目的在于创新或改良技术工程问题。相应地,在学术研究中,机械工程类学科常以工程类问题为出发点,构建相关模型,为解决实际工程问题做出相应的学术贡献。因此,本书将机械工程学划分为"硬—应用学科"的学科类别。

通过各学科专家学者推荐,并依照期刊影响因子(Impact Factor, IF)和研究领域代表性,每个学科各选择 5 种英文类国际权威期刊(见附录 1)。为确保研究数据的时效性和代表性,所有论文均发表于 2014—2018 年。通过分层随机抽样法(stratified random sample strategy),选取符合 IMRD 格式且基于数据的实证性研究论文,即通过观察原始数据而得出结论的研究论文。为了保证语料库之间的可比性,四组语料库的形符数量保持基本一致(见表 3.1)。所有语料限于引言正文部分,并删除标题、图表名、图表内容。

表 3.1 国际期刊论文引言语料库

学科	长度范围(形符)	平均形符	总形符
语言学	895—2609	1434	80304
市场营销学	532—1309	790	80600
生物学	430—1087	630	80060
机械工程学	449—1806	818	80203
总数			321167

对于语料库的确切建库规模,学术界还未达成共识。语料是无穷尽的,但语料库语料是有限的,因此,如何在有限的样本中保证语料库的代表性和平衡性就十分重要。相比百万以上的语料库,小型语料库更易识别特定的语言使用环境与语言形式的关联,这个考量尤其符合学术用途英语的需求。

有必要说明的是,本书语料库中的论文语料不区分(第一)作者是否来自英语国家。本族语与非本族语的作者身份曾被作为热点话题讨论。通常的观点是本族语者的英语母语背景能让他们更快地阅读英文文献,也使他们的语言表达更容易被认可,在期刊发表中更有优势。实际上,"学术英语非任何人的母语"(Hyland,2015:57),英语为母语的学者也需要有意识的语言学习。同时,近年来,各个学科的非本族语学者在国际期刊的发表率均呈上升趋势,用英语发表的论文大多来自非母语国家(Hyland,2015)。在学术发表中,最大的不同不在于本族语和非本族语的身份之差,而在于资深学者(senior scholars)与初级学者(junior scholars)的区别,因为前者更懂得学术规则,更擅长如何呈现一篇研究论文,并被特定的话语社团所接受(Swales,2004)。论文刊登在国际权威期刊,代表作者的研究水平和语言表述得到了国际学术圈的认可(Salazar,2014),若非对比分析母语写作和二语写作,权威期刊论文语料不必参考作者的母语身份(徐昉,2015)。

在确定论文语料后,本书提取论文的引言部分,并以纯文本格式文件保存。在标注语步—语阶时,需要标注者首先从上到下细读文本内容,了解其话题转换,再从下至上从语言层面(词汇和句子)划分(Moreno & Swales,2018)。因此,本语料库另外存档引言语料的全篇论文,以 pdf 格式保存,为标注提供参考。由于格式转换造成的兼容问题,每个文本文件需手工检查错误,若出现批量转换问题,则通过 PowerGrep 利用正则表达式批量处理。需要说明的是,在检索词块时需删除与词块识别无关的信息,如附注、数学公式、标题(只存在语言学学科)等。但研究者在标注语步—语阶的过程中发现,这些信息在标注中可起到提示的作用,能更好地表明一个篇章、一个段落或一句话的内容含义和交际功能。因此,研究者在标注时选择保留这些语言信息,在标注环节完毕后再进行统一删除。

下文将主要介绍本研究中语料的研究步骤以及相关的程序软件。研究步骤主要为语料标注、词块的识别与提取、对应分析、词块的分析框架与具体的研究路径。在不同的研究步骤,需辅以相关的程序软件。目前已有的语料库软件主要分为检索软件和标注软件两大类。若对语料进行标注,并在标注语料中提取相关的语言特征,只能依次使用标注工具和检索工具。而对相关语言特征进一步统计,一般使用正则表达式或相关的 XML 路径语言技术(XPath),或使用其他计算语言编写相关脚本程序执行操作。本研究使用 BFSU Qualitative Coder 标注语步和语阶,使用 Antconc 和 kfNgram 分别识别毗邻式与非毗邻式词块,并编写 Python 脚本程序以统计词块在不同语步及语阶的使用频次,还使用 R Studio 开展对应分析、卡方检验等统计学检测。下一小节将介绍本研究的语料标注,包括标注方案、标注过程与信度报告。

3.2 语料标注

3.2.1 标注方案

如文献综述部分所述,目前还没有语步—语阶层面标注的开放语料库(Cotos et al.,2015),也没有可开放使用、准确度较高的自动语步—语阶识别软件(详见 2.5.1)。因此,本研究自建引言语料库,并对语料全篇进行语步人工标注。全文语步标注主要有两个目的:(1)统计并分析语步结构(如语步—语阶序列、语步—语阶的循环与套嵌等),为后续的词块特征研究提供实证基础;(2)为本研究的软件开发提供真实的语言素材。

作为语类分析的代表人物,斯韦尔斯在 1990 提出了引言部分的"创立研究空间"(CARS)语步模型(Swales,1990:140-145),以语篇交际功能为单位。CARS 图式层次清晰,是目前应用较为广泛的语类分析模型。目前,语步分析方法仍然广泛应用在语篇分析,尤其是学术论文的摘要、引言和结论部分。国内外学者根据研究目的,通过各种维度的分析,验证或修正了 CARS 模型,包括 Swales(2004)本人也重新修正了 CARS 模型。本研究根据所研究语料的学科特点制定了引言 CARS 语步图式(见表 3.2)。

表 3.2 引言 CARS 语步图式

语步(Move)	语阶(Step)
语步一(M1): 确立研究领域 Establishing a territory	语阶 1:建立中心议题 M1S1:Claiming centrality (M1_Centrality) 语阶 2:概括论题内容 M1S2:Making topic generalization (M1_Generalization) 语阶 3:界定概念意义 M1S3:Definitional clarification (M1_Definition) 语阶 4:回顾前人研究 MIS4:Reviewing previous research (M1_Previous-research)

续 表

语步（Move）	语阶（Step）
语步二（M2） 确立研究地位 Establishing a niche	语阶1A：指出差距 M2S1A：Indicating a gap（M2_Gap） 语阶1B：补充已知 M2S1B：Adding to what is known（M2_Known） 语阶1C：提出问题 M2S1C：Question-raising（M2_Question） 语阶2：介绍研究的积极合理性 M2S2：Presenting positive justification（M2_Justification）
语步三（M3） 介绍本研究 Presenting the present work	语阶1：介绍研究内容或目的 M3S1：Announcing present research descriptively and/or purposely（M3_Present-research） 语阶2：提出研究问题或假设 M3S2：Presenting RQs or hypothesis（M3_RQs-H） 语阶3：归纳研究方法 M3S3：Summarizing methods（M3_Method） 语阶4：报告主要发现 M3S4：Announcing principle outcomes（M3_Outcome） 语阶5：阐述研究价值 M3S5：Stating the value of the present research（M3_Value） 语阶6：概述文章结构 M3S6：Outlining the structure of the paper（M3_Structure）

注：括号内为标注赋码。

3.2.2　标注过程

语步分析方法的重点和难点是判断最小的标注单位和相应的语步功能（王立非、刘霞，2017）。各语步和语阶之间的界限不分明，需要标注者首先从上到下研读文本内容，了解其话题的起始转换，再从下至上结合语言层面（词汇和句子）划分语步和语阶（Moreno & Swales，2018）。作者常利用一些典型的标志性词汇（lexical signal），以实现特定的交际目的，并构建特定的语阶。例如，作者常使用 *important*、*key*、*central*、*extensive* 等，表述当下研究领域的重要性，构建"建立中心议题"语阶。但仅仅观察这些标志性词汇不足以区分不同的交际目的与语阶，标注者需要结合上下文语境和学科专业知识判断所在语篇片段的主要功能（杨瑞英，2006）。在区分微观层面的语阶时，尤其需要标注者深刻理解文章内容,以及这些内容之间的逻辑衔接。

综合以上因素,本书选择的标注员需要符合以下标准:(1)具备一定的学科专业背景;(2)对相关的科研工作较为熟悉;(3)有发表国际期刊论文的经历。在此标准下,经过前期培训,标注员方能评判语言的交际功能,并准确标注语步—语阶单位。语类分析常常是判定其主要功能,所以存在一定的主观性。为此,本书采取双人识别标注方式,由本研究者与相关学科的博士生合作标注,并由本研究者开展前期培训和跟踪检查。这些博士生均有发表 SSCI 或 SCI 期刊论文的经历,可以胜任此次标注工作。

标注过程中,本研究以句子为基本的语篇单位,若一个句子有多个语篇功能,则以小句为最小的标注单位,并参照王立非、刘霞(2017)在摘要语步的标注方案:除句子以外,单独标注由连词连接的简单句、从句,以及由过去分词和现在分词引导的小句,而不含有动词的短语或动词不定式都不再单独标注。

标注过程分以下几个步骤。

第一步,手动清理文本,并辅以 PowerGrep 软件,使用正则表达式批量处理非正常断行等有规律的无效信息。

第二步,把清洁文本加载到质性标注工具 BFSU Qualitative Coder,根据标注方案逐一标注。在标注时,具体流程如下:

第一,由本研究者制定详尽的标注方案,包括:(1)引言交际功能的 CARS 图式和赋码集(tagset);(2)每个语步和语阶的定义和交际功能;(3)每个语阶提供多个例子,例子上对特定的语言信号做标记,以方便理解和标注。

第二,对合作标注者进行培训,培训内容包括:(1)详细介绍标注方案;(2)如何根据标注方案识别语步和语阶;(3)如何判断需单独标注的小句;(4)如何使用质性标注工具。

第三,抽取 5 份文本,由两人分别标注,找出差异点,在讨论后达成一致。再抽取 5 份,两人重新标注,再寻找差异点并研讨。在这个过程中,本研究者和合作标注者及专家老师反复研讨,对标注方案进行反复修改和说明,以达到最大的普遍适用性。这几份样本将作为后续标注的模板。

第四,抽取语料的 25%,由两人分别标注,利用 Cohen's Kappa 系数算法与百分比测量标注结果的一致性。

第五,若标记信度可靠,余下的语料仍由两人分别标注,并要求各学科博士每标注 10 篇,就通过网络传输给本研究者,检查标注的细节和准确性。若有不一致的标注,再进一步讨论研判。

第三步,自编计算机程序,统计语步和语阶的结构和序列。如果连续几句话为同一个语步,则认为这几句话共同实现了这个语步,因此计算为出现 1 次。如果同一个语步被其他语步间隔开来,就计算为 2 次。语阶的计算方法同语步一致。语步序列和语阶序列分别见附录 2 与附录 3。语步与语阶的计算结果与分析详见第 4 章。

3.2.3 信度报告

由于语步标注带有主观评判,需要多方印证,以最大限度地保证标注结果的可靠性。为此,最常用的方法是采用双人标注,并计算标注者之间的内部评判信度(inter-coder reliability),即一致性检验,通过公式计算不同评判者的测评结果,考察一致性部分是否由偶尔因素引起。常用的检测方法是 Kappa 检验,这是基于混淆矩阵的一致性检验,常用来检验两组评分的一致性。其中,通过测评公式计算出一致性程度高低的系数称为 Kappa 系数,其计算结果为 $[-1,1]$,但通常落在 $[0,1]$,可有六个区间值表示不同级别的一致性,分别为 <0.0、$0.0—0.20$、$0.21—0.40$、$0.41—0.60$、$0.61—0.80$ 与 $0.81—1.00$。Kappa 系数值越大,一致性程度越高。Landis 和 Koch(1977)为这几个级别设定了一个基准量表(见表 3.3)。此基准虽有一定的主观性,但为实践者提供了有用的评价指南。

表 3.3　Kappa 系数一致性基准量表

Kappa 系数	一致性
<0.0	差(Poor)
$0.0—0.20$	极低(Slight)
$0.21—0.40$	一般(Fair)
$0.41—0.60$	中等(Moderate)
$0.61—0.80$	高度(Substantial)
$0.81—1.00$	接近一致(Almost perfect)

本研究的标注信度同时采用 Cohen's Kappa 系数与百分比,通过这两种测评方法判断两名标注者对同一组语料样本的一致性程度。表 3.4—3.7 展示了各学科语步标注的信度报告,包括语步标注单位的总量、一致及不一致的语步单位数量、Kappa 系数与正确率(百分比)。

表 3.4 语言学语料标注一致性报告

语步	标注单位	一致	不一致	κ①	百分比
语步一	447	409	29		
语步二	125	113	12		
语步三	104	100	4		
共计	676	631	45	0.88	93.34%

表 3.5 市场营销学语料标注一致性报告

语步	标注单位	一致	不一致	κ	百分比
语步一	252	230	22		
语步二	101	93	8		
语步三	256	252	4		
共计	625	591	34	0.89	93.76%

表 3.6 生物学语料标注一致性报告

语步	标注单位	一致	不一致	κ	百分比
语步一	357	331	26		
语步二	107	98	9		
语步三	142	140	2		
共计	606	569	37	0.91	93.89%

表 3.7 机械工程学语料标注一致性报告

语步	标注单位	一致	不一致	κ	百分比
语步一	384	361	24		
语步二	121	112	9		
语步三	176	173	3		
共计	681	645	36	0.89	94.71%

---

① κ 代表 Kappa 系数。

3.3 词块的识别与提取

目前,毗邻式词块与非毗邻式词块的提取标准均未统一。两种词块的提取标准主要包括词块的词数、频次阈值与文本覆盖量,非毗邻式词块还涉及自由词位的设定(如自由词位的位置、相关词汇变体的数量、TTR 等)。但每个维度的标准设定会因语料与研究目的的不同而有所差异。本小节将介绍毗邻式词块与非毗邻式词块两种词块的识别和提取标准。

3.3.1 毗邻式词块的识别与提取

本研究聚焦于四词毗邻式词块,原因在于:(1)它是学术英语短语学的重要研究对象;(2)四词毗邻式词块多包含三词毗邻式词块,其数量是五词毗邻式词块的 10 倍之多,且四词毗邻式词块有一系列结构和功能分类,易于对其进行对比分析;(3)四词毗邻式词块的数量(100 词左右)在可人工检查索引行、分类分析的可行范围内(Chen & Baker,2010;Cortes,2004;Durrant,2017;Hyland,2008;Lu & Deng,2019;Mizumoto et al.,2017;高霞,2017)。

本书毗邻式词块的识别、分类与分析主要有以下几个步骤。

第一步,使用 Antconc 3.5.7 作为本研究四词毗邻式词块检索和统计工具,界定标准为频数 30 次/百万词以上,并至少在 3 个及以上不同文本出现,以排除个别学者的个人写作偏好对词块提取的客观性的影响。有必要说明的是,目前对词块的界定仍存在争议,本研究基于经验的、以频次为首要标准的提取方法并无特定的统计学依据,只是为得到合理数量的、语料中典型的词块(许家金、许宗瑞,2007)。在此标准下,实际检索标准为语言学 32 次/百万词及以上,市场营销学 38 次/百万词,生物学 47 次/百万词,机械工程学 37 次/百万词。

第二步,采取 Chen 和 Baker(2010)的做法,人工筛选重合或相互包含的毗邻式词块,避免夸大实际的词块数量和种类。人工过滤主要考量以下几点:(1)词块连续性,去除内部间隔有标点的词块;(2)词块结构和意义,去除语法结构不完整或意义表达不完全的噪声序列。通过人工检查索引行,重新归纳了部分词块。例如,词块 has been shown to 与 have been shown to 同时包含了 been shown to be,本研究将删除 been shown to be,而词块 present study focuses on 和 the present study focuses 重合,本研究将选择结构相对完整的前者。同时,剔除含标点符号,如 *in this paper*、*we*,或高度依赖专业或语境的实词词块,如 *changes in gene expression*、*the human gut microbiome*、*language teaching and learning*。

3.3.2　非毗邻式词块的识别与提取

本研究聚焦于五词非毗邻式词块。遴选五词词数的考量在于,大部分研究关注四词非毗邻式词块(Grabowski,2015;Römer,2010),研究表明四词非毗邻式词块多数为功能类词块(如 *the * of the*)(Biber,2009;Gray & Biber,2013),不仅数量有限,在教学关联度方面也存在一定的问题(Lu et al.,2018)。而五词非毗邻式词块在语义上更加复杂和完整(Lu et al.,2018),更能凸显特定的语类、语域或文本特征(Cunningham,2017)。

本书非毗邻式词块的识别与分析主要有以下两个步骤。

第一步,使用 kfNgram(Fletcher,2007)提取五词非毗邻式词块,从词数、频数、词汇变体的数量、文本覆盖范围四个方面设定自动检索标准。频次设为1(即所有的非毗邻式框架结构),频数阈值设为 20 次/每百万词,自由词位须含有两个及以上词汇变体。此外,覆盖度设为 3,即每个词块须出现在三个及以上不同的文本,以避免个人写作风格的影响。经初步分析,自由词位在首位的词汇变体大多交叉着不同的短语结构,而自由词位在末尾的词汇变体大多涉及研究话题。因此,本研究将剔除自由词位在首位与末尾的词块。

第二步,删除语义或语言结构不完整、可被包含在更多词数中的非毗邻式词块。

3.4　词块与语步—语阶的对应分析

由于语类分析框架(见图 3.2)对词块的提取和分析有直接的影响,需要审核语步和词块的相关性,保证本研究的语步方案适合提取词块,并适应后期学术英语教学辅助工具的开发。为此,本研究通过对应分析来计算词块与语步—语阶之间的关联度,通过可视化数据,展示变量间的关系。本小节将首先介绍对应分析方法,并根据双标图做相关的报告。

3.4.1　对应分析方法

对应分析(也称关联分析、R-Q 型因子分析),是一种多元统计分析方法和可视化的数据分析方法,被称为变量分类的主要参数和依据。对应分析的基本思想是,将定性变量构成交互汇总表(称为列联表),把列联表的行和列中各元素的比例结构以点的形式在二维空间中表现出来(称为双标图),从而揭示变量之间的关系。因此,对应分析的处理由列联表和双标图两个部分组成。在本研究中,列联表是由行(语步—语阶)和列(词块)组成的二维表格。在双标图上,每个因子(词块)的水平为一个点,所有的水平浓缩为一个散点图,以点集合的形式显示在两个维度。这种方法的优越性在于:它可以结合多个因子同时分析,揭示行变量(语步—语阶)与列变量(词块)之间的关系,并将结果直观地展现在二维双标图中。这样把两者联系起来,便于解释和推断词块与语步—语阶的关联。同时,对应分析的结果可用来验证使用语类分析框架(语步—语阶方法)开展词块研究的可行性,也可以验证本研究语步—语阶语料标注的效度(Mizumoto et al.,2017)。本书将使用 R 3.2.2(R Core Team,2016)开展对应分析。

3.4.2　对应分析报告

本书的对应分析报告将分别针对毗邻式词块与非毗邻式词块。通过各学科的双标图,报告两种词块与语步—语阶的对应关系。图 3.1—3.4 是各学科毗邻式词块与语步—语阶的对应关系双标图。图 3.5—3.8 是各学科非毗邻式词块与语步—语阶的对应关系双标图。在这些双标图中,各语步—语阶之间的距离越近,相似度越高(即相关性越强);反之,各语步—语阶之间的距离越远,相似度则越低(即相关性越弱)。以上原理同样适用于词块的分布与对应的相似度。此外,这些双标图也可以同时显示词块与语步—语阶的关联。词块聚集在某个语步—语阶,则与此语步—语阶高度关联。这些双标图显示了实现特定语步—语阶的词块更靠拢特定的语步—语阶。

3.4.2.1　毗邻式词块与语步—语阶的对应分析

本小节首先报告毗邻式词块与语步—语阶的对应分析。

在语言学学科(见图 3.1),语步一的三个语阶(M1_Centrality、M1_Generalization、M1_Previous-research)在双标图的右侧(即 Dimension 1 的正值),且紧密地靠拢在一起,与语步二的部分语阶(即 M2_Gap、M2_Question)的距离也较。这是因为,在语言学领域,语步一(确立研究领域)在于介绍背景知识,其三个语阶使用大量词块实现,存在同一个词块共用在三个语阶的情况,语步一常与指出差距(M2_Gap)语阶循环使用。例如,in the case of 的共选语言形式与表达的语义既可指宏观的研究背景,又可指具体文献的研究背景,还可描述研究差距。而在双标图的左侧(即 Dimension 1 的负值),语步二(确立研究地位)的部分语阶(M2_Justification、M2_Known)与语步三(介绍本研究)的部分语阶(例如 M3_Present-research、M3_Value、M3_Structure、M3_Method)相对靠近,又相对独立。这是因为"介绍研究的积极合理性"语阶(M2_Justification)与"补充已知"语阶常衔接语步三,引出对当下研究的介绍。但这些语阶相对独立,使用相应的词块实现不一样的语篇功能,因此这些语阶在双标图中的距离相对较远,词块的聚集程度较弱。

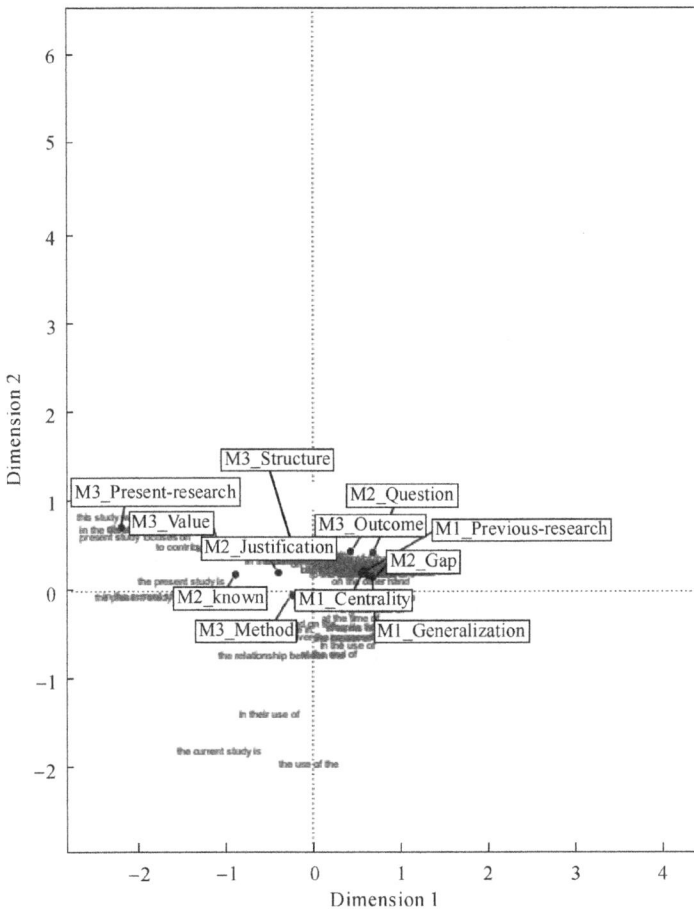

图 3.1 语言学毗邻式词块对应分析二维散点

　　观察 Dimension 2（即纵坐标），以原点为中心，观测各个语阶的相对距离。各个语阶的距离较为接近，可以推测出 Dimension 2 反映了语言学学科中各个语步—语阶，以及相应词块意义单位的解释性与描述性。在语步—语阶中，语步三的大部分语阶离原点较远，同样使用的是相对描述意义的词块（如 *this study aims to*、*to contribute to the*），而离原点较近的是语步一与语步二，使用的是相对解释性、带有态度意义的词块。

　　在市场营销学学科（见图 3.2），大部分语步—语阶与词块可聚集在双标图左侧的中部，说明这些语步—语阶需要大量不同类别的词块。M3_Structure 在双标图的右侧（即 Dimension 1 的正值），而其他的语步—语阶均分布在双标图的左侧（即 Dimension 2 的负值），说明"概述文章结构"与其他语步—语阶的差异最大，其词块使用类别较为独特。而观察 Dimension 2（即纵坐标），以原点为中心，各语步—语阶的距离代表了相对的相似度。M1_Centrality 处在顶端（即 Dimension 2 的正值），下方依次有 M3_Value，并逐步过渡到语步三的部分语阶。笔者推测，与语言学一样，Dimension 2 的两端代表语步—语阶的解释性与描述性，这种属性同样适用于词块的类属。例如，词块 *this is the first*、*to the best of* 带有作者的评价和态度意义，而词块 *investigate the impact of* 等则是作者用来描述当下研究的。

　　在生物学学科（见图 3.3），笔者发现，M2_Gap（指出差距）、M1_Definition（界定概念意义）、M3_Value（阐述研究价值）分布在双标图的左侧（即 Dimension 1 的负值），尤其是 M2_Gap 与其他语步—语阶距离最远，与 *little is known about*、*it is not clear* 等词块的关联度非常高。据观察 Dimension 2（即纵坐标），各语步—语阶的分布依次呈现出各语步单位的聚集。M1_Previous-research（回顾前人研究）、M1_Generalization（概括论题内容）较为靠近，聚集了大量不同类别的词块。另外，在双标图中，M1_Centrality（建立中心议题）与 M3_Present-research（介绍研究内容或目的）、M3_Outcome（报告主要发现）的距离更为接近，说明这几个语步—语阶的关联性更强。笔者认为其原因在于，生物学十分注重创新，在引言部分不仅需要论述研究主题的核心价值，也需要阐述当下研究课题的重要性与创新性发现。

　　在机械工程学学科（见图 3.4），大部分语步—语阶与词块聚集在原点位置的右下侧，也就是语步一（确立研究领域）与语步二（确立研究地位），语步三（介绍本研究）则多在左侧，距离相对较远。笔者认为其原因在于，机械工程学在语步三各语阶的功能相对独立，词块使用的类别也相对独特（如 *of this paper is*、*is to develop a*）。同时，观察 Dimension 2（即纵坐标），M3_Present-research

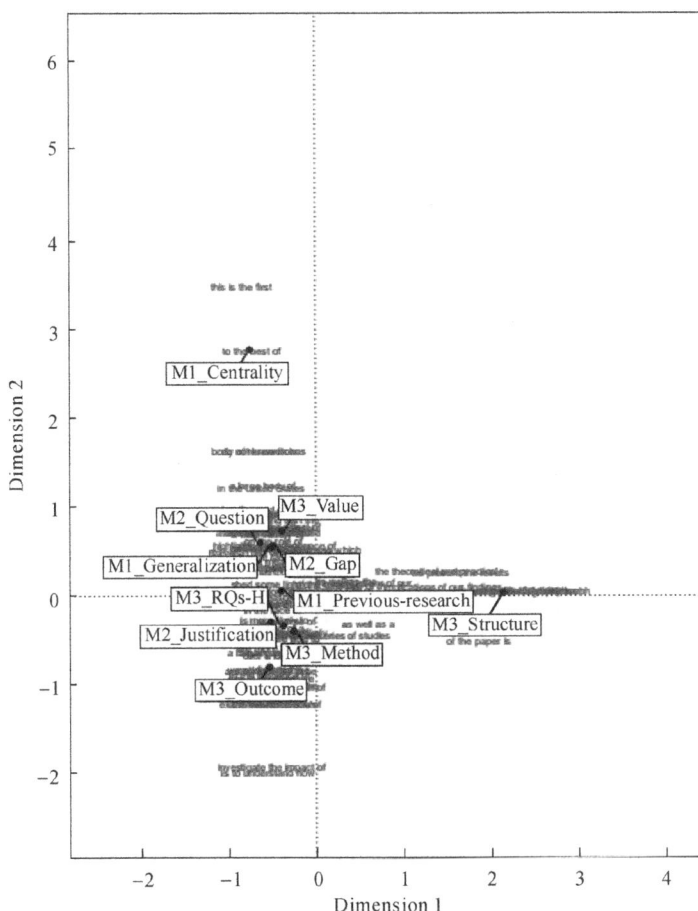

图 3.2　市场营销学毗邻式词块对应分析二维散点

（介绍研究内容或目的）在上端，词块分布也较为分散。

3.4.2.2　非毗邻式词块与语步—语阶的对应分析

本小节为非毗邻式词块与语步—语阶的对应分析报告。

在语言学学科（见图 3.5），大部分语步—语阶聚集在 Dimension 1 的中部。据观察 Dimension 2，各语步—语阶的距离相对较远。尽管各语步—语阶的分布呈以语步为单位的集中趋势，但 M3_Present-research（介绍研究内容或目的）的词块种类较为独立，与 M1_Centrality（建立中心议题）形成描述性与解释性的两极。同时，其他语步—语阶的相对距离不是特别显著，表明这些语步—语阶的关联度较大。笔者认为，这是因为语言学具有较强的论辩性，而这个属

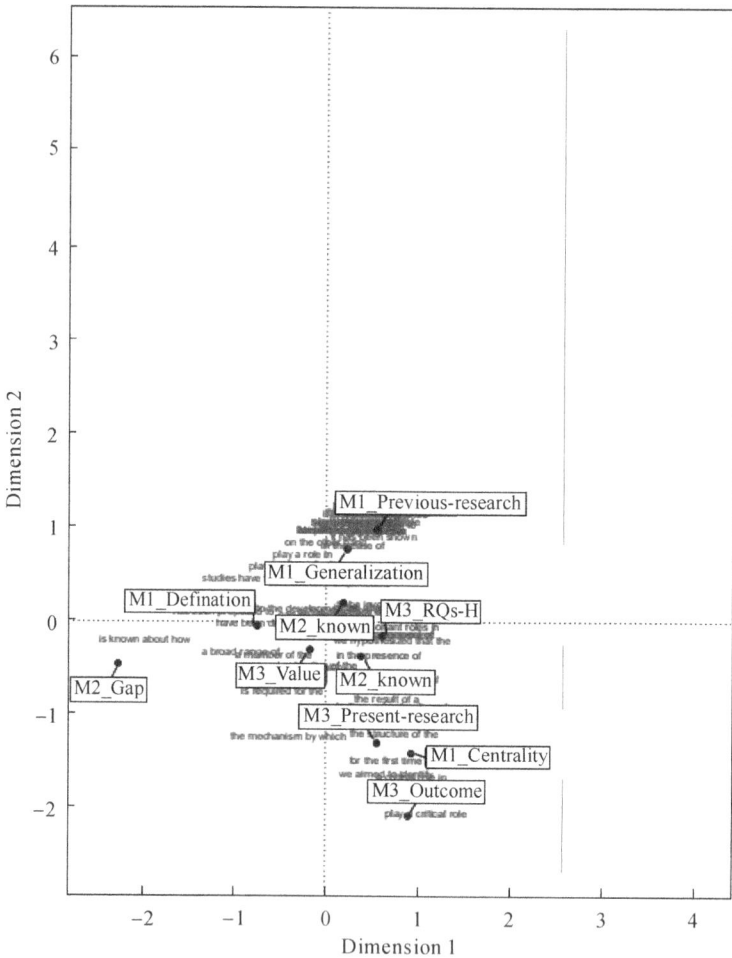

图 3.3　生物学毗邻式词块对应分析二维散点

性贯穿了多个语阶。

　　在市场营销学学科(见图 3.6),大部分语步—语阶聚集在双标图的右侧(即 Dimension 1 的正值),说明这些语步—语阶使用大量词块。而 M3_Structure(概述文章结构)则在左侧,说明此语阶有较多的专属词块。据观察 Dimension 2(即纵坐标),M3_Present-research(介绍研究内容或目的)在最下端,与其他语步—语阶的距离较远,关联度较低。

　　在生物学学科(见图 3.7),以原点位置为中心,各个语阶分散在双标图的四周,说明各语阶的差异度更高,具有较多的专属词块。值得注意的是,M1_Previous-research(回顾前人研究)、M1_Generalization(概括论题内容)、M3_

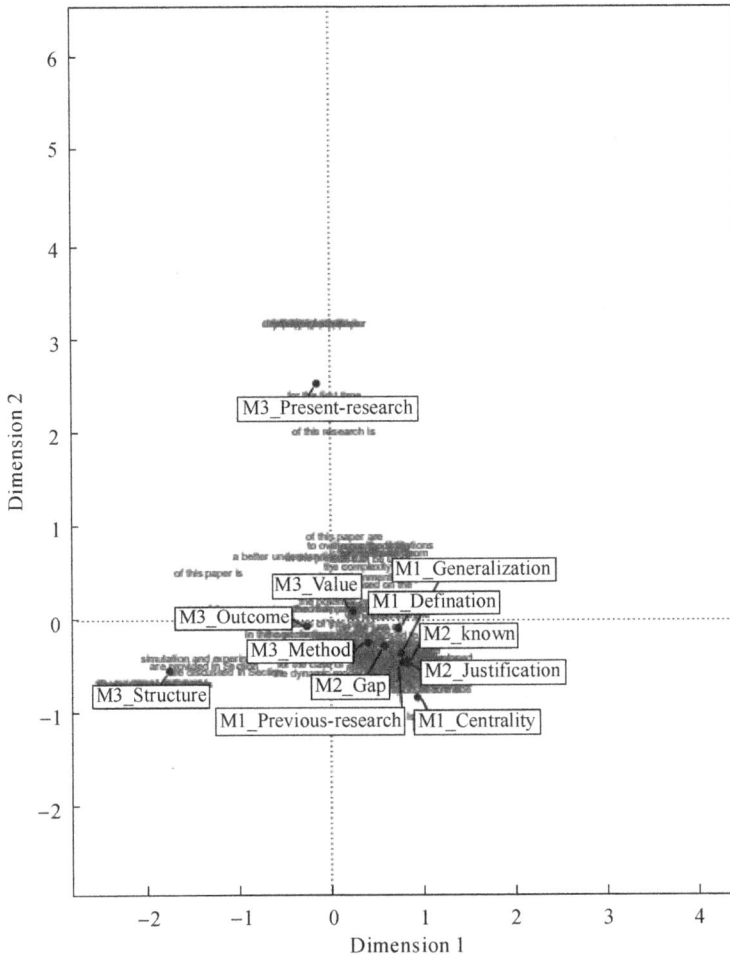

图 3.4　机械工程学毗邻式词块对应分析二维散点

Outcome(报告主要发现)与 M2_Known(补充已知)集中在坐标轴的左侧(即 Dimension 1 的负值),说明这几个语阶的关联度较高。笔者推断,这是因为生物学的研究报告更注重报告研究结果,这几个语阶的词块则集中了较多报道结果的词块。据观察 Dimension 2(即纵坐标),大部分语步—语阶集中在中部位置,说明这些语步—语阶使用较多类别的词块,而 M1_Definition(界定概念意义)与 M3_Value(阐述研究价值)的词块使用的词块类别较少。同时,各语步—语阶的分布也显示出 Dimension 代表了各因子的解释性与描述性。与语言学与市场营销学不同的是,生物学语步—语阶的解释性较弱,而描述性较强。

在机械工程学学科(见图 3.8),双标图同样显示出实现特定语步—语阶修

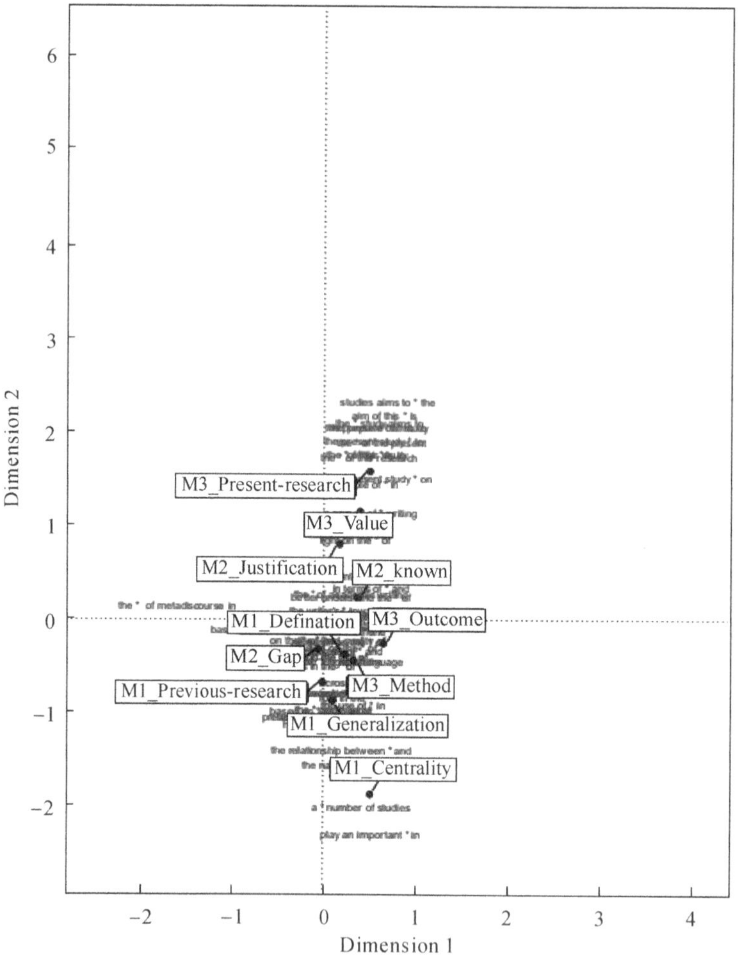

图 3.5　语言学非毗邻式词块对应分析二维散点

辞功能的词块集中靠近特定的语步—语阶。语步一与语步二相对关联度较高，而语步三的关联度较低。其中，M3_Present-research（介绍研究内容或目的）与 M3_Structure（概述文章结构）在双标图的右侧（即 Dimension 1 的正值），与其他语步—语阶的差异性更大，具有较多的专属词块。据观察 Dimension 2（即纵坐标），多数语步—语阶集中在中部位置，说明大部分语步—语阶利用了大量不同的词块类别实现特定的修辞功能。此外，M3_Present-research（介绍研究内容或目的）与 M3_Value（阐述研究价值）的差异性最大，同样表明 Dimension 2 代表了各个变量因子的解释性与描述性。

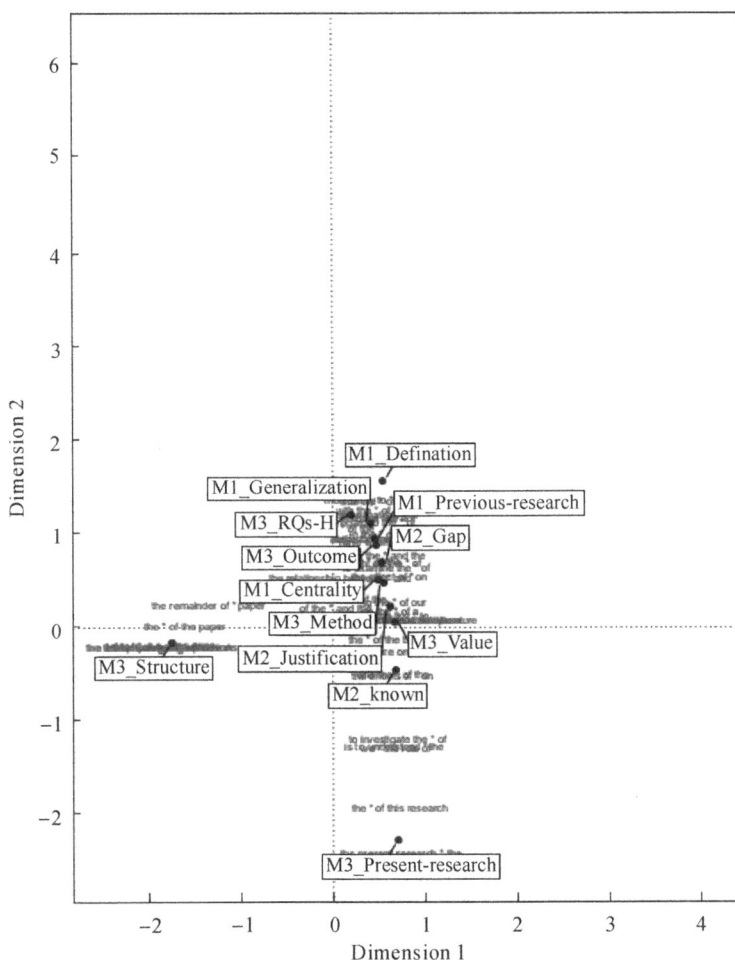

图 3.6　市场营销学非毗邻式词块对应分析二维散点

　　根据以上对应分析报告,词块与语步—语阶的对应分析可以阐释本研究中
各个学科词块的语步—语阶分布。另外,各语步—语阶均存在相对距离,表明
了这些语步—语阶有相对独立的地位,词块的减少或语步—语阶的减少不会改
变对应分析的结果。综上所述,本研究的词块与语步—语阶关联的概念框架、
语步—语阶分析框架以及本研究的语步标注都是可行的,这为后期的研究提供
了实证基础。

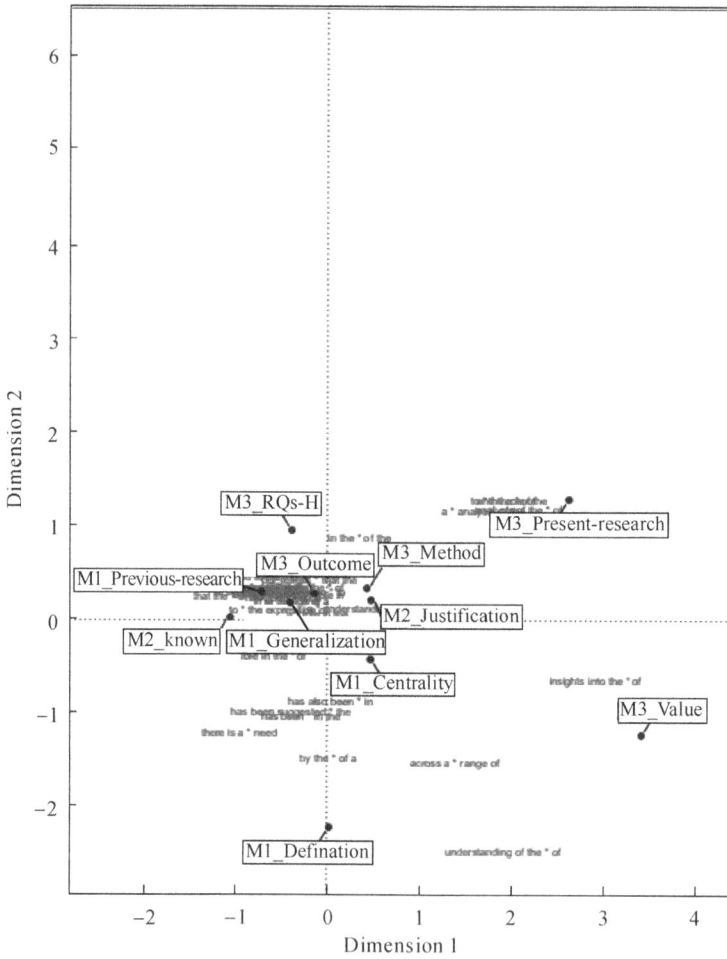

图 3.7　生物学非毗邻式词块对应分析二维散点

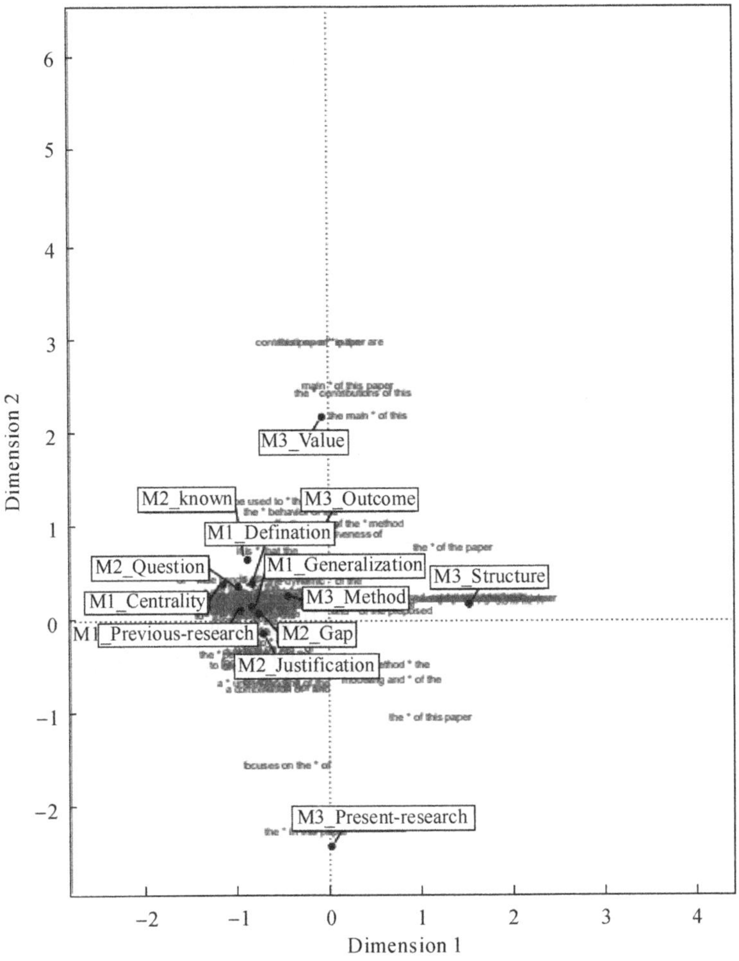

图 3.8　机械工程学非毗邻式词块对应分析二维散点

3.5 词块的分析框架

3.5.1 毗邻式词块的分析框架

3.5.1.1 毗邻式词块的形式结构

如表 3.8 所示,笔者参照 Lu 和 Deng(2019),将词块的结构分为五大类,分别为:名词词块、介词词块、动词词块、句干词块与连接词词块。其中,动词词块与句干词块的区别在于,动词词块的开端为动词或动词不定式,如 *play a role in*、*to better understand the*,句干词块的开端为名词短语或名词短语片段、再组合动词,如 *we can get that*。另外,笔者参照 Hyland(2018)的句干词块结构分类法,以主位表达手段的视角区分了几种句干词块(抽象主体、人类主体等)。并根据本研究的词块列表,增加了句干类词块的"介词短语＋系动词 be"结构,如 *of this study was*。由于本研究未出现 if 从句片段词块,本研究在句干词块类别中删除了这项子类。

表 3.8 毗邻式词块结构分析框架

类别	子类	示例
名词词块	名词短语＋of 短语片段	*the rest of the*
	名词短语＋其他后修饰语片段	*research in this area*
	其他名词短语	*the following research questions*
介词词块	介词短语＋嵌带 of 短语片段	*as a function of*
	其他介词短语片段	*for the first time*
动词词块	系动词 be	*is one of the*
	主动动词	*investigated the effects of*
	被动动词	*has been shown to*
	情态动词	*can be used to*
	不定式动词	*to better understand the*

续 表

类别	子类	示例
句干词块	介词短语＋系动词 be	*of this study was*
	抽象主体	*these findings suggest that*
	人类主体	*we show that the*
	先行词 it	*it has been suggested*
	that 从句片段	*that there is a*
	there 存在句片段	*there is no consensus*
	wh-从句片段	*which will result in*
	as 从句片段	*as shown in Figure/Fig.*
连接词词块		*as well as the*

3.5.1.2 毗邻式词块的语篇功能

词块作为一种独立的多词单元,能够在语篇内实现特定的语篇或语用功能(Chen & Baker,2010)。语料库发展的一个重要成果在于,可以在真实的语言中提取并识别语言结构与语义功能之间的紧密联系。表 3.9 展示了本研究中毗邻式词块的语篇功能分析框架,将三大类语篇做了进一步的细化,更准确地分析了引言部分词块的学科差异化特征。

Hyland(2008)以学术期刊论文、硕士与博士学位论文为语料,制定出针对学术书面语语篇的词块功能分析框架,为本书的功能分析框架提供了重要的参考依据。本书基于初步的结果分析,对此框架稍加修正。在研究导向词块(research-oriented bundles)中,由于剔除了与主题相关的词块,笔者删除了"话题"(Topic)子范畴。在文本导向词块(text-oriented bundles)中,本研究参照Salazar(2014)与 Lu 和 Deng(2019)的分类,增添了目标(Objective)与泛化(Generalization)子范畴。目标表示实施某项研究目的(如 *to account for the*),泛化表示作者对研究概况的评价(如 *little is known about*)。有必要重申的是,尽管少部分词块存在多功能交错的情况,本书仍依据词块最主要及最常用的语用功能,利用 AntConc 检索行功能,根据词块的语境语义对词块进行功能分类。

表 3.9　毗邻式词块语篇功能分析框架

语篇功能		范例
研究类	定位(Location)	*at the end of*
	过程(Procedure)	*can be used as*
	量化(Quantification)	*a great deal of*
	描述(Description)	*the nature of the*
文本类	过渡(Transition)	*on the other hand*
	结果(Resultative)	*the results showed that*
	文本结构(Structuring)	*in the next section*
	框架(Framing)	*in the case of*
	泛化(Generalization)	*little is known about*
	目标(Objective)	*to better understand the*
立场类	立场(Stance)	*are more likely to*

3.5.2　非毗邻式词块的分析框架

本研究采用 Gray 和 Biber(2013)的结构分析框架,根据构成词块框架的单词语法成分,把非毗邻式词块分为动词类、实词类与虚词类词块。动词类是指非毗邻式词块框架含有一个及以上情态动词、系动词或主动词。实词类是指词块框架不含动词且含有一个及以上名词、形容词、副词。虚词类是指构成词块的单词只有虚词,如介词、限定词、连词、代词、补足语等。选择这种分类框架的主要原因在于,非毗邻式词块框架很少有完整的语法或句法结构。进行结构分类的目的则在于探析学科间的非毗邻式词块框架和词汇变体是否存在共性和差异性(见表 3.10)。

表 3.10　非毗邻式词块结构分析框架

结构种类	说明	示例
动词类	含有一个及以上动词	*the ＊ study aims to*
实词类	含有一个及以上实词,且不含动词	*the ＊ of this research*
虚词类	仅含有虚词	*on the ＊ of the*

　　在前人研究中,非毗邻式词块的功能分类主要有两种参照依据:(1)固定词块框架(忽略自由词位)的交际功能。(2)自由词位的语义以及整个词块在语境中的交际功能。这两种方法各有利弊,本书在文献综述部分已做介绍(详见 2.3.2)。鉴于本研究的焦点在于考察不同学科作者在引言语步的词块使用,本书更关注学科间与语步间的微观语言差异。因此,本书将词块的形式、意义与功能相结合,以便了解各学科作者如何使用词块,并同时实现形式、意义和功能的共选。

　　综合以上因素,本研究将使用第二种方法,即参考词汇变体的语义与整个框架在语境中的交际功能,并参照 Hyland(2008)的功能分析框架。表 3.11 展示了非毗邻式词块不同语篇功能分类及其相对应的示例。针对多功能的情况,本书将根据语境功能,分别列出相对应的词汇变体,并用符号(&)标记多功能非毗邻式词块,详见附录 6。

表 3.11　非毗邻式词块语篇功能分析框架

语篇功能		示例
研究类	定位(Location)	*at the ＊ of purchase (moment, point, time)*
	过程(Procedure)	*involved in the ＊ of (activation, mineralization, processes, transposition)*
	量化(Quantification)	*a ＊ number of studies (growing, large, limited)*
	描述(Description)	*the ＊ of the brand (existence, impact, role, valence)*
文本类	过渡(Transition)	*the relationship between ＊ and (firms, manufacturers, similarity, variety)*
	结果(Resultative)	*it has been ＊ that (argued, hypothesized, observed, recognized, reported, shown, suggested)*
	文本结构(Structuring)	*paper is ＊ as follows (organized, structured, summarized)*
	框架(Framing)	*based on the ＊ that (assumption, conviction, fact, hypothesis, idea, view)*
	泛化(Generalization)	*little is ＊ about the (known, understood)*
	目标(Objective)	*in order to ＊ a(achieve, address, avoid, determine, guarantee, maintain, reach, realize)*
立场类	立场(Stance)	*there is a ＊ need (dire, pressing, significant)*

注:括号内为自由词位(＊)可替换的词汇变体。

3.6　词块的研究路径

依据词块的提取标准(论述详见 3.3),以及词块的结构形式与语篇功能分析框架(论述详见 3.5),本研究将按照以下步骤分别探究毗邻式词块与非毗邻式词块的使用特征。

3.6.1　毗邻式词块的研究路径

第一步,标注毗邻式词块的形式结构和语篇功能。词块的形式结构较为客观,也较易识别,由本研究者独立标注。词块的语篇功能需在检索行中进行判断,带有标注者一定的主观认识。因此,词块的语篇功能由本研究者与合作者共同判定标注。对于多功能语块,本研究参照 Lu 和 Deng(2019)的解决方案:如果目标语块出现在前人研究中,且和其中一个标注一致,本研究则选择一致的标注选项,以保证和前人研究的一致性。附录 4 按照字母顺序列出了本研究四个学科所有的词块及其相应的形式结构和语篇功能。

第二步,统计各组学科语料的毗邻式词块数量,根据形式结构与语篇功能分布,阐述不同学科作者在引言部分高频使用毗邻式词块的相似性与差异性。

第三步,统计学科共用毗邻式词块,探讨是否存在学科共用词块,并分析共用词块的搭配、语义韵与语义倾向。

第四步,自编计算机程序,分别统计四个学科中毗邻式词块在各个语步与语阶中的种类和数量。以上数据主要用来开展对应分析与卡方检验。首先,开展对应分析,将数据输入 excel 表格,从而使词块与语步—语阶组成两个定性变量的列联表。通过 R 3.3.2 生成双标图,分析各个学科毗邻式词块与语步—语阶的关联。其次,在 excel 表格中统计各学科词块的语步分布,使用 R 开展卡方检验,检测各个学科的语步分布是否存在显著差异。若存在显著差异($p<0.05$),则开展标准化残差的计算,确定造成差异的语步组别($R>1.96$ 或 $R<-1.96$)。

最后,根据毗邻式词块的语步分布,利用 Antconc 的检索行(Concordance)功能,逐一分析毗邻式词块的使用特征,探讨毗邻式词块与语步、学科是否存在一定的关联,并适当举例说明。

3.6.2　非毗邻式词块的研究路径

第一步,统计各组学科语料的非毗邻式词块和词汇变体。

第二步,计算不同学科语料的词块内部变异性,计算公式为词汇变体数量与词块框架数量之比(variant/p-frame ratio, VPR)。

第三步,计算不同学科语料中非毗邻式词块与词汇变体之间的相关性,使用斯皮尔曼等级系数(r)估计二者之间的相关性。

第四步,标注非毗邻式词块的形式结构与语篇功能。同毗邻式词块一样,非毗邻式词块的形式结构客观易识,由本研究者独立标注。而语篇功能需在检索行中判断,带有标注者一定的主观认识。因此,非毗邻式词块的语篇功能由本研究者与合作者共同判定标注。上文(3.5.2)已简述了识别非毗邻式词块功能的特殊性的具体方案,本小节不再赘述。统计各组学科语料中结构与功能的倾向性,阐述不同学科作者高频使用非毗邻式词块的相似性与差异性。

有必要说明的是,仅通过计算使用频次,并不能检测不同语料中非毗邻式词块的差异性(O'Donnell et al.,2013),即不同语料中,非毗邻式词块的种类和数量基本一致,但自由词位(free slot)或变体(variants)却存在一定的差异。为此,在非毗邻式词块的分析路径中,本研究将分别根据学科、功能与语步,统计非毗邻式词块及其相对应的词汇变体,作为下列步骤的参照。

第五步,统计学科共用非毗邻式词块,对比不同学科词汇变体的语义域。使用词云(word cloud)展示不同学科的词汇变体。

第六步,自编计算机程序,统计非毗邻式词块在各个语步的种类和数量。在对各学科的语步分布进行统计后,对其进行卡方检验,若存在显著差异($p <$ 0.05),则进行标准化残差的计算,确定造成差异的语步组别($R > 1.96$ 或 $R <$ -1.96)。

最后,根据非毗邻式词块的语步分布,利用 Antconc 的检索行(Concordance)功能,逐一观察各个使用特征,总结非毗邻式词块的语步特质性与学科差异化特征,并适当举例说明。

3.7　本章小结

本章为本书的方法论部分,以六个小节分述本书的研究方法。第一小节介绍了本研究语料的建库方案。第二小节阐述了人工标注的具体流程,并展示了一致性信度报告。第三小节介绍了词块(包括毗邻式词块与非毗邻式词块)的提取标准。第四小节开展了词块与语步—语阶的对应分析,并根据双标图做了相关报告。第五小节展示了词块的分析框架,包括其形式结构与语篇功能的分析框架。第六小节从整体上描述了本研究的分析路径与研究步骤。本章为后续研究报告提供了重要的方法论基础。下一章为语类分析,将从宏观的角度阐释语篇构建的学科差异。

第4章　期刊论文引言的语步—语阶序列分析

　　语类是学科话语社团活动的一种"模板"(庞继贤、程乐,2012),语类研究的重点和意义之一在于探究不同话语社团的语类模式(徐昉,2016)。不同学科领域期刊论文的语类结构存在共性和典型性。这种共性是各个话语社团所能共同接受和普遍认同的篇章构建模式,呈现出较为稳定的图式结构。符合这种共性的图式结构或语类模式,是实现学术语篇交流目的的必要条件,也是不同学科领域学术交流的最好办法(Swales,1990)。而这些典型性是不同话语社团的核心成员所决定的,表现出差异化的语类结构、呈现重点和语步顺序,以及独特的修辞特点。这种学科典型性可以帮我们全面了解学术语篇的特点,并可依据此典型的篇章构建模式,进一步考察实现其交际功能的语言特征。同时,语类结构的差异性也可为语言现象的学科差异性提供证据。另外,学科特色的语步结构可以更有效地撰写或指导论文写作。语步分析可提高阅读者对论文内容预测能力,并相应提升其科研敏感度和科研能力(蔡基刚,2019)。作者对语步模式的选择表现出作者对于所在学科领域中话语共同体的认可和靠拢,而对语阶的选择则凸显了作者的交际目的和修辞偏好(Tanko,2017)。

　　引言是学术期刊论文的重要部分,也是决定其学术质量的重要考量因素。同时,作者通过引言激发潜在读者(如目标读者或评审)的兴趣,读者通过引言基本判定其研究主题,并决定是否继续深入阅读。研究表明,引言与被引频次同样存在密切的关联。以信息科学学科为例,除了"概述文章结构",被引频次与引言其他各个语步(或语阶)均呈正相关,尤其与"建立中心议题""指出差距""报告主要发现"呈较强正相关(高丹等,2018)。这项研究说明,写作规范对被引频次有较大的影响,作者选择合适的语步结构,并呈现符合学科领域规范的语步重点和顺序,可以相应提高文献的被引频次。

　　本章将探索不同学科期刊论文引言部分的语类构式,从语步和语阶两个层面探索其循环和套嵌模式。为客观反映各学科期刊论文引言的语类结构,本研究自建了学术英语引言语料库,利用质性标注软件对语料双人手动标注,并统计出较高的一致性系数,四个学科平均达 0.89,属于"接近一致"(almost perfect)的信度标准(Landis & Koch,1977)。然后,本研究利用自编计算机程序按照以下步骤收集两类数据:每一篇文本的语步序列,以及每个语步在每个学科语料库中出现了多少次和多少篇;每篇文本的语阶顺序,以及每个语阶在每个学科语料库中出现了多少次和多少篇。通过语步(语阶)的统计和分析,试回答:各学科常用的语步(语阶)序列是什么? 各自的必要语步(语阶)与可选语步(语阶)分别是什么?

4.1 语步的学科差异化分析

4.1.1 语步的序列分析

本书对语料进行了细致的标注,并利用自编计算机程序分别统计了各学科语料库中每个文本的语步序列,详见附录 2。表 4.1 与表 4.2 分别展示了各学科期刊引言语步的篇数及出现在引言中的频数,图 4.1 展示了各学科篇数占比与频数占比的分布趋势。

表 4.1　各学科库中语步篇数及占比

语步	语言学		市场营销学		生物学		机械工程学	
	篇数 (n=57)	占比	篇数 (n=102)	占比	篇数 (n=127)	占比	篇数 (n=98)	占比
M1 确定研究领域	57	100%	102	100%	127	100%	98	100%
M2 确立研究地位	57	100%	99	97.06%	123	96.85%	96	97.96%
M3 介绍本研究	57	100%	102	100%	125	98.42%	98	100%
合计	57	100%	102	100%	127	100%	98	100%

表 4.2　各学科库中语步频数及占比

语步	语言学		市场营销学		生物学		机械工程学	
	频数	占比	频数	占比	频数	占比	频数	占比
M1 确定研究领域	316	41.09%	252	40.32%	357	42.10%	357	41.71%
M2 确立研究地位	296	38.49%	144	23.04%	329	38.80%	348	40.65%

续　表

语步	语言学		市场营销学		生物学		机械工程学	
	频数	占比	频数	占比	频数	占比	频数	占比
M3 介绍本研究	157	20.42%	229	36.64%	162	19.10%	151	17.64%
合计	769	100%	625	100%	848	100%	856	100%

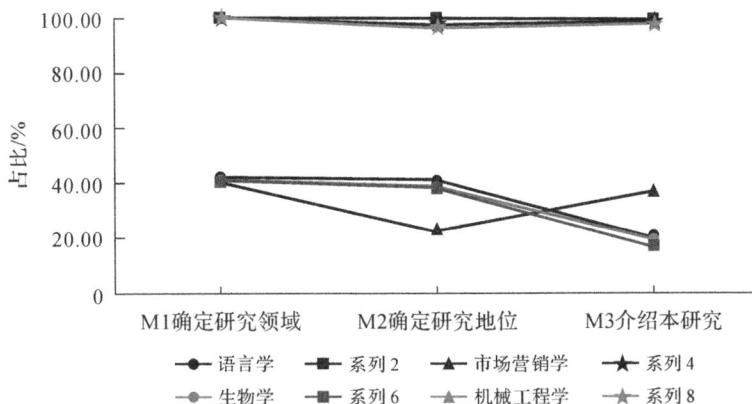

图 4.1　各学科库中语步篇数与频数百分比

如表 4.1 所示,各个学科期刊引言部分均含有 M1 语步和 M3 语步,篇数占比达 100%,M2 语步也占有极高的比例,语言学与生物学达 100%,市场营销学与机械工程学高达 97.06% 与 97.96%。此结果说明:对于各学科领域来说,期刊论文均有传播知识的重要交际功能,而引言部分是推销学术成果的重要组成部分。这种一致的认知会映射到语步模式中,使引言部分具有了共核的语类结构组成部分。这种共核的语类结构促进了学科圈内人士的交流,也促进了跨学科的知识传播与交流。Kanoksilapatham(2005)研究了生物类期刊论文语类结构,其引言部分的 M1 语步和 M3 语步占比 100%,但 M2 语步仅占66.66%,虽然达到了必要语步的要求(60% 及以上),但远远低于本研究的统计结果。究其原因,本研究认为,除了语料标注的主观判断差异外,还存在另外两个主要原因:首先,Kanoksilapatham(2005)的语料文本仅有 60 篇,本研究有127 篇,语料库大小在一定程度上会影响研究结果;其次,时隔十几年之久,生物学也经历了极大的发展。近年来,学术出版强调获得外部经费,鼓励跨学科合作与吸引更多的对当下研究话题不那么熟悉的读者。由此,生物学作者会相应地增加表达评价和立场的语言,增加与读者的互动。而语步二作为评价性和批判性的语步,顺理成章地成为作者极为重视的语步。

通过观测其语步频数(见表 4.2 与图 4.1),本研究发现,市场营销专业呈现出较为不一致的语步使用情况:在 M2 和 M3 的循环频率与其他学科呈现相反的趋势,即 M2 使用更少,而 M3 使用较多。通过观察语步序列表(详见附录2),笔者发现,市场营销学专业偏好在文章开头以 M1-M3 或 M1-M2-M3 循环,M1 语步是对市场现象的描述,M2 是这个市场现象的研究空白,M3 是作者对当下研究的简单介绍。之后再一个或多个地循环,从 M1 研究背景到 M2 的研究空白、当下研究的正面理由,再到 M3 的提出假设、研究方法等。

从学科文化的角度,市场营销学常研究一种经济或社会现象,如探究是何因素引发了消费者的购买行为,或诊断企业市场表现(成功盈利或失败破产)背后的机制原理和影响因素。若能识别出这些因素,提出建议性的管理决策或解决措施,则可以帮助企业提升绩效或获得利润。在引言部分,市场营销学作者常以研究现象导入的原因与其学科文化与交际目的有直接的关系,并注重研究的外在效度。因此,市场营销学期刊论文引言部分的 M1 与 M3 居多。

而从学科维度的层面,笔者发现,"软学科—硬学科"与"纯理—应用"两个维度并非独立存在,而是相互影响的。以市场营销学为例,在语步一(介绍研究领域)中,市场营销学在文献综述部分,常需要找出相关理论,辅助作者印证或修正研究主体(如消费行为)的因果关系和影响因素,并引出作者的研究假设或模型,这是软学科的写作特征。语步二(确立研究地位)则是对已有文献的研究视角、研究发现、研究结论进行评述,以此梳理还可以进一步探索的研究空白。语步二的写作角度反映出软学科的写作特征。而在语步三(介绍本研究),作者常会介绍数据的收集和分析路径,验证并解释模型的有效性,总结当下研究的贡献、价值、创新点以及研究局限。语步三常使用罗马数字(如 in section v),以格式化的结构和语言系统概括全文其他部分的结构安排和研究内容[常为 Section 2 Literature reviews;Section 3 Theoretical and hypothesis (Research model / Concept model);Section 4 Methodology (Data,Measures,Analysis);Section 5 Discussion and conclusion]。语步三中作者对结构层次的格式要求,以及对研究价值和贡献的强调则进一步反映出应用学科的典型特征。整体上,语步—语阶构建的灵活性使语步一与语步三更为凸显。下文将重点介绍语步的循环与套嵌。

4.1.2　语步的循环与套嵌

语步序列是考察语类特征的重要内容(赵永青等,2019)。在语步序列中,语步的循环(cycling)与套嵌(embedding)是两种常见的序列模式(Swales,

1990)。语步循环是指语步多次重复出现。语步套嵌是指两种或两种以上语步出现在同一个语言片段。前者可以使作者通过循环强调不同的重点,后者可以使作者在有限的语言中传达更丰富的信息。

通过观测各学科的语步序列(详见附录 2),可以发现,各个学科的语步序列大致符合 M1-M2-M3 的顺序,但大部分文本存在循环的现象,少部分存在语步逆序的情况。硬学科常用的语步模式是 M1 与 M2 组成循环单位,循环可达多次,而 M3 是末尾的点睛之笔(M1-M2-M1-M2……M3),少量文本在文末存在 M1 后接 M3(M1-M2-M1-M2……M1-M3)的情况。软学科的语步序列更加灵活和复杂,语步混合的情况较多。软学科大多符合 M1 与 M2 的组合循环情况,但 M3 常在中间多次出现,打乱 M1 与 M2 的循环(M1-M2-M3-M2-M3……M1-M2……M3)。偶尔出现语步逆序的情况,即将 M2 或 M3 放置在篇首(M2-M1-M2-M1-M2……M3;M3-M1-M2)。市场营销学比较独特的语步循环是 M2 与 M3 的循环(M1-M2-M3-M2-M3……M2-M3)。

语步套嵌的目的是在追求文本经济性的同时,传达更丰富的信息,使整个信息流传达流畅,以符合潜在作者的期待。在此标准下,笔者发现,语步套嵌的普遍模式是 M1 与 M2 的套嵌,一个句子的小句是 M1,主句是 M2。多数情况下,M1 是对前人研究的总结,M2 是研究空白或补充已知(例 4.1)。另一种情况是在 M2 与 M3 语步的套嵌,作者先讲述研究的正面理由,再表述当下研究的研究目的(例 4.2)。

例 4.1　Despite the fact that there are a large number of studies on self-regulation and learning in the field of educational psychology (REF), little is known about the role of self-regulatory strategy used in the academic writing of advanced English language learners. (L)

例 4.2　Little research, if any, has systematically explored whether and how paraphrasing is done to recontextualize the source information. Driven by this gap, the present study is designed to answer the following question…(L)

语步序列可以宏观地反映作者的交际目的。语步统计的常规计算方式是:连续几句话为同一语步,笔者认为这几句话同时实现了同一个语步功能单位。但一个语步通常由不同的语阶构成,分析语阶序列可以微观地了解作者如何利用不同的修辞手段实现同一个语步功能单位,以及如何适时地进行语步转换。

下一小节将探讨语阶序列的差异化分析。

4.2 语阶序列的学科差异化分析

这一小节主要关注各学科的语阶序列及其学科差异性特征。语步是实现引言交际目的的功能单位,语阶则是实现各个功能单位的具体修辞策略。不同的语步序列反映了作者如何实现整个引言部分的交际目的,而不同的语阶序列则反映出作者如何运用修辞策略保证信息流的通畅和连贯。从某种程度上说,语阶更能考察作者如何凸显信息。本书将探究各学科语阶层面的相似处与不同处,再总结其可选语阶与必选语阶,进一步描述各个学科作者如何组织语篇、运用修辞策略、凸显信息重点。

4.2.1 语阶的整体分布

引言的内容通过三个语步和 14 个语阶呈现。如上节所述,引言的三个语步均是必选语步,但各个学科所在语步的必选语阶与语阶序列却存在较大的差异。表 4.3—表 4.6 列出了四个学科期刊论文引言部分语阶的频数、篇数以及百分比。为了更清晰地展示语阶的分布趋势,图 4.2 与图 4.3 分别展示了各学科期刊论文引言的频数、篇数及各自的占比。下文将具体分析语阶重点,并以此判定各学科的必选语阶与可选语阶。

表 4.3 语言学引言语阶的分布情况

语阶	频数及百分比		篇数及百分比	
	频数	百分比	篇数($n=56$)	百分比
M1_Centrality	76	5.91%	49	87.50%
M1_Generalization	285	22.14%	56	100%
M1_Definition	37	2.87%	26	46.43%
M1_Previous-research	294	22.84%	54	96.43%
M2_Gap	206	16.01%	53	94.64%
M2_Known	54	4.20%	34	60.71%
M2_Question	8	0.62%	7	12.50%

续　表

语阶	频数及百分比		篇数及百分比	
	频数	百分比	篇数（$n=56$）	百分比
M2_Justification	86	6.68%	45	80.36%
M3_Present-research	119	9.25%	54	96.43%
M3_RQs-H	44	3.42%	39	69.64%
M3_Method	36	2.80%	22	39.29%
M3_Outcome	9	0.70%	5	8.93%
M3_Value	27	2.10%	21	37.50%
M3_Structure	6	0.47%	6	10.71%
总计	1287	100%	56	100%

表 4.4　市场营销学引言语阶的分布情况

语阶	频数及百分比		篇数及百分比	
	频数	百分比	篇数（$n=102$）	百分比
M1_Centrality	52	3.63%	46	45.10%
M1_Generalization	224	15.64%	99	97.06%
M1_Definition	15	1.05%	14	13.73%
M1_Previous-research	133	9.29%	74	72.55%
M2_Gap	125	8.73%	75	73.53%
M2_Known	57	3.98%	43	42.16%
M2_Question	34	2.37%	27	26.47%
M2_Justification	134	9.36%	80	78.43%
M3_Present-research	104	7.26%	75	73.53%
M3_RQs-H	81	5.66%	58	56.86%
M3_Method	126	8.80%	69	67.65%
M3_Outcome	150	10.47%	73	71.57%
M3_Value	137	9.57%	72	70.59%
M3_Structure	60	4.19%	53	51.96%
总计	1432	100%	102	100%

表 4.5　生物学引言语阶的分布情况

语阶	频数及百分比		篇数及百分比	
	频数	百分比	篇数（$n=127$）	百分比
M1_Centrality	126	8.20%	94	74.02%
M1_Generalization	426	27.72%	127	100%
M1_Definition	81	5.27%	59	46.46%
M1_Previous-research	143	9.30%	78	61.42%
M2_Gap	232	15.09%	114	89.76%
M2_Known	60	3.90%	51	40.16%
M2_Question	0	0.00%	0	0.00%
M2_Justification	112	7.29%	77	60.63%
M3_Present-research	134	8.72%	101	79.53%
M3_RQs-H	33	2.15%	27	21.26%
M3_Method	26	1.69%	22	17.32%
M3_Outcome	118	7.68%	92	72.44%
M3_Value	46	2.99%	44	34.65%
M3_Structure	0	0.00%	0	0.00%
总计	1537	100%	127	100%

表 4.6　机械工程学引言语阶的分布情况

语阶	频数及百分比		篇数及百分比	
	频数	百分比	篇数（$n=98$）	百分比
M1_Centrality	74	5.07%	63	64.29%
M1_Generalization	365	25.00%	98	100%
M1_Definition	19	1.30%	16	16.33%
M1_Previous-research	230	15.75%	84	85.71%
M2_Gap	260	17.81%	90	91.84%
M2_Known	23	1.58%	17	17.35%
M2_Question	2	0.14%	2	2.04%
M2_Justification	141	9.66%	79	80.61%

语阶	频数及百分比		篇数及百分比	
	频数	百分比	篇数($n=98$)	百分比
M3_Present-research	123	8.42%	90	91.84%
M3_RQs-H	4	0.27%	4	4.08%
M3_Method	98	6.71%	71	72.45%
M3_Outcome	21	1.51%	19	19.39%
M3_Value	44	2.95%	38	38.78%
M3_Structure	56	3.84%	49	50.00%
总计	1460	100%	98	100%

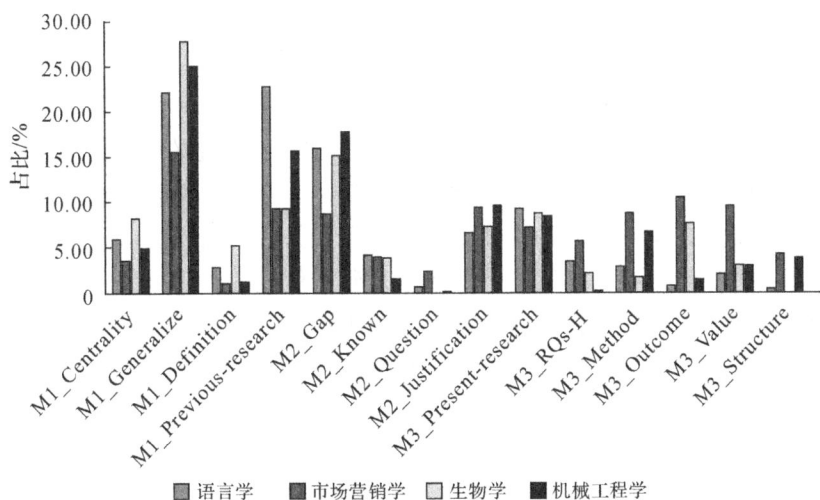

图 4.2 各学科库中语阶分布的频数百分比

从整体趋势来看,各学科在 M1 语步和 M2 语步呈现较为相似的趋势,而 M3 语步的差异性较大。在前人研究中,多以软学科、硬学科的分类分别讨论学科差异。而本研究发现,市场营销和机械工程学的语阶篇数占比趋势几乎一致,说明应用类学科传达的交际功能重点较为接近。语言学与生物学在部分语阶表现出一致的趋势,但又存在较为明显的学科差异,主要体现在 M1 语步的"回顾前人研究"(M1_Previous research)与 M3 语步的"提出研究问题或假设"(M3_RQs-H)和"报告主要发现"(M3_Outcome)上。这与各学科的学科文化与学术规约有较大的关系。语言学属于软学科,在 M1 语步需要述评大量前人研究的研究角度、观点及少量结论,借助前人研究的理论、论证及研究空白,

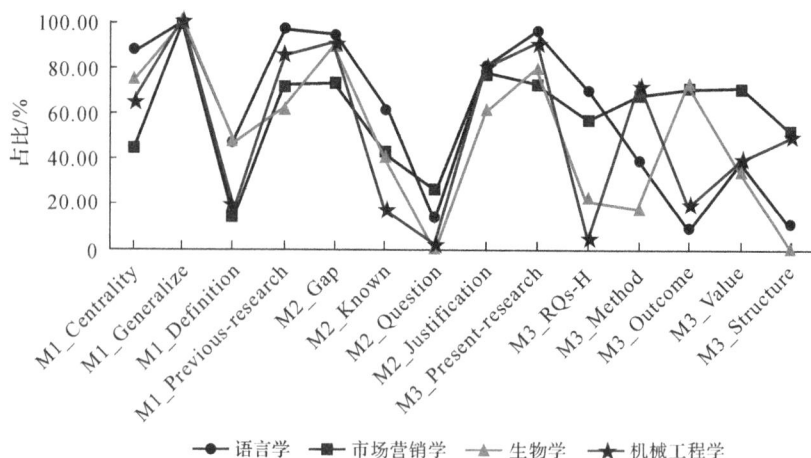

图 4.3　各学科库中语阶分布的篇数百分比

力证当下研究的正面理由。而生物学较少引述单独的前人研究,多是融入式的综合归纳,表述其重要的研究结果,以此简要概述当下研究的研究空白。因此,M1 语步中"回顾前人研究"在语言学与生物学中的分布有较大差异。在 M3 语步,语言学的重要交际目的是明确研究目的和相关的研究方法,以引起目标读者的关注,并引导其继续阅读。研究问题是研究价值的体现,也体现了下文的基本结构。因此,软学科作者极为重视"提出研究问题或假设"语阶。而生物类学科的研究价值在于研究的重要发现,因而更为强调"报告主要发现"语阶。下文将按照常规的语步顺序(M1-M2-M3),分析各个学科所在语步中的语阶分布,并以此判断各学科的必选语阶与可选语阶。

在 M1 语步中,"建立中心议题"在语言学和生物学高频使用(分别占比87.50%、74.02%),而在市场营销学的使用不足一半(占比 45.1%)。"概述论题内容"(M1_Generalization)均达到 100%。"界定概念意义"(M1_Definition)在语言学与生物学尽管占比不足一半(分别占 46.43%、46.46%),是区别于应用学科(市场营销学、机械工程学)的语阶之一(分别占比 13.73%、16.33%)。这是因为,语言学常研究一个特定的语言现象(如词块),而这个语言现象常有不同的术语或界定不明确的研究范围,需要作者根据当下研究目的,提出明确的定义或研究范围。而生物类学科则是因为其新理论、新发现、新知识层出不穷,界定定义可帮助读者开门见山地了解研究背景和研究目的。"回顾前人研究"在语言学高达 96.43%,在所有学科中使用频次最高,在其他三个学科中占比明显低于语言学,其中,在生物学中仅 61.42%,这表明生物学是所有学科中其使用频次最低的学科。有关于此,前文已表述其差别的具体原因在于不同学科的交际目的。

在 M2 语步,所有学科都重视"指出差距"(M2_Gap),占比均在 60％以上。另外,纯理学科占比更高。这是因为,纯理学科更需要在前人研究基础上,提出可研究的方向和研究价值;而应用学科更倾向于在 M3 以特定的"阐述研究价值"(M3_Value)语阶论述研究价值。"补充已知"(M2_Known)在语言学占比较高。"提出问题"(M2_Question)在各个学科占比都较低,尤其是生物学,占比为 0;市场营销学和机械工程学使用少量的提出问题的修辞策略。各个学科均重视"提出研究的积极合理性",语言学相对更加重视。

在 M3 语步中,应用类学科均偏好以顺序编排的方式进行系统的阐述,利用序数词,如 First、Second,或者章节与罗马数字,如 Section I、Section II 等。但这些序列标志大多嵌入 M3 语步的各个语阶,不构成单独标注的句法单位,也不是主要的交际目的,不符合本研究中语阶标注的标准。因此,"概述文章结构"的占比略低。按照实际情况,本研究将此语阶也作为两个学科的必选语阶。而语言学和生物学作为纯理学科,在 M3 语步共性与差异性并存,反映出"软学科—硬学科""纯理—应用"两个维度之间的交叉和整合。其共性主要体现在:首先,"介绍研究内容或目的"(M3_Present-research)均是重点传达的文本信息;其次,"阐述研究价值"(M3_Value)在两个学科中均占了少量的篇数,约40％。另外,"概述文章结构"(M3_Structure)均占比极低,语言学占比10.71％,而生物学为 0。差异性主要体现在:首先,"提出研究问题或假设"(M3_RQs-H)在语言学占比高达 69.64％,而生物学仅为 21.26％;其次,"报告主要发现"(M3_Outcome)是生物学的主要语阶之一,占 72.44％,而语言学仅8.93％,是语言学使用频次最低的语阶,同时语言学也是其篇数占比最低的学科。另外一个不太显著的差别在于"归纳研究方法"(M3_Method),虽然其在两者中占比都较低,语言学占比 39.29％,生物学占比 17.32％,但生物学显示出更明显的轻视,且是所有学科中其使用篇数最低的学科。这是因为,语言学的研究方法常镶嵌在"介绍研究内容或目的"语阶,不符合单独标注的标准;而生物学作为范式领域学科,其研究方法是圈内人士的常识,无特别之处,无须交代具体方法和流程。

根据以上介绍,本研究确定了各学科的必选(obligatory)语阶与可选(optional)语阶(见表 4.7 与表 4.8)。必选语步是指不可或缺的语步,缺失将导致整个语类(如引言)的基本功能不能实现;而可选语步则不是实现整个语类基本功能的必要成分。必选语阶与可选语阶考察的是语篇的语类特点。但"必选"或"可选"尚无绝对的设定标准,与学科属性及语料样本大小均有关系(赵永青等,2019)。Hyland(2006)认为,"必选"与"可选"仅反映了学术团体成员对某类信息的凸显,并不代表学术语篇的写作规范。Moreno 和 Swales(2018)也强调,语类分析重在描述。本研究设定必选语步标准为 60% 及以上,同时根据客观情况和上文所述,将应用类学科(市场营销与机械工程)的"概述文章结构"(M3_Structure)语阶(分别占比 51.96% 与 54.08%)设定为必要语阶。原因在于,此语阶常嵌在 M3 语步的其他语阶,不构成一个语阶单位,但作为一个序列短语,如 *in the next section*、*in Section IV*,贯穿整个 M3 语步。在可选语步中,为了更细致地区分各学科作者较为重视和不重视的语阶,本书以 30% 为界限,将 30%—59.99% 加以标注(*)(见表 4.8)。

表 4.7　各学科库中引言语步的必选语阶

学科	语步一	语步二	语步三
语言学	M1_Centrality M1_Generalization M1_Previous-research	M2_Gap M2_Known M2_Justification	M3_Present-research M3_RQs-H
市场营销学	M1_Generalization M1_Previous-research	M2_Gap M2_Justification	M3_Present-research M3_Method M3_Outcome M3_Value M3_Structure
生物学	M1_Centrality M1_Generalization M1_Previous-research	M2_Gap M2_Justification	M3_Present-research M3_Outcome
机械工程学	M1_Generalization M1_Previous-research	M2_Gap M2_Justification	M3_Present-research M3_Method M3_Structure

注:必选语阶的标准为占比 60% 及以上。

表 4.8　各学科库中引言语步的可选语阶

学科	语步一	语步二	语步三
语言学	M1_Definition*	M2_Question	M3_Method* M3_Value* M3_Method M3_Outcome M3_Value M3_Structure

学科	语步一	语步二	语步三
市场营销学	M1_Centrality* M1_Definition	M2_Known* M2_Question	M3_RQs-H* M3_Outcome
生物学	M1_Definition*	M2_Known* M2_Question[0]	M3_RQs-H M3_Method M3_Value* M3_Structure[0]
机械工程学	M1_Centrality* M1_Definition	M2_Known M2_Question	M3_RQs-H M3_Value* M3_Outcome

注:可选语步的标准为占比 60% 以下;* 代表此语阶所在语篇占比 30.00%－59.99%;0 代表此语阶在所在学科未出现。

统计语阶的篇数占比,可了解各学科领域传播信息的重点,但不足以回答各学科作者如何传输学科知识。下一节将根据各学科语篇的语阶频数(见图 4.2)与语阶序列(见附录 3),进一步分析各学科的语阶序列,考察各学科作者如何在遵循学科规范的同时,又巧妙地通过重组语阶实现作者特定的交际目的。

4.2.2 语阶序列的学科差异化分析

通过语阶序列,并结合上文的分析,这一小节仍通过"循环"与"套嵌"两个维度归纳各学科作者构建引言的基本语阶序列形式,探讨如上数据所映射的学科文化与学科规约。

上文语步循环分析显示,各学科在整体上遵循了 M1-M2-M3 的语步序列,同时又存在语步循环与逆序的现象。在语阶序列中,笔者发现,各学科的语阶序列同样是共性与异质性并存,体现出"软学科—硬学科""纯理—应用"两种分类维度的交叉和整合。其共性表现在:在各学科期刊论文引言中,大多数遵循着从 M1 语步"概括论题内容"(M1_Generalization)语阶到 M2 语步中"指出差距"(M2_Gap),再过渡到 M3 语步中的"介绍研究内容或目的"(M3_Present-research)。这种共性体现了人类基本的认知和交流方式。

其异质性主要有三种,第一种异质性主要表现在 M1 语步:纯理学科(语言学与生物学)常以"建立中心议题"(M1_Centrality)为开端,阐述研究的重要性,部分以"界定概念意义"(M1_Definition)导入。应用类学科(市场营销学与机械工程学)也会出现"建立中心议题"的情况,但常以现象导入,本书标注为"概括论题内容"(M1_Generalization),其交际目的仍是强调研究主体的重要性。市场营销学以市场现象导入,并提出相关问题,以引起读者的共鸣与注意(例4.3)。机械工程学以工程类现象问题导入,使读者更精准地了解研究主体和研究目的(例4.4)。

例4.3 A designer handbag found on the shelves of stores such as Neiman Marcus, Saks Fifth Avenue, or Nordstrom costs anywhere from several hundred to several thousand dollars. Yet American woman acquire on average three new handbags each year (REF), prominently flaunting designer brands such as Fendi, Gucci, Louis Vuitton, Marc Jacobs, Christian Dior, Prada, and Chanel (REF). In the United States alone, spending on luxury goods amounts to as much as $525 billion per year (REF), with women's products accounting for over half of this consumption (REF). Given women's passion for pricey possessions, why do women desire luxury goods? (MK)

例4.4 In a fab, a plant that manufactures semiconductor devices, starting with a uniformly doped bare silicon wafer, the fabrication of integrated circuits needs hundreds of sequential process steps which can be assorted into seven main process areas: lithography, etching, deposition, chemical mechanical planarization, oxidation, ion implantation, and diffusion (REF). In this paper, we will focus on the deposition step, where a multitude of layers of different materials are deposited onto the production wafers. (ME)

第二种异质性表现在M1语步与M2语步的循环:语言学的语阶序列更加复杂,主要体现在"概括论题内容"(M1_Generalization)、"回顾前人研究"(M1_Previous-research)与"指出差距"(M2_Gap)的循环(例4.5)。市场营销学与机械工程学也出现这样从宏观到微观的信息流传输路径,较常出现的是"概括论题内容"(M1_Generalization)、"回顾前人研究"(M1_Previous-research)与"提出研究的积极合理性"(M2_Justification)的循环(例4.6)。从语阶频数统计可以看出,市场营销学与机械工程学的"提出研究的积极合理性"语阶也略高于另外两个学科。生物学则是作者在论述相关研究背景后,以简短的"指出差距"

（M2_Gap）过渡到 M3 语步，体现了文本的经济性原则。

例 4.5　Similar to face-to-face interaction, not all pairs or groups work collaboratively when using Web 2.0 tools (REF). Some studies reported .... For example, Tan et al. (2010) investigated the effects of .... Li and Zhu (2013) investigated CMC interaction .... However, because ... such pattern may be more detrimental to .... Despite findings that L2 learners ... few studies have investigated how and why this may be .... Storch (2004) argued that previous studies attempted to explain ... but did not consider the factor of .... Storch used the lens of activity theory to show that .... Peer interaction ... however, has not been investigated sufficiently. (L)

例 4.6　It should be noted that ... the human power is impulsive. This calls for a completely different control architecture. A second challenge is related to .... This makes external sensors impractical; in particular, the vehicle is not equipped with a brake switch ... the motor needs to be .... (ME)

第三种异质性表现在 M3 语步：这一语步反映出"软学科—硬学科""纯理—应用"两种分类维度的交叉。从"软学科—硬学科"的分类维度分析，软学科（语言学与市场营销学）遵从"介绍研究内容或目的"（M3_Present-research）到"提出研究问题或假设"（M3_RQs-H）的过渡。但两者的区别在于，语言学偏好以研究问题（research questions）的形式提出（例 4.7），市场营销学倾向于使用肯定句，并利用动词 propose、hypothesize、demonstrate 等阐述作者的概念模型和假设（例 4.8）。"从纯理—应用"的分类维度分析，纯理学科不重视方法部分和结构部分的表述，应用学科则相反，在文末以较大篇幅"阐述研究价值"（M3_Value）。

例 4.7　The above considerations led to the following research questions: .... (L)

例 4.8　We propose that young children infer from messages on food instrumentality that if a certain food is good for one goal, it cannot be a good means to achieve another goal. (MK)

因此，语言学在 M3 语步的常见语阶序列常是"介绍研究内容或目的"

（M3_Present-research）、"提出研究问题或假设"（M3_RQs-H），或再简短地嵌入研究方法（M3_Method），文末提出研究价值（M3_Value），少数情况下会简要介绍研究结果（M3_Outcome）与文本结构（M3_Structure）。市场营销学常用的语阶序列常是"提出研究假设""介绍研究内容""归纳研究方法""报告主要发现"与"阐述研究价值"，而"概述文章结构"则嵌入各个语阶，作为组织文本的一种多词语言结构形式存在。生物学常用的语阶序列常是"介绍研究内容或目的"与"报告主要发现"，少数会简要地"归纳研究方法"与"阐述研究价值"。机械工程学的常用语阶序列为"介绍研究内容""归纳研究方法""阐述研究价值"与"概述文章结构"，少数会简要地"报告主要发现"。

语阶镶嵌的现象主要有三种情况，在上文介绍语步镶嵌时，已介绍了M1语步与M2语步，以及M2语步与M3语步镶嵌的现象，其在语阶层面主要是：（1）M1语步中的"回顾前人研究"（M1_Previous-research）与M2语步中的"指出差距"（M2_Gap）嵌为一个语言片段（例4.9）；（2）M2语步中"提出研究的合理积极性"（M2_Justification）语阶或"补充已知"（M2_Known）与M3语步中的"介绍研究内容或目的"（M3_Present-research）镶嵌在一个语言片段（分别见例4.10—4.11）；（3）另一种现象是在M3语步中，"介绍研究内容或目的"（M3_Present-research）与"归纳研究方法"（M2_Method）嵌为一个语言片段。（例4.12），这种现象在语言学中也经常出现。

例4.9　Despite the accumulation of evidence that L2 writers experience difficulty summarizing and paraphrasing sentences from source texts, relatively few studies have explored how L2 writers' summaries and textual appropriation skills develop over time in instructional settings. （L）

例4.10　Unlike previous research, the present study set out to investigate the role of aptitude in early childhood acquisition exclusively defined as L2 learning that started in the age range between 3 and 6 years. （L）

例4.11　Based on the findings of previous research into syntactic development for both L1 and L2 English students, in this study we wish to analyze how phrasal complexity is different in master's-level, PhD-level and published Research Article（RA）abstracts and whether these differences can be explained using the stages hypothesized by Biber et al.

(2011).(L)

例 4.12　The focus in this paper is on a different method of implementing brakes and clutches with which we could mimic some aspects of biological muscles that have not been sufficiently explored in the past. (ME)

4.3　引言语阶的具体分析

4.3.1　M1 语步微观结构分析

M1 语步"确立研究领域"在于强调话题的重要性,主要是分析研究大背景,从宏观到微观地介绍相关的研究背景和研究现状。M1 语步可包括四个语阶,分别是"建立中心议题""概括论题内容""界定概念意义""回顾前人研究"。下文将细述每个语阶的特点,以及各语阶在每个学科的分布特征。

"建立中心议题"一般在引言的开端,也可能在"概括论题内容"之后,通常由 1—2 句话见面描述,偶见更长的篇幅。它一般表述当下研究领域的趣味性或重要性,说明此研究领域的研究热度和核心地位,向潜在读者证明当下研究的重要性,引起潜在读者或圈内人的注意。它的标志词语(step indictors)有interest/interesting、important/importance、key、central、critical、crucial、extensive attention、various studies、has long been 等。

据表 4.7,"建立中心议题"语阶是语言学与生物学的必要语阶,同Kanoksilapatham(2005)与陈菁等(2019)的生物学语类研究一致。但是语言学与生物学也存在知识重点的不同倾向性。语言学常需"聚众",通过大量研究的重现,表述此研究话题的重要性。而生物学则更具体地强调某研究对象在真实世界或在某研究环节的重要性。但此语阶在市场营销学与机械工程学为可选语步(分别占 45.10% 与 46.94%)。本研究发现,市场营销学在开篇多以市场现象为出发点,如在线下实体或线上网络平台,消费者对某类产品的购买欲望或购买行为的种种表现。作者以这种消费现象引起潜在读者的共鸣,引导读者继续阅读。相对而言,少部分作者在开篇直接描述当下话题的重要性和研究热点。同样,机械工程学常以工程应用为出发点,表达话题的重要性也常和其应用目的相关。见例 4.13—4.16。

例 4.13　The study of phraseology has grown in recent years along with a recognition of its importance in applied linguistics（REF）.（L）

例 4.14　SCFA play important roles in mammalian physiology，including serving as an energy source for gut epithelia（REF）and promoting the differentiation of anti-inflammatory regulatory T cells（REF）.（B）

例 4.15　Auctions are an important arm of retailing，along with shopping centers，department stores，big box stores，online outlets，and the like.（MK）

例 4.16　In the cutting process，cutting force is a crucial parameter for the cutting system.（ME）

相对于"建立中心议题"，"概括论题内容"倾向使用较为中立的语言，泛指该研究领域的研究现状。各个学科的必要语阶，均达到了 100%。任何学科的学术都需要站在"巨人的肩膀上"，给读者必要的研究背景。此语阶常占用较大的篇幅，也常与其他语步与语阶穿插使用，语阶循环与套嵌已在上小节作以讨论。它的语言表述如例 4.17—4.19。

例 4.17　In naturalistic contexts where acquisition takes place through immersion in the L2-speaking environment，several of these learner and environmental variables have been investigated for their potential in moderating the effects of age on long-term learning outcomes.（L）

例 4.18　As we describe in more detail shortly，network models are particularly applicable to bidding exchange data because bidders' behaviors are not independent.（MK）

例 4.19　Carbohydrate transport occurs in the phloem and is thought to be driven by osmotically generated pressure differentials between sugar-rich regions，where carbon is fixed or stored，and sugar-poor regions，where carbon is used to fuel growth and metabolism.（B）

"界定概念意义"的语言表述如例 4.20—4.21。它是本研究所有学科的可选语阶,在语言学与生物学有近一半的语篇使用此语阶,而市场营销学与机械工程学运用此修辞策略的则不足 15%。尽管语言学与生物学的篇数占比接近,但两个学科运用此语阶的目的以及此语阶所在语篇位置较为不同。毋庸置疑,定义的目的在于设定精准的概念意义。语言学作者常常在介绍大量研究背景之后,再引出定义,主要目的在于限定研究话题,把已论述的背景缩小范围,循序渐进地引出当下研究主体。另外,语言学的定义多可溯本求源(例 4.20)。而作为硬学科的生物学更重视创新,知识更迭快、会不断涌入新的术语和发现,需要作者对其做出明晰的定义(例 4.21)。生物学的定义常常在篇首,或者作者在论述研究方法和材料时,更进一步详尽地下定义。由于生物学期刊论文有相对较为狭窄的读者群体,作者此举也可以争取更多的不熟悉此领域的读者。尽管此语阶是生物学的可选语阶,但它所起的重要作用不容忽视。陈菁等(2019)也发现了生物学作者使用此语阶的重要作用,同时也发现国内期刊英文引言部分较为忽视阐释理论化研究背景和术语。他们将此归咎于东西方文化的差异,即东方文化倾向"读者负责制",希望作者多解读、填补信息空白,导出必要的论点,减少作者的责任;而西方则偏好使用编码格式化、清晰化的表达,增进读者的理解。

例 4.20 According to Hyland(2005:37)"[m]etadiscourse is the cover term for the self-reflective expressions used to negotiate interactional meanings in a text, assisting the writer(or speaker)to express a viewpoint and engage with readers as members of a particular community".(L)

例 4.21 Arenaviridae, Bunyaviridae, and Orthomyxoviridae, the principal families of segmented negative single-stranded RNA viruses(sNSV),each include serious human pathogens such as Lassa fever, Crimean-Congo haemorrhagic fever, and influenza viruses, respectively.(B)

"回顾前人研究"的语言特征如例 4.22—4.23。它关联了"什么被发现"以及"谁发现"。它的典型语言特征是引用(citation,也称为引述、引证等),在学术英语写作中,引用一般有两种形式:完整引用和非完整引用。完整引用是指作者出现在句子中,并作为句子的一个语法成分,如主语、宾语、补足语。若作为主语,则需要转述动词作为谓语动词,如 show、emphasize、observe 等(例 4.22)。非完整引用是指作者不出现在句子中,但加注在括号里,或根据期刊要求以数字形式上标,常出现在生物学中(例4.23)。

例4.22　As Huang (1999) observed, when reflecting difficulty in retrieval, na is used during conceptualization at a more global level, which is usually followed by a pause, whereas nage is used at a comparatively more local level such as for retrieval of a specific name (e.g. nage shei "that who"). (L)

例4.23　vRNA genome segments are always packaged by multiple copies of the viral nucleoprotein (NP) together with one copy of the RdRp into filamentous ribonucleoprotein particles (RNPs), which are the functional replication and transcription units (REF). (B)

在学术语篇中,引言部分的引述较多,具有劝说读者、推动逻辑进展的功能,是论证言之有理、言之有据。众所周知,引用在不同学科的修辞功能和文本形式有共性和差异。这类差异也体现在词块使用的学科差异上。徐昉(2016)归纳了实证类学术语篇引证能力的文本分析框架(见表4.9)。徐昉发现,语言学期刊论文引言部分的引述重点依次是观点/解释、研究结果、研究内容、研究方法和概念定义。本研究印证了这个研究结果。语篇融入能力依照句法特点分类,最早由Swales(1990)提出,分为融入式(integral)和非融入式(non-integral)。融入式是指作者信息是引文内容和句法结构的一部分。非融入式是指引文信息(作者、年代、页码等)置于句尾,以括号的形式列于句子之外。融入性引述凸显作者自身的专业度,非融入性引述凸显信息的客观性。

研究表明,尽管不同学科领域倾向不同的引述形式和引述功能,但软学科和硬学科都偏好使用大量的非融入式引述。同时,生物类科技论文的非融入式引述密度显著高于其他学科。另外,语言学也倾向使用一部分融入式引述凸显作者的专业身份,增加研究的信度。这样的差异性可归因于,语言学的论辩性(discursivity)更强,目标群体较广,需要作者通过"追根溯源"引述前人研究,表明作者在此研究领域的专业度,并通过与前人研究形成关联,以学术社团成员的身份说服目标读者接受自己的观点。而融入式的引述方式,可以使作者借助圈内其他权威学者进一步推进论证的发展。尤其是单独的引用,也能帮助作者获取支持,分担被质疑的风险。而对于科技类论文,科技推陈出新较快,不需要引用年代过久的文献,也不需要通过圈内个别人士树立权威,研究过程和创新才是重点。因此,生物类科技论文引言的篇幅普遍较短,多以宏观概括前人研究和论题内容为主。这种处理方式同时保证了文本经济性。

表 4.9 实证类学术语篇引证能力的文本分析框架(徐昉,2016)

内容广涉能力	人际互动能力	语篇融入能力
引用研究课题/内容	参考例证	非融入式
引用概念/定义/名称	溯本求源	融入式
引用理论/模型	关联比较	作者名称融入
引用研究方法	采纳应用	动词支配融入
引用研究结果	综合归纳	
引用观点/解释	独立归属	

4.3.2 M2 语步微观结构分析

M2 语步"确立研究地位"通过描述国内外相关研究现状,总结研究不足或研究空白,并巧妙地提出本研究的必要性。此语步增强了语言的批判性,使学术观点更鲜明,进而增加作者的学术权威。M2 语步可包含四个语阶,分别是"指出差距""补充已知""提出问题",以及"提出正面理由"。

"指出差距"是各个学科的重要语阶,作者通过此修辞策略提出研究空白或研究不足。它的标志词语常是转折词,如 however、but、despite,或带有否定意义的量词、实义词,如 no、little、none、few、neither... nor、fail、lack、overlook、inclusive、complex、misleading、elusive、limited、questionable、without regard for、rarely、unexplored 等,或指出问题所在,或反驳前人观点,提出研究不足。有的学者把"反驳前人观点"作为一个语阶(称为 counter-claiming)(陈菁等,2019)。本研究把它作为指出差距的不同表达方式。同理,"提出问题"在某种程度上也是"指出差距"的疑问表述方式,作为可选语阶,帮助作者实现指出差距的交际。同时,疑问表述的功能在于增强语气。见例 4.24—4.27。

例 4.24 Little, however, is known about the lexical bundles used by L2 undergraduate students in FYC, and how they compare with L1 students. (L)

例 4.25 However, these studies were limited in that the affect regulation motive for choosing healthy or indulgent foods was experimentally given to

111

participants as lay theories about the nature of moods or explicit cues about mood changing consequences associated with consuming the target foods. (MK)

例 4.26 Yet, the relative strengths of these various factors, and their interactions, remain unclear owing to the lack of systematic analyses that monitor both intrinsic and extrinsic factors in natural populations. (B)

例 4.27 However, little research has been focused on error modeling and compensation in UPRM. (ME)

在"继承前人研究成果"语阶，作者较为明确地表示当下研究延续前期研究。此语阶是语言学学科的必选语阶，是其他学科的可选语阶。它的语言特征如例 4.28。

例 4.28 The departure point for our research was dissatisfaction with... on the one hand, and... on the other hand, coupled with a need for .... (L)

"提出正面理由"提出了当下研究的合理理由，以弥补"指出差距"中的"差距"。通常来说，这两个语阶常一起出现，下文常是 M3 语步中研究目的阐述。它的语言特征如例 4.29。

例 4.29 Hence food displays that are congruent (vs. incongruent) with consumers' mental representation should facilitate greater ease of processing. Moreover, ease of processing should enhance self-control and facilitate resistance to temptation, which in turn should lead to a higher likelihood of choosing healthier options (REF). Accordingly, we hypothesize that choice likelihood of the healthier option.... (MK)

4.3.3　M3 语步微观结构分析

作者在引言部分通过 M1 语步（确立研究领域）讲述研究主体的来龙去脉，指出研究的重要性，引起读者对研究主题的兴趣。再通过 M2 语步（确立研究地位）承前启后，确立当下研究的必要性，说服读者接受作者观点，并继续阅读行为。作者的最终目的是把重心移到当下研究,激发读者进行深入阅读的兴趣,而这即是 M3 语步(介绍本研究)的交际目的。经过前两个语步的铺垫后,循序渐进、自然而然地引出"本研究",对当下研究的主要内容、目的、方法、价值等方面进行概括。M3 语步可包含六个语阶,分别是"介绍研究内容或目的""提出研究问题或假设""归纳研究方法""报告主要发现""阐述研究价值",以及"概述文章结构"。这几个语阶常互相套嵌,本研究根据句子主要的交际目的分别标注语阶单位。结果显示,M3 语步也是学科间差别较大的语步,下文将具体介绍 M3 语步中各个语阶的学科差异化特征。

"介绍研究内容或目的"是整个 M3 语步的统领语阶,帮助读者迅速领悟当下研究的主体思想(陈菁等,2019)。根据语阶的统计信息,此语阶是各个学科的必要语步。"归纳研究方法"用于说明当下研究的研究方法及研究主体或研究材料。本研究发现,有些学科作者将"介绍研究内容或目的"与"归纳研究方法"以一句话概述。这种现象在语言学(例 4.30)与生物学(例 4.31)较为常见,尤其是生物学,常以浓缩精练的方式总结作者的主要研究目的和结果,并常把方法放在较不重要的地位。这是因为,生物学作为自然科学的基础学科之一,属于典型的范式知识领域,主要表现在:读者面较为狭窄,潜在读者群体常是"圈内人",已了解常规的操作流程,若无特别之处,文中就无须赘述研究方法,一些期刊则会将方法部分安排在附录部分以备参考。

例 4.30　Our second objective is to determine, by means of a cross-sectional approach, whether indices of phraseological competence correlate with the raters' judgements of essay quality. （L）

例 4.31　In this study, we used VISUAL to thoroughly analyze phloem differentiation processes. （B）

而在机械工程学(例 4.32)与市场营销学(例 4.33)的语料文本中,大部分有独立的语篇单位,分别表述研究内容与研究方法。理论上说,机械工程学是一门硬学科,属于范式学科领域,但是机械工程学可能涉及知识流动与跨学科研究,其研究方法、研究内容可能有较大差别。因此,机械工程学常需要阐述其研究过程和方法。

例 4.32　Because we could not control for the influence of franchisor effects in the SBO 2007 and 1993 NSSBF data, we also conducted a survey of 155 franchisees from 36 franchisors in R. O. Korea. （MK）

例 4.33　In this case, an error compensation term is added in the control law to reduce the steady-state error.（ME）

"报告主要发现"用于通报当下研究的主要研究发现。此语阶在语言学学科并不凸显,这是因为语言学是一门论辩性较强的学科,其研究结果可能并不是主要的创新点(例 4.34)。而硬学科则需要通过此语阶强调当下研究的新发现,并明确这些数据结果经过了严密的实验步骤。作为软学科中的应用学科,市场营销学则更聚焦于市场行为(例 4.35)。作为一门软科学,语言学很少在引言部分介绍研究结果,而是在讨论与结论章节中予以论述。这是因为,作者不仅需要展示成果,更需要推销成果,拉拢读者认可作者的研究成果。而作为硬学科的生物学,则重点介绍结果,并较为轻视对研究方法的描述(例 4.36)。这是因为,生物学科受篇幅短小的限制,强调其开创知识领域的文本交际功能。机械工程学则常较为简单地报告结果(例 4.37)。

例 4.34　As will be reported below, one major finding of the study is the overrepresentation of pre-modifiers to express attitude and involvement in the student writing.（L）

例 4.35　Likewise, we find that advertisers can improve their advertising profitability when real-time ad buys are enabled.（MK）

例 4.36　In this study, we found that BBX28, a B-box domain protein, acts as a negative regulator of photomorphogenesis.（B）

例 4.37　We show the robustness of the approach for regular shaped objects (razor blade and shuriken) with a high true positive rate (TPR>0.95) at a low false positive rate (FPR=0.05).（ME）

"阐述研究价值"在于说明当下研究的意义和价值,一般放置于引言的结尾部分。这个语阶是 M3 语步的"点睛之笔"(陈菁等,2019),可说明当下研究与前人研究的不同与独特之处。该语阶可提升当下研究的地位和重要性,激发读者的阅读兴趣。约有 40% 的语言学与生物学作者概述研究价值,而有超过70% 的应用学科明确地概述研究价值。应用学科尤其偏好强调当下研究为此研究领域的首次研究,或某重要结论的首次发现,或超越前人研究的具体特质。

这种价值常分为理论价值或实践价值。两个学科的共同点是,在某些研究领域需要建模的研究方法,而这种理论价值常是对模型的改进。实践价值是对各研究领域具体的实践参考价值,而机械工程学则更限制在较为具体的研究对象。见例 4.38—4.39。

例 4.38 Overall, this research contributes to a better understanding of consumers' moral self-regulation in the marketplace. (MK)

例 4.39 This study provides a useful method for improving the accuracy of spindle inclination. (ME)

"概述文章结构"在于组织语篇,将论文的主体框架呈现给读者,帮助作者更容易地理解作者的论证。这是应用学科的重要的修辞策略。常用序数词是 first、second、finally,或者 then、following。由于学术传统,机械工程学的论文结构常用 section 组织编排,因此更常使用 *in the next section*、*in Section N* 等与 section 相关的程式化语言。见例 4.40—4.41。

例 4.40 Following this, we introduce our model and discuss our data and methods. (MK)

例 4.41 In Section IV, the issue of adapting the control algorithm to changing road conditions is presented. (ME)

4.4 本章小结

本章是对各学科期刊论文引言部分的语类分析。经过双人手动标注,以及自编计算机程序的自动统计,判定了各学科的必选语步(语阶)与可选语步(语阶),并探讨了各学科期刊论文引言部分的常用语步序列与语阶序列。通过考察各学科期刊论文引言语类结构的同质性与异质性,阐明了各学科作者如何通过共性与典型性的语类结构实现特定的交际功能。这种共性与典型性反映了各学科独特的学科文化,也反映了"软学科—硬学科"与"纯理—应用"两种学科分类维度对语言使用的影响。此研究发现的启示是:学科文化对语篇构建有着重要影响,在开展学术英语教学与研究时,两种学科分类维度都应在考察范围之内。同时,本研究认为,学科文化在影响着语篇构建的同时,也进一步影响着其语言修辞形式。本书将在第 5 章(毗邻式词块研究)与第 6 章(非毗邻式词块研究)对以上观点进行论证。下一章为毗邻式词块研究,将考察在期刊论文引言部分中,毗邻式词块的形式结构与语篇功能如何分布,是否存在学科共用核心词块,以及各学科如何在不同的语步中使用特定的词块实现特定的功能。

第 5 章　毗邻式词块研究

5.1　毗邻式词块的总体分布情况

本章以毗邻式词块为研究对象,基于四个学科的期刊论文引言语料库——语言学、市场营销学、生物学与机械工程学,分别代表"软—纯理"学科、"软—应用"学科、"硬—纯理"学科与"硬—应用"学科。本研究统计四词毗邻式词块的使用频数,并与 Hyland(2008)做对比,结果见表 5.1。其中,种类(type)指语料库中不同的词块,数量(token)指语料库中不同词块出现的频次。例如,语言学语料库共提取 120 种不同词块,这些词块共重复出现了 607 次。类符/形符比(type/token ratio,TTR)为不同的词块与词块总量之比,用于测量特定语料库中词块的多样性(diversity)。普遍来说,类符/形符比越高,说明词块使用越丰富;类符/形符比越低,说明词块使用的多样化程度越低。文本覆盖率(text coverage,% of total words in bundles)为词块数量的字符与语料库总字符之比,用于说明特定语料库的词块使用密度。文本覆盖率越高,词块的使用密度越高,越倾向使用词块实现作者的交际目的。

表 5.1　引言部分毗邻式词块的使用情况及与 Hyland(2008)的对比

所在位置	学科	种类	数量	类符/形符比	文本覆盖率
引言部分	语言学	120	607	19.73%	2.98%
	市场营销学	94	466	20.17%	2.31%
	生物学	79	351	22.51%	1.75%
	机械工程学	121	680	17.79%	3.39%

续　表

所在位置	学科	种类	数量	类符/形符比	文本覆盖率
全篇文本 Hyland(2008)	语言学	141	4631	3.04%	1.9%
	商业研究	144	3728	3.86%	2.2%
	生物学	131	2909	4.50%	1.7%
	电气工程学	198	6094	3.25%	3.5%

　　为了凸显词块在语类与次语类的差异性使用特征,本研究同时展示了本研究引言部分四词毗邻式词块的使用情况,以及 Hyland(2008)整个语篇四词毗邻式词块的使用情况,结果见表 5.1。笔者发现:把引言部分所统计的数据以学科排序,基本符合全篇的学科顺序,即各学科作者在引言部分的交际行为以及话语实践与在全篇文本的相应情况基本保持一致,说明引言部分的词块研究具有一定的学科代表性,可大体反映各学科文化与学术规约。但是,引言部分的词块使用具有独特的次语类特征。据观察词块在引言部分的类符/形符比,本研究发现:词块在各学科期刊论文引言类符/形符比明显高于词块在全篇分布的类符/形符比,语言学学科尤甚。引言虽占据全文较少的篇幅,却存在更大比例的词块种类,四个学科的类符/形符比较 Hyland(2008)全篇的数据平均高了5.6 倍。换言之,引言部分的词块丰富度较高。观察词块在引言部分的文本覆盖率,笔者发现:机械工程学最高(3.39%),生物学最低(1.75%),与 Hyland(2008)全篇研究结果基本一致。对比不同学科引言部分与全文语篇的文本覆盖率差异,笔者发现,语言学期刊论文引言部分的词块文本覆盖率高于整个语篇(2.98%,1.9%),说明相对于语言学期刊论文的其他论文部分(如方法、讨论等),引言部分的文本构建更依赖于程式化的固定表达,需要引起学术英语教学者的注意。

　　根据以上结论,并基于本书的语类分析(详见第 4 章),笔者推断:学科与语类特征均是决定文本语言特征的重要因素。学科属性是词块使用的关键制约因素(高霞,2017),不同学科偏好不同的修辞策略与文本构建方式。与此同时,这种学术规约也直接影响各学科作者对于毗邻式词块的选择和使用。硬性科学学科偏好更加直线式和解决问题导向的思维方式,以更加标准化、简洁化的方式去论证,并预设目标读者有一定的内隐知识,且熟知科学研究的常规操作。这项学术规约尤其反映在期刊论文语类的引言次语类中。

　　生物学期刊论文的目标读者相对狭窄,作者在此预设读者熟知背景知识和实验过程。此类科技语篇偏好格式化,这种格式化体现在单个的语阶、语步,甚至整个篇章结构上,也体现在单词与多词结构的使用特征。在引言部分,篇幅相对较短,作者主要将重心置于实验结果的描述,并强调实验结果的开创性地位。因此,生物学引言部分的语类结构更加凸显格式化,语步—语阶循环与镶嵌的比例较低,作者不需要大量组织语篇词块进行逻辑衔接。综合以上原因,生物学的毗邻式词块在种类、数量以及文本覆盖率几个方面均处于较低的数据范围。

作为硬性学科中的应用学科,机械工程学以工程问题为出发点,以解决方案为研究目的,在引言部分需凸显待解决工程问题的解决方案或论证过程,并强调当下研究的精确度与应用价值。因此,机械工程学的引言语类结构具有学科化的特质性,主要表现在语步一与语步三。语步一(确立研究领域)以工程问题为出发点,描述工程的场景,并从工程的角度简要回顾前人研究已解决以及未解决的工程问题和研究空白。语步三(介绍本研究)利用语篇组织类词块为逻辑衔接的修辞手段,运用大量篇幅描述方法和模型,并阐述研究价值与应用价值,而这些阐述均需要较多的程式化语言。因此,机械工程学的毗邻式词块在种类、数量和文本覆盖率方面均有较高的数据值。

软学科更依赖语言支撑文本互动与语篇衔接,主动为目标读者提供背景知识和前期研究成果,方便读者更好地理解文本。这种学术文化尤其反映在期刊论文的引言部分,尤其是语言学学科。在语步一(确立研究领域)与语步二(确立研究地位),语言学学者倾向利用大量语步循环,通过宏观背景描述并渐入具体的文献述评,频繁地与语步二循环,确定研究空白,证实当下学术研究的必要性,在语步三简要介绍研究目的与研究问题。语步一与语步二需要重复大量的词块。因此,相比其他三个学科,语言学期刊论文引言的词块文本覆盖率比高于全篇的数据。

综上所述,毗邻式词块的频次分布同时受到学科与语类结构的影响。然而,频次仅是毗邻式词块使用特征的一方面,还需依据毗邻式词块的结构形式、语篇功能,以及在特定语境下组成的意义单位等各方面,深入考察毗邻式词块潜在的学科特质与语类特质。

5.2 毗邻式词块的结构形式

5.2.1 整体分布

根据词块的结构分析框架(见表 3.8),本研究标注了各个毗邻式词块的结构类别(见附录4)。据观察毗邻式词块的结构形式在引言部分的整体分布(见图 5.1—5.2),笔者发现,不同学科学者存在一定的学科偏好。所有学科均使用一定的名词词块与介词词块,而软学科作者更偏好使用这两种词块结构。在软学科的结构分布中,这两种词块结构的种类和数量均超过其他三种词块结构(即动词词块、句干词块与连接词词块)。笔者认为其原因主要在于,引言部分的主要交际功能在于引导读者进入研究主题,其信息流大致为:指出当前研究的创新性,评述相关文献与前人研究建立关联,介绍当前研究的价值、意义与研究内容。不论描述前人研究还是当下研究,均涉及属性类、限制条件类、逻辑关系类等方面的描述,不免使用大量的名词类和介词类词块,如 *the nature of the*、*in the context of*、*on the other hand*。另外,学术论文语类具有它的独特性。学术论文受版面篇幅所限,其语篇文本具有较高的信息密度,需达到高标准的准确度与精练度,因此学术语篇存在大量的名词化表达。笔者同时发现,语言学作者更倾向使用介词词块(种类占比 36.07%,数量占比 40.25%),主要分布在语步一(确立研究领域),用来描述前人研究的属性、逻辑关系以及限制条件。语言学作者也重复使用了一些最高频词块,如 *in the case of*、*in the terms of* 等。重复的词块使用有利于提升文本的逻辑连贯性,同时也能帮助读者减轻信息加工的负担,引导读者将信息处理的重心移至论文主体思想本身。

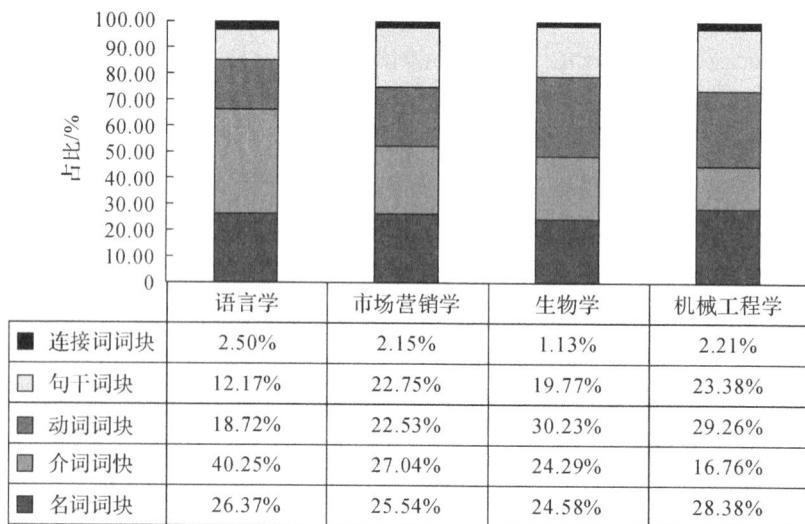

	语言学	市场营销学	生物学	机械工程学
■ 连接词词块	2.50%	2.15%	1.13%	2.21%
□ 句干词块	12.17%	22.75%	19.77%	23.38%
■ 动词词块	18.72%	22.53%	30.23%	29.26%
■ 介词词快	40.25%	27.04%	24.29%	16.76%
■ 名词词块	26.37%	25.54%	24.58%	28.38%

图 5.1　毗邻式词块种类的结构分布

在硬学科中,动词词块的占比明显更高(生物学动词词块的种类占比为32.50%、数量占比 30.23%;机械工程学动词词块的种类占比 31.40%、数量

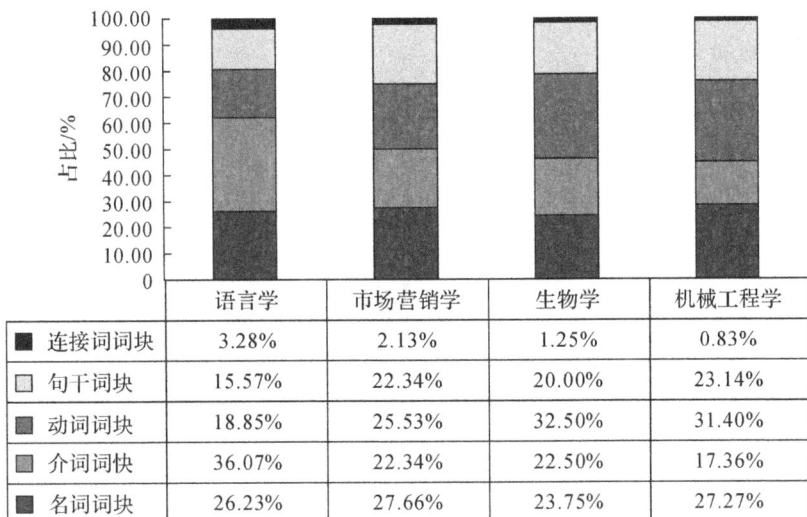

	语言学	市场营销学	生物学	机械工程学
■ 连接词词块	3.28%	2.13%	1.25%	0.83%
□ 句干词块	15.57%	22.34%	20.00%	23.14%
■ 动词词块	18.85%	25.53%	32.50%	31.40%
■ 介词词快	36.07%	22.34%	22.50%	17.36%
■ 名词词块	26.23%	27.66%	23.75%	27.27%

图 5.2 毗邻式词块数量的结构分布

29.26％）。与语言学不同的是,语言学作者多使用名词和介词词块描述前人研究,而生物学作者多使用动词类词块描述前人研究,重在引述前人研究结果,如 *have been proposed to*、*has been shown to*,少数用来表述作者的态度立场,如 *play a critical role*。除此之外,机械工程学利用动词词块描述文本结构,如 *are discussed in Section*。Hyland(2018)开展了词块的历时研究,结果发现:名词和介词词块在硬学科的使用比例逐渐增大,并以此展示论辩之间逻辑关系、限定条件、可能性等,增强文本的论辩性。在引言部分,笔者发现,硬学科作者倾向使用特定的名词和介词词块,如 *for the first time*、*as a key component*、*a better understanding of*、*to the best of* 等,多用来构建语步二(确立研究地位)与语步三(介绍本研究),论辩本研究对象以及本研究结果的重要性。

综上所述,不同学科作者在引言部分偏好不同的词块结构,即词汇—语法抽象形式的"型式",这种"型式"在特定语步关联了特定的意义功能,形成了"型式"与意义层面的共选机制。为了精确各学科作者高频使用词块的结构"型式",图 5.3 与图 5.4 展示了各个词块结构小类在四个学科的比例。在下文,本研究将分别基于各个词块结构,报告各学科作者偏好的结构"型式",以及在特定语境下的意义表述方式。

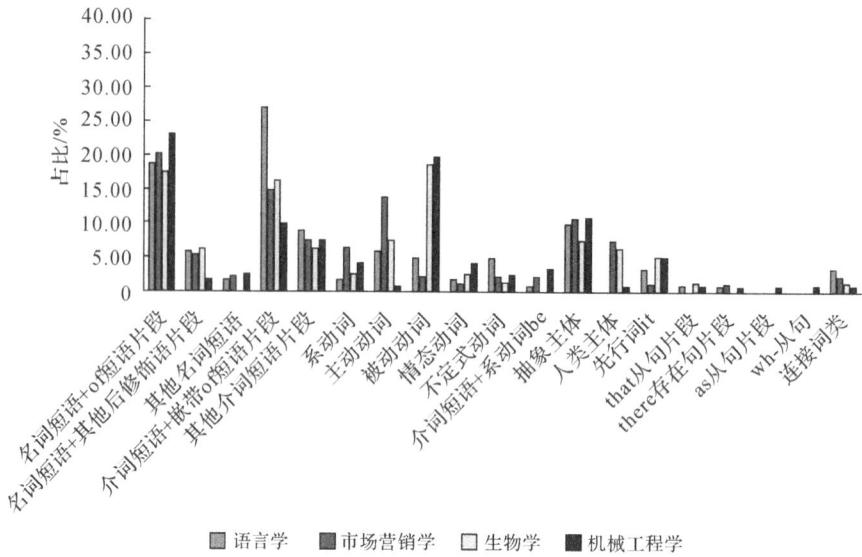

图 5.3　毗邻式词块种类的结构子类分布

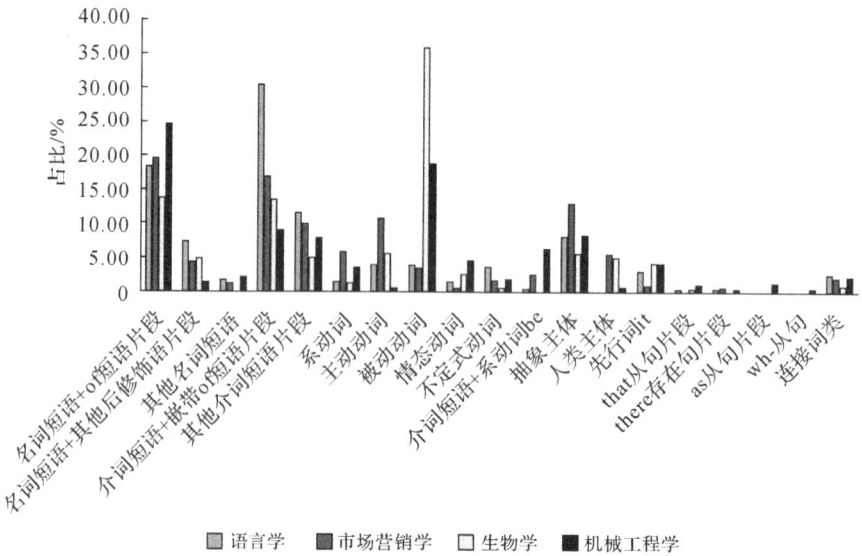

图 5.4　毗邻式词块数量的结构子类分布

5.2.2　名词类词块

名词类词块是各学科学术语篇较为常用的词块结构类别,主要结构为"名词短语＋of 短语片段""名词短语＋其他后修饰语片段"与"其他名词短语"。其中,最常用的结构为"名词短语＋of 短语片段",占据了整个词块结构的19.19％,略高于 Hyland(2008)的 15％。两个研究结果存在差距的原因在于,Hyland(2008)的研究语料为期刊论文全文,而本研究为论文的引言部分,此部分需从整体上描述研究对象、研究目的及篇章结构的安排,这些信息多通过名词类词块结构实现。同时,每个学科的具体词项和核心词有较大差异。语言学研究的核心是语言及其相关的议题,其名词词块主要涉及了研究的量化,如 *majority of research on*、*the extent to which*,语篇的组织,如 *purpose of this study*、*the following research questions*,以及对相关语言研究的描述,如 *the ability to use*、*the same level of*、*the meaning of the*。与前者相同,市场营销学名词词块也使用了一部分量化词块和语篇组织词块。不同的是,市场营销学重视研究对象的直接效应,如 *the effects of the*、*the impact of a*,以及研究价值,如 *implications of findings*、*directions for future research*。生物学名词类词块的量化词较少,有少量群组类(grouping)词块,如 *a wide range of*、*a broad range of* 和程度类词块,如 *a high degree of*、*the extent to which*,并主要用来描述研究对象和实验过程。另外,生物学作者使用较多名词类词块描述实验对象的状态,如 *the activity/presence of the*、*a process known as*。机械工程学"名词词块＋of 短语片段"在四个学科词块中占比最高。机械工程学作为一门硬学科,与生物学一致,用此类结构描述研究对象,如 *the state/motion/stiffness of the*。同时,机械工程学作为一门应用学科,与市场营销学一致,其名词词块也十分注重实验的效应,如 *the performance/effect/effectiveness/efficiency/impacts of the*,以及研究的实用价值,如 *the main contributions of*。但机械工程学作为一门应用类的硬学科,更注重研究方法和结果的精确度,如 *the accuracy/quality of the*。

5.2.3　介词类词块

介词类词块也是学术语篇语类的常用词块结构类型,主要结构是"介词短语＋of 短语片段"与"其他介词短语片段"。介词类短语在各学科的分布存在较大差异,主要表现在:语言学学者较频繁使用介词词块结构,词块种类占所在学科词块比例达 36.07%,词块数量达 40.25%。而机械工程学较少使用此类结构,词块种类和数量仅占 17.35% 与 16.76%。

介词类词块主要的结构子类为"介词短语+of 短语片段",占据了各学科所有词块结构的 24.57%(词块数量达 27.09%),此结构类型在语言学更为凸显,在语言学词块所占比例达到 27.04%(词块数量达 30.54%)。Hyland (2008)认为"介词短语+of 短语片段"主要出现在软学科,用来说明命题成分间的逻辑关系和限制条件。本研究发现,此结构在硬学科引言部分的地位也举足轻重,尤其是生物学,词块种类所占比例达 16.2%(词块数量达 13.5%)。除去以上两种表示逻辑关系与限制条件的词块,如 *as a consequence of*、*in the context of*,硬学科还用来重点描述研究对象的精确度量,并多以 at 开头,如 *at the level of*,描述状态和实验过程,多以 in 开头,如 *in the presence of*、*in the regulation/control of*,以及有关目的性的描述,多以 for 开头,如 *for the case/ purpose of*。

本研究发现,除了常用的"介词短语+of 短语片段"结构,还存在一些固定表达的介词类短语,同样表明:(1)限制条件,如 *with respect/regard to the*、*with a focus on*;(2)命题成分间的关系,如 *in addition to the*、*on the other hand*;(3)目的性,如 *in order to avoid/obtain*;(4)篇章组织,如 *in the next section*。这些固定的词块表达在实现作者的交际目的上起着重要作用。少数介词类词块存在语义不透明的情况,加大了新手的习得难度,需引起学术英语教学者的关注。

5.2.4 动词类词块

动词类词块主要分为"系动词""主动动词""被动动词""情态动词""不定式动词"。其中,"主动动词"与"被动动词"在各学科的比例相对较高,但是,这两种词块结构在各学科的分布比例也存在较大差异,反映出"软学科—硬学科""纯理学科—应用学科"两种学科维度的交叉影响。

在软学科中,语言学与市场营销学的动词词块种类所占比例分别为 18.72% 与 22.53%(词块数量为 18.85% 与 25.53%)。而在硬学科中,生物学与机械工程学的动词词块所占比例达 30.23% 与 29.26%(词块数量达 32.50% 与 31.40%)。软、硬学科存在的动词类词块分布差异,说明硬学科作者更倾向用动词类词块实现作者的交际目的。除此之外,动词的时态、语态,以及它们在各学科实现的意义功能也存在一定的差异。

基于动词的语态,即由"主动动词"与"被动动词"构成的词块结构,笔者发现:语言学作者无明显偏好,两种语态的动词结构比例约为 5.00%;市场营销学作者明显偏好使用"主动动词"多于"被动动词"结构,词块种类所占比例分别达 13.83% 与 2.13%(词块数量达 10.73% 与 3.43%)。经过进一步观察各词块的使用语境,本研究发现:语言学作者高频使用的动词类词块,多使用一般现在完成时,主要用来报告前人研究、描述研究主题(语言现象)的特征以及受试者的行为特征。"报告前人研究"学术论文语类常见的交际行为,目的在于引述社团成员的研究观点与研究结果,从而力证当前研究的合理性,是语步一(确立研究领域)重要的修辞策略,也是各学科的必要语阶,其中语言学更为重视此语阶的构建(详见第 4 章)。在"主动动词"结构中,主语多为前人研究的泛称,如 *studies/study*、*research*、*literature*;研究者的泛称,如 *authors*、*researchers*;第三人称代词,即 *he*、*she*、*they*,或具体的学者名字;重在评述前人研究过程和研究结果,如 *has focused on the*、*have also found that*。结构"型式"可概括为:Research/Author(year)+ V-ed(that)+ content。这种结构"型式"更凸显主体的主动性与研究地位。在被动语态的动词结构"型式"中,主体通常为当下研究的被试对象或语言现象,如(*learners*、*noun modifiers*)*have been found to*,即 Subject + be + V-tense + result,这种结构"型式"更强调研究结果。在市场营销学中,"主动动词"结构主要存在两种情况,第一种的主体为前人研究,表述的意义功能与语言学类似,主要在于评述前人研究,并合理化当下研究。不同的是,市场营销学在述评前人研究时,述评的内容(Content)更侧重研究主体(如市场行为)的效力,如 *have the potential to*、*examined the effects of*;第二种的主体为当下研究,重在描述研究结果和价值,如(*we/this research*)*contribute(s) to the literature/research*、*shed some light on*。

而对于硬学科,"被动动词"的现在时是最常使用的词块结构,与 Hyland(2008)结果一致。被动语态可以把关注点从学者转移到研究本身,表明其研究过程遵循既有标准,又被普遍认可,其研究结果无关研究者,将始终保持一致。现在时强调了研究的状态,增加了与读者的互动。在生物学中,"被动动词"结构所占比例达 18.75%(词块数量高达 35.99%),其类符比明显高于其他学科,说明生物学倾向重复使用动词词块。在学术语篇中,复现的报告类动词主要分为两种:第一种为推断式,多使用一般现在时,表示作者认知层面的学术探索行为,如建议、推断等。第二种是行为式,多为现在完成时或过去时,一般陈述已完成的事实或过程(李晶洁、卫乃兴,2013)。笔者发现,生物学作者更偏重使用被动语态的行为式动词,如 *showed/shown*、*reported*、*detected*、*identified* 等,其中最高频的四词词块是 *has/have been shown to*。李晶洁、卫乃兴(2013)发现一种常见的报道类短语"型式""It Be-tense V-ed(that)"。而本研究发现,生物学论文报道前人研究时,仅有较少数使用此类结构,并搭配了话语行为类动词,如 *suggest*、*argue* 等。为了全面验证,本书将 it 作为检索词进行检索,发现 it 多与表示明确态度意义的形容词搭配使用,以对前人研究做整体性的评价,多用在语步二(确立研究地位),表述前人研究存在的空白与当下研究的必要性。生物学报告前人研究的主语大多为具体的生物专业术语,如 *HDA19*,或具体的研究发现,如 *oocyte-enriched factors*。生物学这种常用的报道模式,强调了研究的真实性和权威性,淡化了研究者的主动性行为。而减少指示语 it 作为语法主语的角色,说明生物学作者倾向简洁明了的逻辑关系,将重心置于对研究主体本身的描述上。生物学作者使用一定比例的"主动动词"结构(词块种类与数量所占比例为 7.50％、5.60％),多为评述前人研究中具体研究对象在实验过程的重要性,如 *play(s) a role in*、*play a/an critical/important role*,多分布在语步二(确立研究地位)的"提出研究的积极合理性"语阶,其意义功能在于再次确定本研究的必要性。在机械工程学中,"被动动词"所占比例为19.83％(词块数量达 18.82％)。机械工程学的被动动词词块主要有两种,第一种在于评述前人文献,但与软学科与纯理学科不同,机械工程学更侧重从工程应用的角度介绍前人研究的成果,并以此推进当下研究,如 *been proven to be*、*be used to compensate*、*have been used in*。第二种在于组织语篇结构,如 *is organized as follows*、*are discussed in Section*。

5.2.5　句干类词块

句干类词块也是一种包含动词的语言表述方式,增加句干类词块的分类的目的在于以主位表达的视角区分行为主体,即"抽象主体""人类主体""先行词 it",并以结构视角再次区分"介词短语＋系动词 be""that 从句片段""there 从句片段"与"as 从句片段"。

句干类词块在各学科四词词块中的分布也有较大差异,主要表现在语言学学者较少使用此结构词块(词块种类占比 15.57％,数量占比 12.17％),而其他三个学科学者使用较为均等比例的句干类词块(词块种类所占比例达 20.00％到 23.14％,词块数量达 19.77％到 23.38％)。句干类词块主要的词块结构是"抽象主体""人类主体",以及占比略少的"it 先行词"与"介词短语＋系动词

be"。句干类词块多表明前人研究的结果,如 *studies have shown that*、*these findings suggest that* 等,以及作者对整体文献的评价,如 *little is known about*、*it is not clear*、*it is important to* 等。

　　本研究发现,不同学科有一定的使用偏好。语言学多使用抽象主体和"it 先行词"结构,本语料库暂未发现人类主体的句干词块。语言学重视描述当下研究的主要目的和研究内容,如 *this study is/aims to*、*present study focuses on*、*study was guided by*。市场营销学明显偏好抽象主体词块,但与语言学不同,它使用了少量人类主体词块。除了结果和评价,市场营销学作为一门应用类学科,存在更多词块,表明了对当下研究的肯定,以及对未来市场行为的预测,如 *we are able to*、*we demonstrate/argue that the*。生物学作者对句干词块的结构类型无明显偏好,但生物学重在强调一种数据结果,如 *we show that the*、*we also found that*,多是被证实的研究创新和发现。同样作为一门应用学科,机械工程学在语步三(介绍本研究)则使用大量抽象主体句干词,描述当前研究的篇章结构,如 *paper is organized into*、*section describes/presents the*,以及结论性提议,如 *this paper proposes a/an*、*method is proposed to*。机械工程学同时使用了较多"it 先行词"句干结构,明确表达了作者的态度意义,如 *it is necessary to*、*it is important to*,多出现在语步二(确立研究地位)的"提出研究的积极合理性"语阶,并顺理成章地引出语步三(介绍本研究)。

　　通过以上讨论,部分动词类和句干类结构涉及了语篇的引证(citation)和言据性(evidentiality)。本研究在"语类研究"这一章概括了语篇的言据性、引证能力及其学科差异化特征(详见第 4 章)。通过观察四个学科含有动词的结构,笔者发现,这些词块多涉及了"融入式引述"的动词支配融入式。软学科多使用报道动词(reporting verb),如 *investigate*、*focus*、*report*,以综合归纳的形式对前人研究进行书评,或以 find 表示研究的结果,之后由小句表述提议。硬学科的生物学则倾向归纳前人研究的研究过程和结果,多使用行为式动词,如 *show*、*detect*、*identify*。

　　另外,本研究发现,时态对动词类及句干类词块的使用也存在较大的影响。在系统功能语言学学界,时态(tense)的基本功能在于建构与时间的关系,处理时间与当下参照点的关系(何伟,2008)。这种关系在学术语篇中无处不在,对于传达作者交际目的与立场有着重要作用。系统功能语法学界认为,时态类属动词词组层次,英语中的时态遵循两个原则:三分制原则与递归性原则,前者把时态划分为现在时、过去时与将来时,后者意在说明时态在系统内可重复使用(何伟,2003)。现在时表示现实的、真实的"现在"和"这里",所表述的信息是作者需要承担责任的。而过去时表示不现实的、不真实的"那时"和"那里",作者是可以逃避责任的。从系统功能的元语言功能层面看,时态不仅表达了概念功能,而且在人际功能的表达上也起着重要作用,也体现了学科化差异(王全智等,2017)。

通过观测各个学科含有动词的词块列表,笔者发现,各个学科期刊引言的时态使用存在三个共性。第一,将来时的使用率最低。第二,现在时最常见、分布最广,可表达前人研究以及当下研究的主要内容、方法、成果等。这是因为,首先,现在时可表述真理,作者将研究以客观真理的语气和形式表述出来,表明作者对其研究成果的自信和正面评价,便于作者在靠拢话语共同体的同时,树立自己的权威。现在时关注的是"现在"以及"这里"的事情,把潜在读者拉进与作者共同的空间—时间概念里,与读者形成同一个阵营和立场,并建立紧密联系,争取潜在读者的认可和理解。第三,在表述结果时,过去时与被动语态使用较多。一方面,过去时主要描述的是"那时"以及"那里"的事情,加大了作者与潜在读者的距离,不利于双方的交流。另一方面,过去时多与被动语态一起使用,在压缩与读者对话空间的同时,也增加了信息的客观性和作者的权威性,表明其实验操作符合学术规范,实验结果客观有效,不受研究者因素的影响。作者通过过去时树立作者的权威。

作者在撰写引言部分时,对词项与时态的选择即是作者建构人际功能的过程(王全智等,2017)。尽管各个学科在时态的运用方面存在一定的共性与差异性,但各学科作者都在努力遵循话语共同体所认可的学术规范,保证信息流的线性表达,同时也适时地表达了作者的交际目的和立场,使自己的学术成果更容易被圈内人所接受和认可。当然,所有的动词词组不一定仅存在于四词词数的词块,但在一定程度上,也可反映各学科作者使用时态的倾向性。不难发现,词块中较为常用的结构与时态通常与词块的功能有密切的关联,体现了语法结构"型式"与意义功能的共选机制。

5.2.6　连接词词块

连接词词块在各个学科四词词块中所占比例较少,表示命题之间的关联,一般是 as well as。

本研究将在下文继续介绍词块的功能,以及与词块结构的交互使用关系。

5.3　毗邻式词块的语篇功能

5.3.1　整体分布

特定的词块结构高频出现,是因为它在特定的语境实现了所需的语篇交际功能,体现了词与词的共选关系、词汇与语法的共选以及形式与意义的共选。此外,本研究发现,词块结构,尤其是结构形式的使用具有学科倾向性,词块的使用同时体现出词块结构形式与学科的共选。毗邻式词块的结构形式大多不完整,若有关联词块的结构形式与相应的交际功能,则不仅可以解释学科作者如何使用词块实现语篇功能、构建语篇,还可以增加词块的表面效度和识别度,增加词块教学的现实性。因此,在词块研究中,系统地分析词块的语篇功能,观察语境中实际使用的词块,以及聚合关系对词块意义功能表述的影响,并关联相应的结构极为重要。在这一节,本研究将介绍毗邻式词块的语篇功能及其与结构的交互关系。

根据功能分类框架(见表 3.9),并依据各个毗邻式词块的使用语境,本研究依次标注了词块的语篇功能(见附录 4)。图 5.5 和图 5.6 展示了三个功能类别的比例分布。

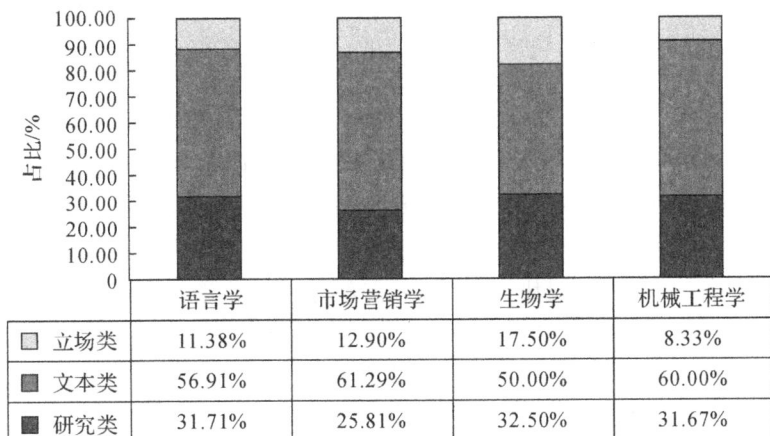

	语言学	市场营销学	生物学	机械工程学
立场类	11.38%	12.90%	17.50%	8.33%
文本类	56.91%	61.29%	50.00%	60.00%
研究类	31.71%	25.81%	32.50%	31.67%

图 5.5　毗邻式词块种类的功能分布

	语言学	市场营销学	生物学	机械工程学
□ 立场类	9.95%	11.34%	16.10%	8.68%
■ 文本类	56.82%	67.02%	53.39%	62.94%
■ 研究类	33.23%	21.64%	30.51%	28.38%

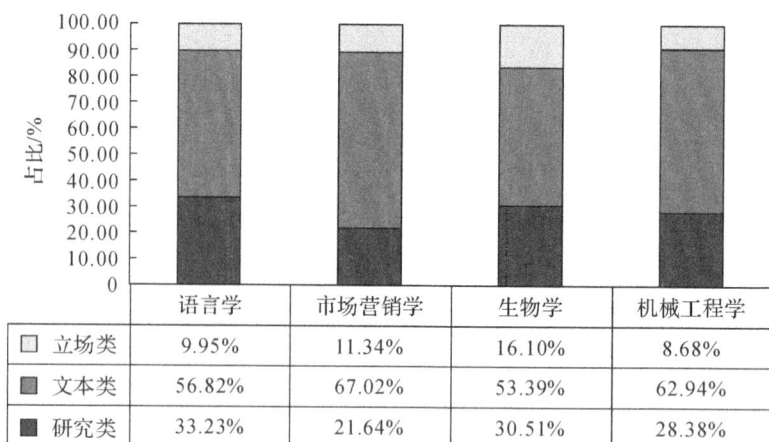

图 5.6　毗邻式词块数量的功能分布

依据图表所示,在三大类功能中,文本类功能词块是最高频出现的功能类别。在四个学科中,其词块种类比例达 50.00％－61.29％(词块数量达 53.39％－67.02％)。研究类词块位居其次,在四个学科中的词块种类比例达 25.81％－32.50％(数量比例达 21.64％－33.23％)。立场类词块是最低频使用的词块,种类比例仅达 8.33％－12.90％,数量达 8.68％－16.10％。本研究结果与 Hyland(2008)存在如下差异:首先,在本研究中,文本类词块在各个学科领域的使用频率最高,尤其体现在应用类学科的市场营销学与机械工程学,其文本类词块高于研究类词块约 2－3 倍之多,生物类的文本类词块占比也略高于研究类词块。而在 Hyland(2008)的研究中,软学科(语言学、商学)倾向使用文本类词块(49.5％,48.4％),硬学科(生物学、工程学)更多使用研究类词块(48.1％、49.4％)。其次,Hyland 研究表明,生物学作者使用最少的是立场类词块,与本研究也存在不一致。本研究认为其原因在于:在引言部分,市场营销学与机械工程学侧重使用大量篇幅介绍本研究和篇章结构安排,文本类词块占比相对更高;生物学引言篇幅很短,更侧重对相关研究结果的描述,也使文本类词块的占比高于研究类词块。另外,引言部分是生物学者声明研究地位的部分,论文其他部分(方法、结果、结论)需要更客观地介绍研究成果。因此,立场类词块在引言部分占比更高。本书的研究结果反映了各学科引言语类结构的独特性,这种独特性也影响了语言的选择和使用。本研究结果与胡新(2015)也存在不一致的现象。胡新研究科技论文摘要写作,发现研究类导向词块比重最大,而本研究发现文本导向类词块更多。原因之一在于,本研究语料仅有引言部分,很少包含表格或图文信息。

不同功能词块偏好使用一定的结构形式,也呈现出一定的学科倾向性(见图 5.7)。从总体上看,研究类词块倾向使用名词类和介词类词块,硬学科还使用一定量的动词词块。文本类词块中,各学科的词块结构均呈多样化的结构形式,硬学科同样使用更大比例的动词词块。立场类词块中,应用学科的市场营销学和机械工程学倾向使用大量的涵盖动词的动词词块和句干词块。

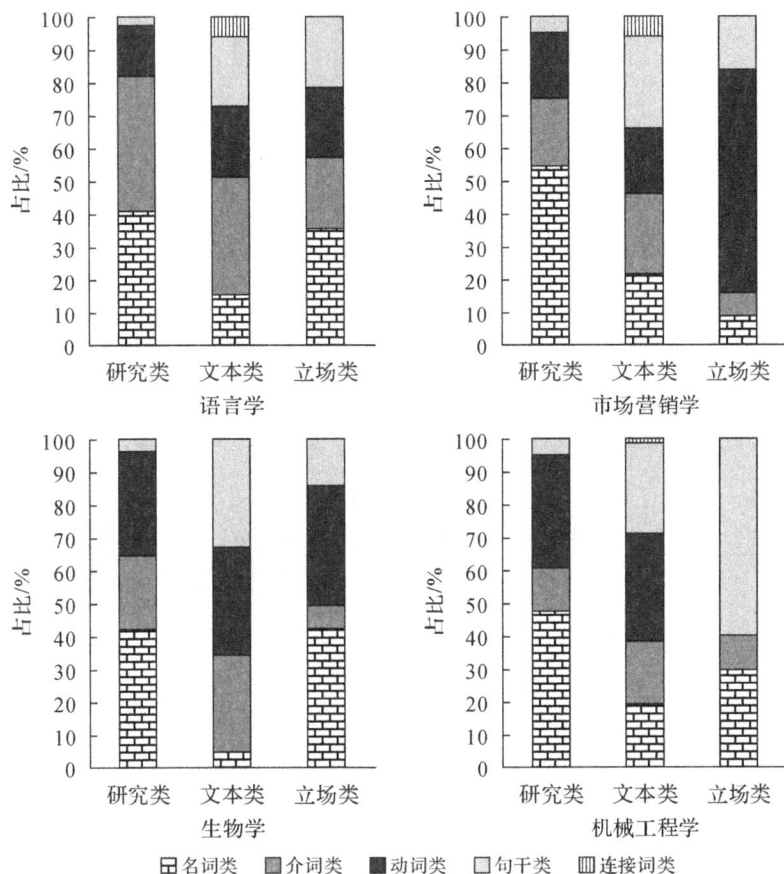

图 5.7　毗邻式词块结构与功能的交互分布

依据功能的子类别(见图 5.8 与图 5.9),可以较为明晰地观察各学科领域的交际重点。从总体上看,研究类的过程、文本类的结果与框架以及立场类功能词块是各学科的重点交际功能词块。

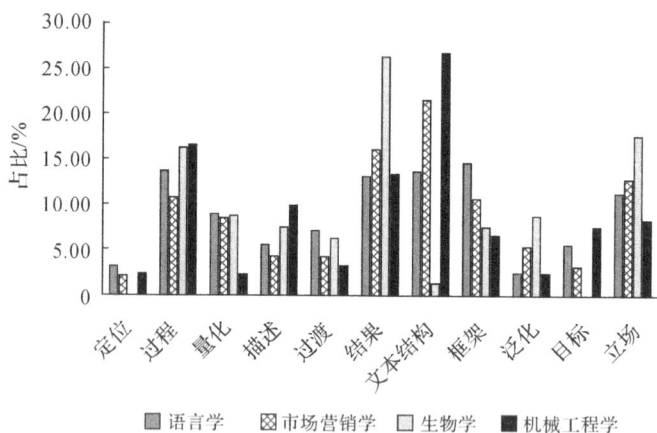

图 5.8　毗邻式词块种类的功能子类分布

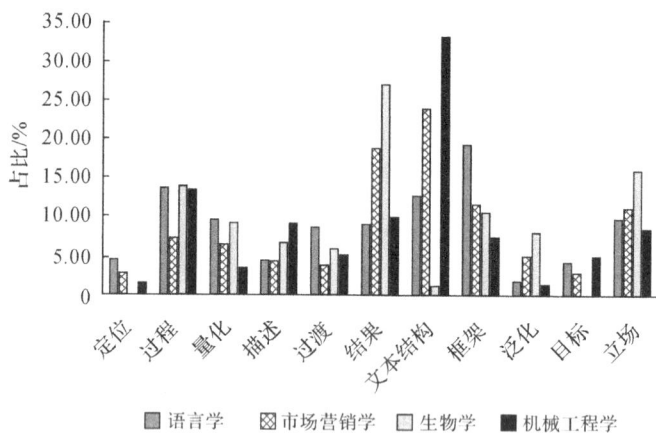

图 5.9　毗邻式词块数量的功能子类分布

5.3.2　研究类词块

在研究类功能词块中,过程类词块是各学科作者最高频使用的功能词块。过程类词块使用的句法"型式"大多为名词词块的"名词短语＋of 短语片段"介词词块的"介词短语＋嵌带 of 短语片段"和部分动词词块与句干词块。据观察各个学科的过程类词块,本研究发现,各学科词块含有不同的核心意义词和表述重点。若将各个学科词块含有的实义词聚类,可归纳出学科特定的语义倾向。软学科使用更多的介词词块和少量含有动词的片段词块,语言学的重点在于语言的使用和分析,核心词在于 use,如 *in the use of*、*through the use of*、*can be used to*,以及与语言分析相关的研究过程,如 *an analysis of the*、*in the process of*、*in a study of*。市场营销学则更关注市场行为的效应,以及前人研究对于效应的研究过程,核心词在于 role 与 effect/impact,如 *on the role of*、*investigate the impact of*、*research has examined how*。硬学科更倾向于使用含有动词的被动语态。生物学关注实验的方法和过程,过程类核心词在于明确的过程词,如 *has been observed/used in*,以及相对应的名词,如 *in the control of*、*in the regulation of*。机械工程学重在应用和技术进步,过程类词块的核心词在于 use 和 develop/improve,并使用大量的情态动词,如 *can be used as*、*can be divided into*、*developed to improve*。

研究类的其他子类功能词块(定位、量化、描述)主要通过名词词块的"名词短语＋of 短语片段"和介词词块的"介词短语＋嵌带 of 短语片段"实现。四个学科都使用一定的量化词块,其中机械工程学使用最少的量化词块。语言学的量化词块重在对前人研究数量的量化,如 *a limited number of*、*many of these studies*,以及少量对研究对象(语言现象及其所在的文本和学科等)的量化,如 *a wide range of*。市场营销学重在从现象出发,重在对市场行为、行为人、产品的量化和少量研究数量的量化,强调当下研究的重要地位。硬学科较为罕见对研究数量进行量化,生物学的量化主要是实验对象的量化,基本没有对前人研究的量化。机械工程学较少使用量化词块,主要是机械材料的功能与应用的量化。描述词块则明显显示出"软—硬"学科的差异性特征。软学科较少使用描述词块,比较强调对研究对象本身的描述,如 *the nature of the*、*the existence of a*。硬学科,尤其是机械工程学,则较多使用的描述词块;生物学重在描述研究对象的状态;机械工程学多从工程的角度,描述前人研究和当下研究的研究对象,如 *the complexity/motion of the*,以及相应的应用性研究成果,如 *the effectiveness/performance of the*。

在这些研究类词块中,含有"被动动词"的词块,以及含有非"人类主体"的词块,均表明了学术语篇的核心功能:即通过客观准确地描述研究对象和研究过程,让研究结果更可靠、更具有实证基础。这些特征在硬学科更为凸显,反映了一种科学意识形态,即降低了研究过程与结果的客观精确度,减少了研究者人为的论断,体现了自然科学学科的实证性研究特点。同时,作为应用类学科的市场营销学和机械工程学更侧重对应用的描述,前者倾向对应用功效的描述,后者偏好对应用状态的描述。

5.3.3　文本类词块

文本类词块是各学科作者最常用的功能类词块。其中，结果类、文本结构类，以及框架类是文本类词块的主要功能词块（见图 5.8 与图 5.9）。Hyland (2008)认为，文本类词块是软学科的特色功能词块，更适合强解释性、弱实证性的软学科，如语言学和商业类学科。而本研究发现，文本类词块在硬学科也极为凸显。同时，文本类词块是识别词块学科化的重要指标。

各个学科领域均高频使用结果类词块，生物学尤为凸显，使用更大比例的结果类词块，其词块种类占比达 26.25%（数量占比 27.12%）。通过观察，结果类词块主要有推论类、因果类、引用结果类以及结论类。推论类是指作者的论断由相关数据推论得出，如 *These findings suggest that*、*play a role in*，多使用抽象主体的句干词块。因果类指出了前后事物的因果关系，如 *has led to the*、*as a result of*。引用结果类是作者通过引用类词块把他们的发现和理解与前人研究联系起来，表明推导式关系，强调了判断的客观准确性，并以此合理化自己的当下研究，如 *studies have reported that*、*research has shown that*。结论类是作者通过当下研究得出了相关的结论，如 *We find/show/demonstrate that the*，多使用人类主体的句干词块。

文本结构类词块是对文本结构的阐释，多起研究介绍和文本指示的作用。前者主要在于介绍当下研究，后者在于指引作者转向文本的具体位置，如下文、表格、图表等。文本结构类词块在应用类学科较为凸显，这和学科规范以及语步结构有很大的关联。应用类期刊论文需要系统的论证体系，篇幅相对较长，研究背景、理论模型、实证研究、应用环境等均需要较为复杂的结构安排，需根据当下研究再具体安排篇章结构。因此，应用类学科的市场营销学和机械工程学都需要大量的文本结构类词块。根据第 4 章语阶序列的统计分析，这两个学科偏好使用结构类词块，系统性地组织语步三（介绍当下研究），将当下研究的研究目的、方法、结论、价值等部分连接起来，从而进一步增加了结构类词块的应用，如 *remainder of the article*、*is organized as follows*（*Section*）*V/VI concludes this paper*。Salazar(2014)指出，生物学期刊论文会出现一些指示图表的词块，如 *as shown in Figure/Fig.*，而生物学作者在引言部分几乎没有图表演示，因此本研究未发现此类词块。但机械工程学论文引言则出现了相关词块，再次证实了语类结构与语言使用的共选关系。而对于侧重解释性的软学科（如语言学）则使用结构类词块介绍当下研究，如 *present study focuses on*、 *study was guided by*。作为一个推论的(discursive)和描述性(descriptive)的学科,生物学更关注问题的本身,该学科倾向于描述现象或问题,致力于给出各种可能的解释,但不直接对现象加以应用。在撰写文本时,生物学作者更偏好使用专有名词、格式化的语言和相对格式化的语篇结构。受制于文本经济性的约束,生物学作者不能过多介绍文本内容和结构,因此结构类词块在生物学论文引言中很少出现。

框架类词块也是各学科作者较为高频使用的功能词块,主要由介词类词块结构组成,以此为论证建立特定的关联,如 *as a function of*、*with regard to the*,设定条件,如 *in the context of*、*on the basis of*,限制范围,如 *with a focus on*、*with the exception of*。软学科更偏好使用框架类词块,语言学作为一门软纯理学科,更多使用此类词块增加文本的论辩性,框架类词块是语言学文本类词块中占比最高的功能词块。

文本类词块中其他功能属性(即过渡、泛化、目标)的占比相对较少,但在组织语篇中却起了重要作用。这些词块的种类较为固定,且多是学科共用词块,如 *on the other hand*、*as well as the*、*in addition to the*、*in contrast to the*、*little/less/much is known about*。过渡类词块主要是为了增加对比元素,如 *on the other hand*、*in relation to the*,可增加文本的论辩性与可读性,尤其能体现语言学的学术语篇特点。泛化是作者对学科知识领域的评价,并为当下研究提出正面理由,如 *there is no general*。目标是作者在论证过程中提出的研究目标,多使用不定式 to 的动词结构,如 *to deal with the*,以及部分 for 开头的词块结构,如 *for the purpose/case of*,或固定的介词短语,如 *in order to avoid/obtain*。

5.3.4 立场类词块

如上文所述,研究类词块重在较为精准地描述研究和研究过程,文本类词块重在组织逻辑通顺的语篇,并协助作者展示当下研究。而立场类词块则用来评判信息来源的可靠性,并表达作者的立场与态度,以及研究对象本身或研究过程的确定性、可能性、必然性或重要性。立场类词块操纵着作者与读者的关系,以间接表达为主的方式促进作者—读者的人际互动,确立作者的权威,维护作者的面子,并表示对目标读者的重视。立场类词块在语篇中有重要的作用,专家学者尤为重视立场类词块的应用。作者通过这些程式语对议题进行评价,并表现出作者的自信或态度的保留,前者意在树立作者的权威,后者在于转移被质疑的风险。

据观察毗邻式词块的结构—功能交互图(见图5.8),笔者发现,立场类词块的结构"型式"分布存在一定的学科共性与学科典型性。其共性主要在于,各学科有一些共用的结构"型式"。其中,it 外置结构是最典型的表达立场的方式,如 *it is important to*、*it is not clear*,通过作者的评价性意义,潜移默化地影响读者,促使读者接受文本所传达的信息。it 外置结构可使作者规避表述立场应承担的责任和风险,使表述更客观。因此,it 外置结构在学术论文中是表达态度意义所常见的评价性语言。其他结构包括:(1)主语为抽象主体的情态动词词块,如 *can be seen as*;(2)含有评价意义的形容词或副词,如 *likely*、*key*、*critical*、*better*;(3)搭配的名词词块,如 *a better understanding of*;(4)介词词块,如 *as a key component*;(5)动词结构,如 *play a critical role*。以上这些词块所在句子的主语成分多为非人称的结构形式,这种间接性利于作者维护自己的权威,并增加研究的客观实证性。另外,立场类词块还有人称参与型的表达方式,即以人类主体为主语,搭配带有主观判断力的动词或动词短语,如 *we are able to*、*we hypothesize that the*。在学术语篇中使用第一人称(通常是 we),是实现文本互动的重要手段,作者以此展示开放的姿态,与读者成为共同体。除了共用结构形式,学科共性还在于,各学科作者大多传达积极的态度意义,多评价自己研究的必要性和价值性,避免对前人研究的过多批评。立场类词块的学科典型性在于,纯理学科的立场类词较少分布在语步三(介绍本研究),而应用类词块则高频使用一些固定意义的立场类词块,多是 contribute 的形式变异,如 *contribute to the literature*、*the main contributions of*,强调当下研究的贡献与应用价值。

5.4　共用高频毗邻式词块

本小节将重点关注共用高频毗邻式词块。首先,本书将展示高频毗邻式词块的总体使用情况。其次,本书将展示两到三个学科共用词块,以及与学科分类维度的关联特征。最后,本书将重点关注四个学科的共用词块,从搭配、语义韵与语义倾向的角度,根据扩展意义单位模型,讨论四个学科共用词块的意义单位。同时,笔者发现,各学科均较多使用 there 存在句与包含 use 的词块,这两种词块也将在此小节加以讨论。

5.4.1　共用毗邻式词块的总体分布

学术语篇是否存在核心词块(core bundles)尚有争议。目前,影响力较高的核心词块列表为学术词块表(Simpson-Vlach & Ellis,2010)。根据微观的语类结构,Cortes(2013)以软硬多个学科的引言部分为语料,提取了与语步和语阶对应的学术核心词块。但是,Hyland(2008)发现,在软硬四个学科仅有5个共用四词词块,仅有30%的词块在两到三个学科出现,另有超过半数的学科典型词块。这个结果在一定程度上否认了编撰共用词块表的信度,也强调了词块的学科差异化研究。

本书统计了语言学、市场营销学、生物学、机械工程学四个学科的共用词块和典型词块(见表5.2与图5.10)。

表 5.2　共用毗邻式词块

四个学科共用词块	L	MK	B	ME
a wide range of	√	√	√	√
as well as the	√	√	√	√
in the context of	√	√	√	√
in the form of	√	√	√	√
on the other hand	√	√	√	√
one of the most	√	√	√	√
两到三个学科共用词块	L	MK	B	ME
a large number of	√	√		
an important role in	√		√	√
as a result of	√		√	
as well as a	√	√		
at the same time	√			√
at the time of	√	√		
attention has been paid		√		√
can be used to	√		√	
for the first time			√	√

续　表

两到三个学科共用词块	L	MK	B	ME
for the purpose of	√			√
has focused on the	√	√		
have been proposed to			√	√
in addition to the	√		√	
in contrast to the		√	√	
in the case of	√		√	√
in the field of	√			√
in the presence of		√	√	√
in the United States	√	√		
is based on the	√			√
is known about the	√		√	
is one of the	√			√
is organized as follows		√		√
it has been suggested	√		√	√
it is important to	√	√		√
it is necessary to	√			√
little is known about	√	√	√	
of this paper is		√		√
of this research is	√	√		√
on the basis of	√	√		√
on the nature of	√	√		
on the role of	√	√		
on the use of	√			√
our understanding of the	√		√	
play an important role	√		√	
play a role in	√		√	
that there is a	√		√	

两到三个学科共用词块	L	MK	B	ME
the aim of this	✓			✓
the effects of the		✓		✓
the extent to which	✓	✓	✓	
the nature of the	✓	✓		
the relationship between the	✓			✓
we are able to		✓		✓
we show that the		✓	✓	
with respect to the	✓			✓

四个学科仅共用 6 个四词词块,共用词块在四个学科四词词块中所占的比例皆不足 10%(分别为 4.96%、6.38%、7.50% 与 4.96%)。另外,45 个词块在两到三个学科中共同使用,平均比例不足 25%(分别为 28.93%、23.40%、19.01%、22.50%),而各学科的典型词块平均占比超过 70%(分别为 66.11%、70.22%、69.10%、79.03%)。这个数据结果与 Hyland(2008)的研究结果较为接近。这项数据在一定程度上证实学术语篇存在一定的核心词块,不同学科作者使用一定量的高频共用词块组织语篇(高霞,2017),但这些共用词块远远不能涵盖具有学科特色的典型词块,词块存在明显的学科属性。

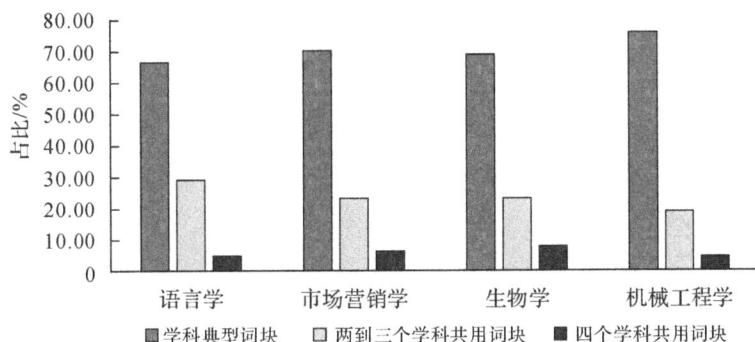

图 5.10　典型及共用毗邻式词块的使用情况

本书将此数据结果分别对比部分前人研究,分别是 Cortes(2013)在期刊论文引言部分的跨学科词块研究,Mizumoto 等(2017)在语言学期刊论文各个部分(包括引言)的词块研究,以及 Cortes(2004)、Hyland(2008)基于期刊论文全文语料库的软—硬学科词块研究。经对比发现,这 51 个共用词块中有多个与 Cortes(2013)跨学科词块列表重合。但四个学科的典型词块则多半未出现在 Cortes(2013)词块列表中。本研究与 Cortes(2013)同为引言部分的词块研究,研究结果的差异性可归因于,Cortes(2013)是跨学科语料提取词块,再把频数分配到不同的学科,会忽略在总库中低频、而在学科子库中高频存在的学科典型词块。本研究词块列表与 Mizumoto 等(2017)研究语言学引言部分的词块列表做对比,可找到较多一致词块。结果较为一致的原因在于,本研究与 Mizumoto 等(2017)均在特定学科子库中检索,倾向得到较为一致的特定学科词块。将 Cortes(2004)与 Hyland(2008)特定学科词块列表相比照,发现两者也存在一定的重合和差异。重合的原因是这几个研究都是特定学科的词块研究,而差异性的原因在于二人的研究语料是期刊论文全文,因而与本书引言部分的高频词块存在一定的差异。这项差异性结果说明,词块存在学科差异以及语类差异。

具体到结构类别层面(见图 5.11),共用词块使用最多的词块是介词词块与名词词块。其中,名词词块是学术语篇文体的重要特征(Biber et al.,1999),而中国学者使用此结构的能力尚有欠缺(Chen & Baker,2010),可引起学术英语教学者的关注。

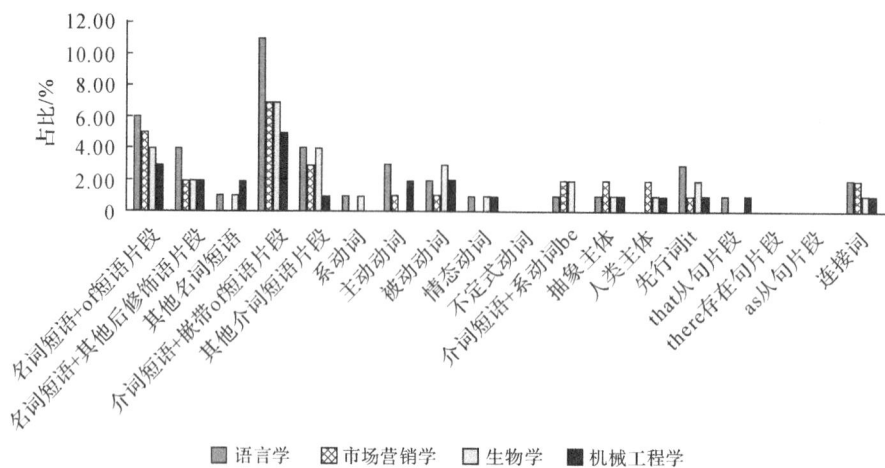

图 5.11　共用毗邻式词块的结构子类分布

在功能上,笔者发现,共用词块使用最多的是语篇类词块(见表 5.3),功能子类主要是限制条件的"框架",表述"结果",组织文本"结构"与"过渡"(见图 5.12)。原因在于,学术语篇需要程式化的语言用来论证或组织语篇,对信息的传达及篇章连贯性的提升有着重要作用。但文本类词块能否作为学术用途英语教材与教材编撰的重点,还需要进一步的论证。研究表明,中国学生使用过量的文本类词块,可能是近年来学术英语教学过于强调学术语篇的显性手段,而忽略对其他功能词块的使用所致。本研究发现,除此功能词块外,各学科专家学者也共用部分研究类词块。研究类词块可帮助作者构建现实世界的行为和体验。通过上文分析,我们可推断,研究类词块的使用趋同软—硬学科的分类。

表 5.3 共用毗邻式词块的功能分布(数量及占比)

类别	语言学	市场营销学	生物学	机械工程学
研究类	16(40.00%)	11(39.29%)	8(27.59%)	7(30.43%)
文本类	19(47.50%)	15(53.57)	17(58.62%)	13(56.52%)
立场类	5(12.50%)	2(7.14%)	4(13.79)	3(13.04%)
共计	40(100%)	28(100%)	29(100%)	23(100%)

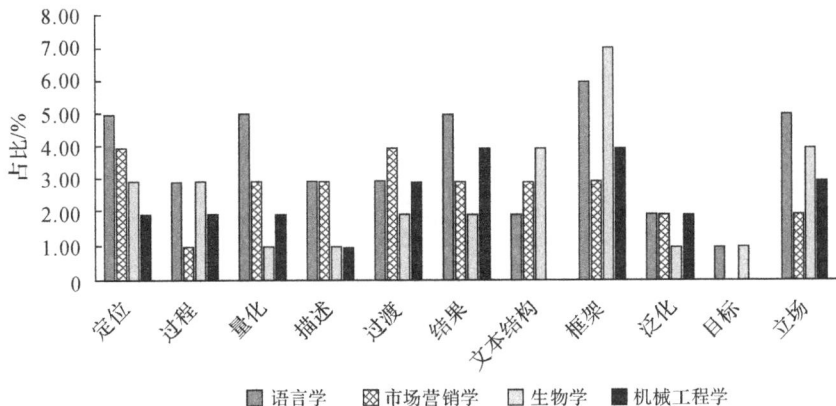

图 5.12 共用毗邻式词块的功能子类分布

5.4.2 共用毗邻式词块的学科分类研究

根据"软—硬""纯理—应用"学科的学科分类维度,本书总结出各学科维度的共用词块(见表5.4)。当然,并不是所有的表达均体现在四词毗邻式词块。但通过观察各个学科维度共用的四词词块,可以在一定程度上发现词块的学科差异性特点。根据"软—硬"学科的维度,笔者发现,软学科更关注研究主体的属性,如 on the nature/role of。由于所关注的研究主体涉及了美国社会,因此,*in the United States* 也是共用词块。而硬学科更注重创新,使用了部分特色词块,如 *for the first time*,以及基于结果的前人研究引述行为,如 *have been proposed to*。从"纯理—应用"学科维度,笔者发现纯理学科注重"论辩性",从理论视角阐释当下研究的重要性,而应用学科更注重从效应的角度阐释。与此同时,笔者发现,共用词块与语步结构存在直接的关联。市场营销学和机械工程学同为应用类学科,在语步三,大多会阐述下文的篇章结构安排,并再次申明当下研究的使用价值。因此,两个学科会同时使用篇章指示的词块,如 *is organized as follows*、*(the rest) of the paper is*,以及代表作者能动性与研究价值的 *we are able to*。

表 5.4　各学科维度的共用毗邻式词块

软学科	硬学科	纯理学科	应用学科
a large number of	for the first time	as a result of	attention has been paid
the nature of the	have been proposed to	in addition to the	is organized as follows
as well as a		is known about the	of this paper is
at the time of		it has been suggested	the effects of the
has focused on the		our understanding of the	we are able to
in the United States		play an important role	
on the nature of		play a role in	
on the role of			
the degree to which			

5.4.3　共用毗邻式词块的个案研究

本小节将关注四个学科共用的毗邻式词块,从搭配、语义倾向与语义韵的角度,分析这些词块倾向构成的意义单位。根据功能分类,四学科共用词块分别为:研究导向词块 *a wide range of*、*in the form of*、*one of the most*,文本导向词块 *as well as the*、*on the one hand*、*in the context of*。

在实际分析中,语义倾向与语义韵容易混为一体。本研究认为,在"语义—语用"连续统,语义倾向靠近语义端,是意义单位的概括;而语义韵靠近语用端,是意义单位的态度意义。此外,基于分析程序的可操作性,本研究首先评判词块的一般态度意义,在此基础上采用微观与具体的分析,根据跨距内的搭配意义,说明其具体的语用目的。语义韵的一般性态度意义将按照 Xiao 和 McEnery(2006)的语境意义(affective meanings of context),即积极、中性、消极。评判词块的态度意义将由词块的所指(referents)与补足语(complement)的语义功能决定(Shin,2020),这是因为词块有相对特殊的结构属性,即词块处在语法与词汇的边界,有些词块不是完整的意义单位。因此,词块的语义属性需要观察词块前后的实义词搭配,并常常需要根据情况,适当增加检索行的左跨距或右跨距。例如,there 存在句则需要观察右跨距的补足语。*on the one hand* 在四个学科里均属于最高频词块,但由于 *on the one hand* 的搭配项没有特点的语义域,因此,这个词块的语义倾向不太容易归纳,本研究将重点关注它的语义韵,即它所要表达的态度意义。

5.4.3.1 研究导向功能的共用词块

a wide range of 为量化类词块,其主要功能在于量化属性的限定。在四个学科中,*a wide range of* 的语义倾向和语义韵基本一致,均表示"范围广泛"的意义单位,并传达相对积极的态度意义,即通过量化肯定自己的论断。软、硬学科的搭配存在一定的学科差异。在软学科中,与之搭配的多是研究对象或与之相关的研究现象。语言学作者主要用其量化语言现象相关的事物,市场营销学则量化研究主体相关的市场行为和行为主体。软学科偏好在 *a wide range of* 前面搭配动词或介词,如 *across*、*from*。而在硬学科中,*a wide range of* 倾向过程类动词或动词短语,如 *cope with*,后面是动词所涉及的类别。生物学和机械工程学还存在一个区别,生物学倾向于描写生化过程,后面是相关生化过程涉及的类别或特征;而机械工程学则强调主观的操控,补足语也为相关的应用材料或功能。各学科的使用实例见例 5.1—5.4。

例 5.1　However, the existence of a core academic vocabulary, common to a wide range of disciplines, is questioned by AUTHORS (YEAR). (L)

例 5.2　This revolution has proliferated across a wide range of products and services. (MK)

例 5.3　On the other hand, it has been shown that air dispersal may also be a source for habitat generalists that are able to cope with a wide range of environmental conditions（REF）.（B）

例 5.4　The problem of exploration encompasses a wide range of applications mentioned by the following motivational examples.（ME）

in the form of 为描述类词块，即描述事物较为具体的有形属性。在意义单位中，四个学科均描述了本学科领域的事物属性。除此之外，并无明显差异。四个学科也使用此词块表达了中性的一般态度意义。各学科的使用实例见例 5.5—5.8。

例 5.5　however，little research has addressed the aspect of discourse in the form of formulaic language across CEFR levels.（L）

例 5.6　It results from a sustained imbalance of energy intake in excess of expenditure，leading to storage in the form of fat and ensuing weight gain.（MK）

例 5.7　In the cytosol，malate is oxidized back to oxaloacetate by the cytosolic MDHs，regenerating a reducing equivalent in the form of NADH in that compartment（REF）.（B）

例 5.8　The CSPs then provide the users with their required resource in the form of a virtual machine.（ME）

one of the most 属于量化词块，也带有作者的隐含态度，根据 most 修饰的形容词和远跨距搭配，决定整个词块倾向实现的意义单位和态度意义。据观察词块所在的索引行，*one of the most* 均表示积极的一般态度意义，主要用在"确立研究领域"语步，但各学科的搭配词有较大差异。在语言学领域，most 所修饰的形容词常为 *frequent*、*influential*、*challenging*、*crucial*，从宏观层面表示当下研究领域的重要性，有时会关联"确立研究地位"语步，表述当下研究的必要性，并引出当下研究（例 5.9）。在市场营销学领域，most 修饰的名词短语，成为具体的市场行为，如 *prominent and powerful marketing*。与其他学科不同的是，市场营销学作者常将此词块用在"确立研究领域"语步或"介绍本研究"语步（例 5.10）。在生物学领域，搭配形容词为 *diverse*、*abundant* 等，构成的名词词组常为当下研究的研究对象，与词块构成意义单位，表示研究对象在自然界

的普遍性和重要性,以此引起目标读者的关注(例 5.11)。在机械工程学领域,搭配形容词则主要有关机械效能或解决方法的有效性,如 *effective*、*dexterous*、*contributing*、*powerful*,体现了机械工程的学科特色(例 5.12)。

例 5.9　CEFR is arguably one of the most influential frameworks in language education nowadays; however, little research has addressed the aspect of discourse in the form of formulaic language across CEFR levels. (L)

例 5.10　The current research provides insight about one of the most commonly used, yet understudied, marketing tools found in the retail context. (MK)

例 5.11　Starch, one of the most abundant biopolymers on Earth, is produced by most plants in leaves and storage organs.

例 5.12　One of the most effective tools to quantify the potential environmental impacts of product systems, including agricultural systems, is Life Cycle Assessment (LCA).

5.4.3.2　文本导向功能的共用词块

as well as the 是常见的逻辑衔接手段,用来连接两个并列的成分。本研究并未发现学科间的使用差异,因此不再赘述。

in the context of 为限制类词块,即具体化条件以设定论点。据观察词块所在的索引行,它主要有以下几项意义功能:(1)限制前人研究主体的发生环境,表示中性的一般态度意义,常用在"确立研究领域"语步(例 5.13);(2)限制前人研究的研究范围,后文常引出当下研究的必要性,表示消极的一般态度意义,常用在"确立研究领域"语步,并与"确立研究地位"语步相呼应,直接关联当下研究(例 5.14);(3)限制当下研究的局部研究范围,并直接关联研究结果,用在"介绍本研究"语步(例 5.15)。

in the context of 是软学科作者最为高频使用的词块之一。语言学作者主要使用此词块实现第(1)、(2)项功能意义。市场营销学作者主要实现第(2)、第(3)项功能意义,强调当下研究的所选研究范围的必要性,并倾向在"介绍本研究"语步,强调当下研究调研的范围和结果。语言学和市场营销学的作者均重视与前人研究的关联,而市场营销学作者也重视"介绍本研究"语步的构建,体

现了应用学科倾向。在硬学科中,生物学作者多表述第(1)、第(2)项功能意义,作为文献评述的一部分,在后文引出当下研究内容,符合直线型的逻辑。机械工程学作为应用类学科,与市场营销学类似,主要表述第(2)、第(3)项功能意义。

例 5.13 Keyness is usually discussed in the context of single keywords. (L)

例 5.14 Thus, there exists an opportunity to unite these two types of dependencies in the context of CM and arrive at an optimal solution. In this article, we address this gap in the literature. (MK)

例 5.15 Given these practical constraints, we further explore (in Study 3) the managerial implications of our findings in the context of incentive-aligned CBC. We find that.... (MK)

on the other hand 也是组篇词块的一种,反映了语篇前后文的关联,用于话题展开,是逻辑衔接中常用的手段,是各学科作者使用的最高频词块之一。通过观察词块前后的所指和搭配,本研究发现,*on the other hand* 主要实现以下几项意义功能:(1)引述前人研究的不同观点、不同研究内容或研究结果(例5.16),有时作为统领一个段落的起始句,后文通过具体的前人研究论据作以支撑(例5.17),前后所指均为中性的一般态度意义。(2)表述背景知识的不同方面,前后所指均为中性的一般态度意义(例5.18)。(3)表述前人研究存在的不足,引出当下研究的必要性。前文常为中性或消极的一般态度意义,后文常为消极的一般态度意义。(4)介绍当下研究的不同研究内容或研究目的,前后均为中性的一般态度意义(例5.19)。各个学科作者大多通过此词块实现第一项功能意义,机械工程学较为重视第(4)项功能意义。除此之外,在引述前人研究时,语言学较为重视研究内容与研究观点的论述,市场营销学倾向于市场现象的描述,而生物学则是对研究结果的论述。

例 5.16 On the other hand, studies of healthy, randomly sampled individuals have shown a high carriage of Blastocystis and a prolonged colonization of the gut (REF). (B)

例 5.17 The IF-THEN rule is a good representation model, because, on the one hand, the IF-THEN rule can be learned from training data and, on the other hand, expert knowledge is also easily coded into the IF-THEN rule. (ME)

例 5.18　The departure point for our research was dissatisfaction with... on the one hand, and a frequency plus intuition-based ordering on the other hand, coupled with a need for... teaching materials development. (L)

例 5.19　On the one hand, we consider.... On the other hand, we consider the dynamic maximization of the microgrid utility. (ME)

5.4.3.3　包含 there 的毗邻式词块研究

基于本研究语料，与 there 相关的词块有 4 个文本类词块，分别是 *that there is a*、*there is no consensus/general*，详见表 5.5（斜体表示存在学科共用词块）。语言学与生物学同时使用了 *that there is a*；语言学学者使用了 *there is no consensus*，机械工程学学者使用了 *there is no general*。本研究发现，它们在语步分布或搭配均存在差异。在语言学期刊论文引言部分，*that there is a* 分布在语步二，主要关联前人研究，后搭配 *lack of studies*、*serious lack of research*、*need for studies* 等研究类总称，声明当下研究的正当理由（例 5.20）；而生物学的 *that there is a* 分布在语步三，关联当下研究的结果（例 5.21）。*there is no consensus/general* 在语言学和机械工程学两个学科都用来关联前人研究，阐述前人研究的不足和当下研究的正面理由。不同的是，语言学作为纯理学科，主要关联前人研究相对泛化的论点（例 5.22）；而机械工程学作为应用类学科，主要关注前人研究对于某个问题的具体解决途径（例 5.23）。以上示例说明了软学科，尤其是软学科中的纯理学科，尤为重视当下研究与前人研究的关联与论证之间的逻辑性。

表 5.5　包含 there 的毗邻式词块

语言学	市场营销学	生物学	机械工程学
there is no consensus		*that there is a*	there is no general
that there is a			

例 5.20　However, our search of the literature reveals that there is *a* lack of studies that engage multiple stakeholder groups in the discussion of test design and reform. (L)

例 5.21 In light of this surprising observation, we discovered that there is a tightly controlled temporal relationship between the stress response and pigmentation skin protection programs that is governed by MITF expression dynamics. (B)

例 5.22 Unfortunately, there is no consensus in the literature regarding a cut-off point between early and late L2 learners and different theoretically and/or empirically motivated cut-offs have been suggested: age 12 years (REF), age 15 years (REF), and age 18 years (REF). (L)

例 5.23 However, there is no general agreement on the best solution to create a model that renders the dynamics of human grasping and manipulation. (ME)

5.4.3.4 包含 use 的毗邻式词块研究

含 use 的四词毗邻式词块共有 24 个种类,详见表 5.6(黑体表示三个学科共用的词块,斜体表示两个学科共用的词块)。use 有名词和动词两种词性。从整体上看,软学科更偏好使用名词词性,硬学科倾向使用其动词词性,且多组合被动语态的情态动词 can/could。use 作为名词时,在语言学语篇多表示某种语言或语言属性的使用(如例 5.24),而市场营销学语篇中的 use 多表示某类市场行为的使用(例 5.25)。机械工程学语篇的 use 多表示对某种技术或与之相关的操作原理的使用(例 5.26)。use 作为动词时,在语言学中仍关乎语言的使用(例 5.27);而对于生物学,则主要用来描述研究对象的属性和实验用途(例 5.28);机械工程学则主要描述研究结果的直接应用(例 5.29)。

表 5.6 包含 use 的毗邻式词块

语言学	市场营销学	生物学	机械工程学
in the use of	*the use of a*	**can be used to**	be used as a
in their use of		has been used to	be used to compensate
can be used to			can be used as

续　表

语言学	市场营销学	生物学	机械工程学
on the use of			can be used for
through the use of			**can be used to**
is used as a			has been widely used
used to refer to			have been used in
the ability to use			that can be used
the use of the			then be used to
the use of a			*on the use of*
and the use of			
compared the use of			

例 5.24　This notion extends to pedagogical approaches to L2 instruction, such as communicative language teaching and task-based language teaching, which emphasize the use of the target language in meaningful contexts in the form of conversations (REF) or instructional conversations (REF). (L)

例 5.25　Even though the absolute dollar value of savings is unchanged ($2), we propose that because of the use of a higher number (in this case, 25% vs. 20%), reframing of the promotional ad may increase consumers' discount depth perceptions. (MK)

例 5.26　This is why most technological developments and research works focus on the use of Kinect in indoor applications (REF). (ME)

例 5.27　Nominal modifiers can be used to pack extra information into relatively few words. (L)

例 5.28　Also, a broad range of molecular data in Arabidopsis thaliana can be used to infer the potential roles of Brassiceae duplicates. (B)

例 5.29　We propose a framework for emergency guiding in an indoor environment that can be used to guide people to safe places as soon as possible during emergencies.（ME）

5.5　毗邻式词块在各语步的使用情况

表 5.7 与表 5.10 展示了期刊论文引言部分三个语步的毗邻式词块分布情况。前人研究多以"软—硬"学科的分类方法做统计分析（Omidian et al.，2018）。如语类分析所论述（详见第 4 章），"纯理—应用"学科维度也具有一定的语类结构趋向性，即语言学和市场营销学同为软学科，但语步镶嵌与循环有很大的差异性，但市场营销学与机械工程学作为应用类学科，它们的语步分布具有一定的相似性。为此，本研究假设四词词块的使用和分布也具有两种学科维度语步结构的倾向性。本研究分别从"软学科—硬学科"与"纯理—应用"学科两个维度进行统计，并利用卡方检验验证两者之间是否存在显著差异（$p <$ 0.05）；若存在显著差异，则利用标准化残差拟合不同组别之间的差异显著值（$R > 1.96$ 或 $R < -1.96$）。

分别统计语料库中四词毗邻式词块种类的使用情况，结果如表 5.7 所示。再以"软学科—硬学科""纯理—应用"学科两个维度分别统计各个语步的分布情况，结果见表 5.8 与表 5.9。卡方检验显示软学科和硬学科在词块种类上和数量上均无显著差异（$\chi^2 = 1.00$，$p = 0.61$；$\chi^2 = 7.07$，$p = 0.03$）。另一组卡方检验表明，纯理学科与应用学科在词块种类和数量上均有显著差异（$\chi^2 = 20.686$，$p = 3.22 \times 10^{-5}$；$\chi^2 = 262.53$，$p = 2.2 \times 10^{-16}$）。标准化残差显示，词块种类的差异组别主要体现在语步三，应用类科学学科的词块种类略多于纯理学科（$R = 2.52$，$R = -2.52$）；分别统计语料库中四词毗邻式词块数量的使用情况，结果如表 5.10—5.12 所示。词块数量的差异组别在三个语步中均有体现，结果见表其中语步一与语步三体现出较大的差异。在语步一，纯理学科的词块数量多于应用学科（$R = 7.57$，$R = -6.93$）；在语步三，应用学科的词块数量多于纯理学科（$R = 8.21$，$R = -8.96$）。这个结果在某种程度上说明，语篇的语步分布在一定程度上决定了词块的选择和使用，词块同样具有语步特质性，语类和语步分析对词块研究有较大的参考价值。

表 5.7　各学科库中引言语步毗邻式词块的种类分布

学科	语步一	语步二	语步三
语言学	94	67	59
市场营销学	41	40	61
生物学	65	37	32
机械工程学	73	54	85

表 5.8　"软—硬"学科引言语步毗邻式词块种类的使用对比

学科类别	语步一	语步二	语步三
软学科	135	107	120
硬学科	138	91	117

$\chi^2 = 1.00, df = 2, p = 0.61$

表 5.9　"纯理—应用"学科引言语步毗邻式词块种类的使用对比

学科类别	值与差	语步一	语步二	语步三
纯理学科	观测值	159	104	91
	拟合值	136.5	99	118.5
	残差(R)	1.93	0.50	**−2.52**
应用学科	观测值	114	94	146
	拟合值	136.5	99	118.5
	残差(R)	−1.93	−0.50	**2.52**

注:$\chi^2 = 20.686, df = 2, p < 0.001$

表 5.10　各学科库中引言语步毗邻式词块的数量分布

学科	语步一	语步二	语步三
语言学	322	127	149
市场营销学	79	79	294
生物学	206	79	66
机械工程学	227	101	352

表 5.11 "软一硬"学科引言语步毗邻式词块数量的使用对比

学科类别	值与差	语步一	语步二	语步三
软学科	观测值	401	206	343
	拟合值	399.95	185.11	364.94
	残差(R)	0.05	1.54	-1.15
硬学科	观测值	433	180	418
	拟合值	434.05	200.89	396.06
	残差(R)	-0.05	-1.47	1.10

注:$\chi^2=7.07, df=2, p<0.05$

表 5.12 "纯理一应用"学科引言语步毗邻式词块数量的使用对比

学科类别	值与差	语步一	语步二	语步三
纯理学科	观测值	528	206	215
	拟合值	380.33	176.03	392.64
	残差(R)	**7.57**	**2.26**	**-8.96**
应用学科	观测值	306	180	646
	拟合值	453.67	209.97	468.36
	残差(R)	**-6.93**	**-2.068**	**8.21**

注:$\chi^2=262.53, df=2, p<0.001$

本研究将根据学科差异化特征,分析毗邻式词块与语步的关联化特征。为了更细致地解释词块使用,下文将以语步为语篇单位,将词块在语境中的具体使用作为分析依据,重点分析共用与典型词块。通过分析引言语步词块的结构与功能(见附录5),笔者发现,学科间存在共用词块(黑体表示),而其他词块也存在相似的结构形式和词汇特征,说明词块在不同学科存在共性特征。但是,这些词块的具体使用又反映出一定的学科与语类特质。

5.5.1　确定研究领域语步

通过观察"确定研究领域"语步的词块分布,笔者发现:此语步的词块使用与"软一硬"学科存在较大关联。根据其结构分布和功能分布(见图 5.13—5.16,详见附录5),笔者发现,"名词短语+of 短语片段"是主要的名词类结构。

　　在"确立研究领域"语步,软学科较为偏好研究类的量化功能词块,这项特征在语言学学科更为凸显。通过对比各学科之间的典型词块,本研究发现,软学科多使用"名词短语＋of 短语片段"结构,如仅有量化含义,如 *a large body of*、*a large number of*,后面常搭配 *work*、*literature*、*research*、*studies*,或有聚类功能(grouping)的含义,如 *many of these studies*、*a number of studies*、*this line of research*。它们主要用来宏观地、较为整体地概括部分文献,下文常是微观的、较为细节的文献述评(如例 5.30);或是另一部分宏观的文献综述,用来对比不同类别的文献,展示作者对此领域的广涉度和专业认知度;它们也用于指出当下研究的研究热度和重要性,并与语步二循环,指出研究空白和当下研究的必要性,顺理成章地引出语步三(如例 5.31)。同时,由于语言学的研究对象大多是文本、学习者等,这些量化功能的词也用来修饰这些研究对象,如 *a large number of students / L1s and L2s / texts* 等。市场营销学的部分量化词则用来描述市场行为。而硬学科通过"名词短语＋of 短语片段"主要实现"描述"功能,描述研究主体的特征。

例 5.30　This line of research shows that high-rated essays tend to include far greater interpersonal markers, especially hedges, attitude markers, and engagement markers, than low-rated essays, as well as incorporate a broader range of lexico-grammatical realizations of these stance and engagement dimensions. In contrast, low-rated essays have been found to display a higher frequency of bare assertions, thus presenting arguments as facts, with minimal consideration of counter-arguments or attempts to mitigate claims. (L)

例 5.31　A large body of research has examined how adopting a customer orientation (REF) can help optimize firm agent actions when interacting with customers (REF). However, holding firm actions constant, could the words firm agents use in these interactions also speak volumes? This research examines how, when, and why firm agents' use of a specific category of words personal pronouns affects customers. (MK)

　　硬学科在"确立研究领域"语步中,研究类词块主要是"过程"和"描述"类功能词块。"过程"类词块在生物学科偏向研究主体的实验设计与操控,而机械工程学更强调其既定的应用价值。其语法结构形式常为动词类和介词类。其中，动词类常是现在完成时的被动语态和情态动词。被动语态强调实验流程和既有结果的客观性。机械工程学常见情态动词的动词类词块，表示研究主体的应用价值。原因在于，机械工程学的研究范式有多种，总体上都以工程问题为出发点，并以解决工程为最终研究目的。但前期研究成果与最终的实现并不是线性的发展关系。因此，作者使用情态动词。"描述"类功能词块主要用于描述研究主体的特征，多由"名词短语＋of 短语片段"实现。虽为硬学科，生物学与机械工程学又有较大的差别。生物学描述研究主体本身的状态，如 *the structure of the*、*the composition of the*，而机械工程学主要描述研究主体的性能，如 *the performance of the*、*the stiffness of the*，以及应用功效，如 *the effect of the*、*the efficiency of the*。

而软学科的"过程"与"描述"类功能词块更聚焦于文献中"研究了什么"以及前人研究的发展和研究观点之间的博弈，无关精密的描述。语言学研究语言本身，其"过程"多是描述语言使用及与语言使用相关的分析。相比其他学科，市场营销学使用较少的"过程"与"描述"类词块。原因在于，市场营销学的出发点是当下的市场行为，也常是场景式的描述，无格式化的描述语言。因此，在此语步较少出现此类词块。

在"文本类"词块中，笔者发现，软、硬学科均使用部分"结果"类词块，均倾向于直接展示前人研究成果。但与软学科相比，硬学科更强调一种因果关系，如 *has led to the*、*have been implicated in*、*due to the system*、*which will result in*。另外，硬学科出现了较多与 propose 和 report 相关的动词词块。笔者认为，使用 report 的原因在于，硬学科有客观报道的思维和写作方式。使用 propose 的原因在于，硬学科极其重视创新，前期研究成果和结论有重要的作用，对后期研究的继承发展有重要的作用，而软学科更重视论辩性。同时，纯理、应用学科出现了相应的趋向性。应用学科的"结果"类词块凸显出对应用的重视，出现了与 effect 和 impact 相关的词块。

此语步使用很少的"结构类"词块，但机械工程学出现了词块 *as shown in Figure/Fig.*，体现了其学科特色。机械工程学的研究主体常是机械类的某个部件或改善其性能，需要画图向读者展示，帮助读者迅速理解作者的研究对象和研究思路。

仅有语言学与机械工程学使用了少量"目标"类词块，两个学科也展示出较大的纯理与应用学科的差异。纯理学科较为关注前人研究克服了前期研究的弱点或宏观的问题，如 *to investigate the role*，应用学科更强调前期研究所涉及的实际工程问题和相关的解决方案,如 *in order to avoid*、*to overcome the limitations*。

通过进一步观察各学科使用研究类词块的典型词块,本研究发现,软学科更重视文献的聚合,并擅长描述其无形抽象的研究属性,如 *role*、*meaning*、*nature*。硬学科则尤为重视前期研究成果的动态发展,并重在描述其物理特征。而生物学在语步一使用介词类等语法结构词块描述过程,在语步三(介绍本研究)则对当下研究的实验过程作较为轻描淡写的语言表述。

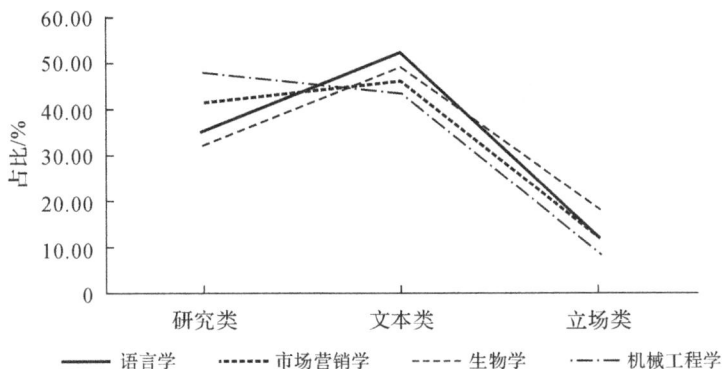

图 5.13 "确定研究领域"语步中毗邻式词块种类的功能分布

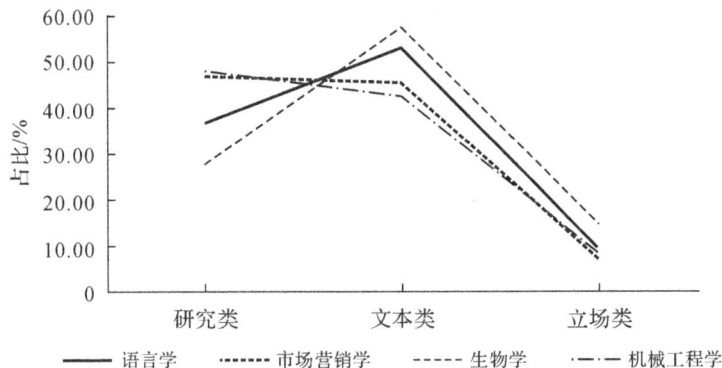

图 5.14 "确定研究领域"语步中毗邻式词块数量的功能分布

5.5.2 确立研究地位语步

通过观察"确立研究地位"语步的词块分布(见图 5.17—5.20,详见附录

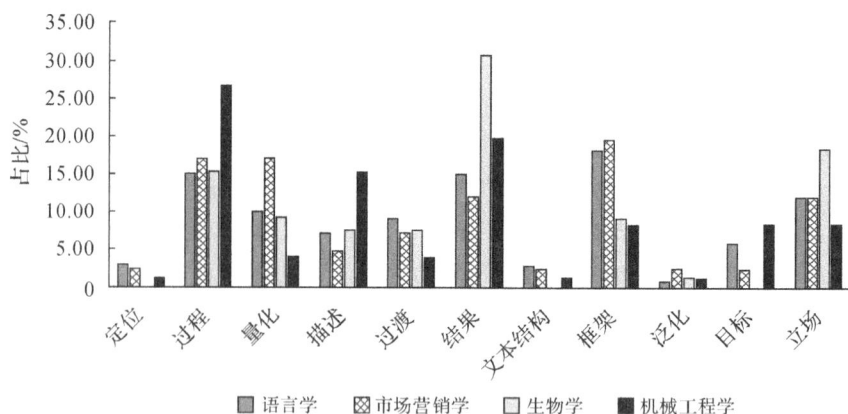

图 5.15 "确定研究领域"语步中毗邻式词块种类的功能子类分布

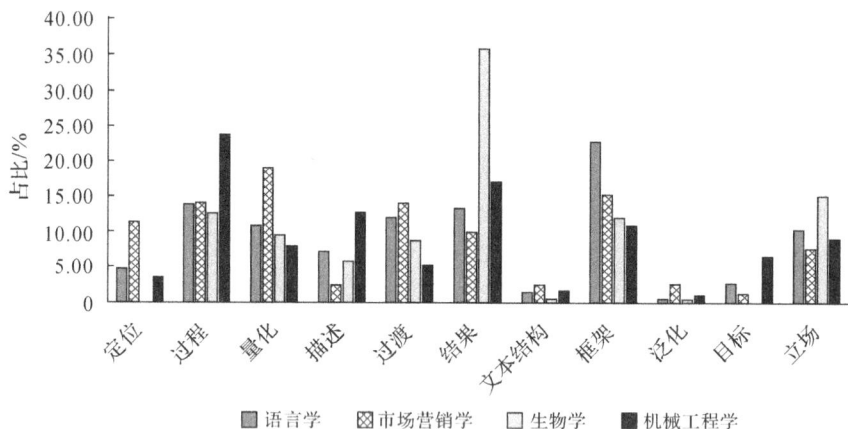

图 5.16 "确定研究领域"语步中毗邻式词块数量的功能子类分布

5),笔者发现,此语步的词块使用与"软—硬"学科存在一定的关联。同时,此语步的词块使用与语步一也存在一定的差别。"确立研究地位语步"主要是为了凸显当下研究的合理性,软、硬学科都使用"泛化"类词块 *is known about* 或 *attention has been paid*,报道文献中的研究空白。尽管语步一与语步二使用较为一致的词块,但前后搭配不一致。语步一多是肯定的量词,如 *much is known about*,语步二多是否定意义的量词和实词,如 *little is known about*、*less is known about*。除此以外,"立场类"词块也较为凸显。相对于软、硬学科的差异,应用学科使用的是典型词块 *to the best of*,并常搭配否定意义的句子,表示前人研究的不足以及当下研究的合理性。见例 5.32—5.33。

例 5.32　This fact motivates our main research question, which to the best of our knowledge has not been addressed in the literature.（MK）

例 5.33　However, to the best of our knowledge, there is no existing scheme with proved stability that addresses the problem of dynamic task allocation in a system of multiple redundant robot manipulators in a distributed manner.（ME）

　　另外,此语步的典型词块较少,多分布在"泛化"与"立场"类词块,常表示前人文献的不足,如 *little/less is known about*,或表示当下研究的重要性,包括典型的 it 外置结构,如 *it is important to*、*it is necessary to*、*it is of great importance/significance*。

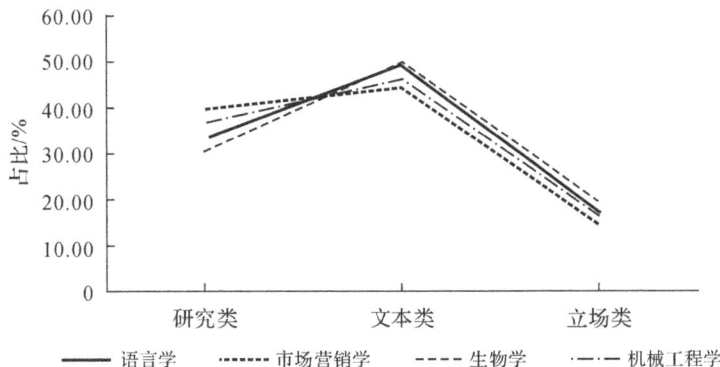

图 5.17　"确立研究地位"语步中毗邻式词块种类的功能分布

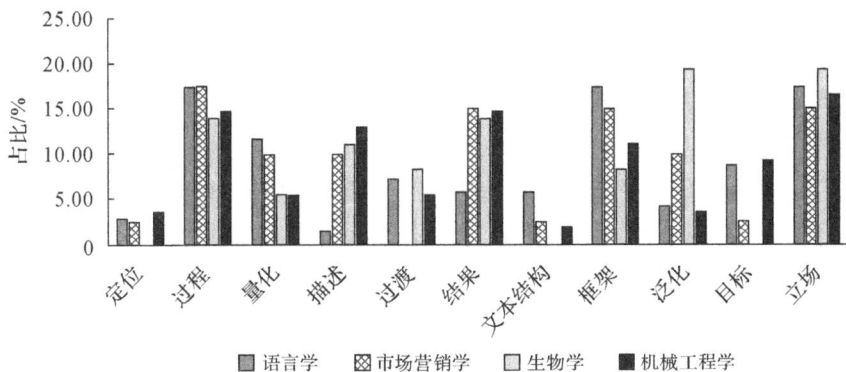

图 5.18　"确立研究地位"语步中毗邻式词块种类的功能子类分布

157

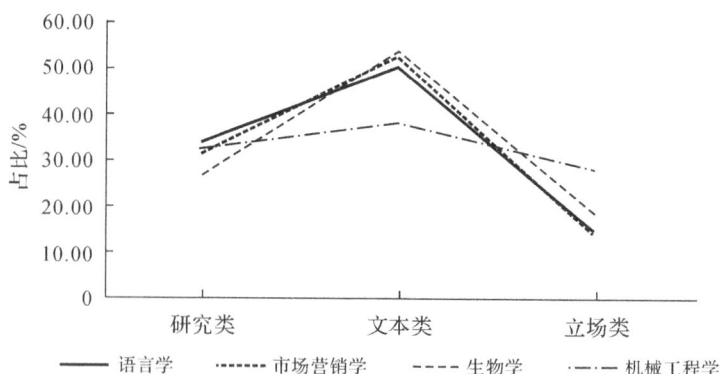

图 5.19 "确立研究地位"语步中毗邻式词块数量的功能分布

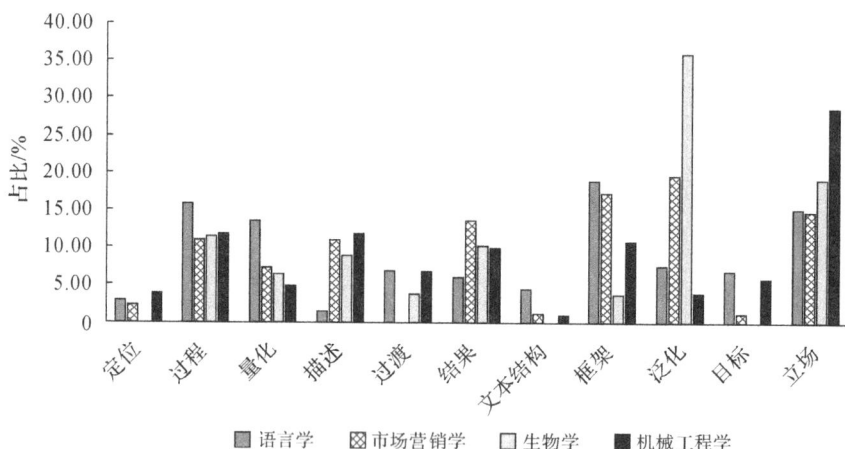

图 5.20 "确立研究地位"语步中毗邻式词块数量的功能子类分布

5.5.3 介绍本研究语步

"介绍本研究"语步的交际目的在于简要展示该研究,在本书的语类分析部分(详见第 4 章),笔者已论述引言部分语步三的语阶分布存在较大的学科差异。通过观察"介绍本研究"语步的词块分布(见图 5.21—5.24,详见附录 5),语类的学科化差异也反映在具体的语言使用中。

首先,"介绍本研究"语步有较多的典型词块,并主要集中在文本类词块。具体表现在,作者使用"结果"类词块展示研究结果,使用"结构"类词块组织篇章结构。"结构"类词块展示出应用类学科的特征,即市场营销学与机械工程学偏好使用程式化的语言介绍语篇结构,并引出具体的研究内容和贡献。这些特征同时折射在四词毗邻式词块的使用特征上,并主要反映在两方面:第一,文本指示类词块贯穿着整个语步,如 *in the next section*、*the rest of the paper*、*is organized as follows*。第二,在引言的结尾部分,多有"贡献"语义场的词块,如 *this research contributes to*、*the main contributions of*。

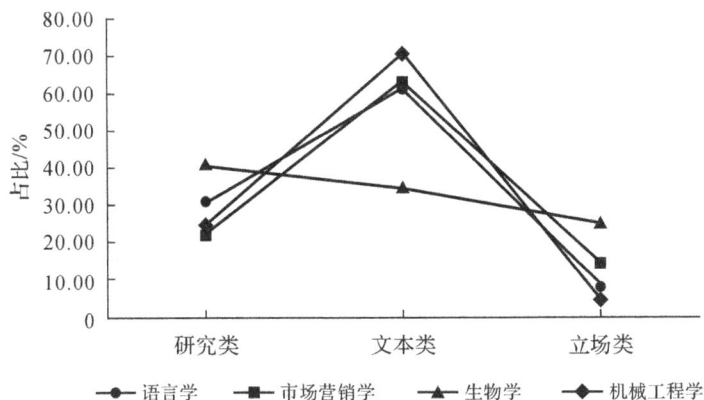

图 5.21 "介绍本研究"语步中毗邻式词块种类的功能分布

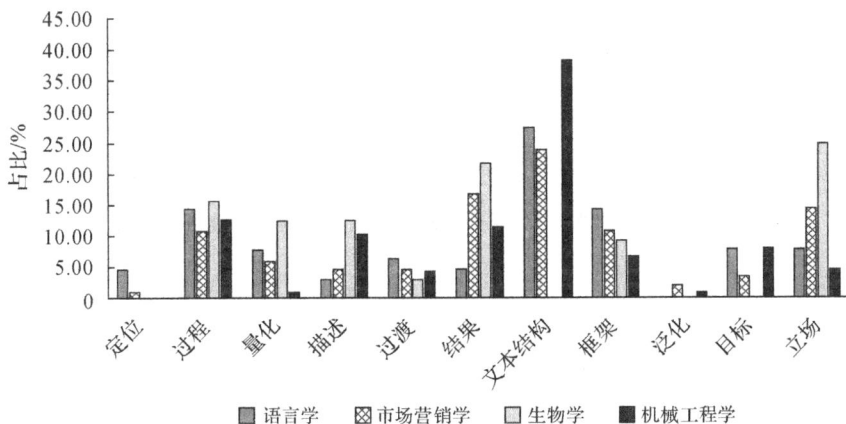

图 5.22 "介绍本研究"语步中毗邻式词块种类的功能子类分布

"描述"类词块主要出现在"方法"语阶。硬学科利用多种词块描述过程、步骤、形态、数量与材料。软学科则出现较少的"描述"类词块,局限于描述抽象属性和研究过程。在"结果"语步,市场营销学偏好使用 *be more likely to* 展示研究结果。而硬学科作者则用一些词块确定研究的效度。这是因为,对于硬学科,研究结果的信度、研究发现的创新,在一篇学术论文中起着重要作用。硬学

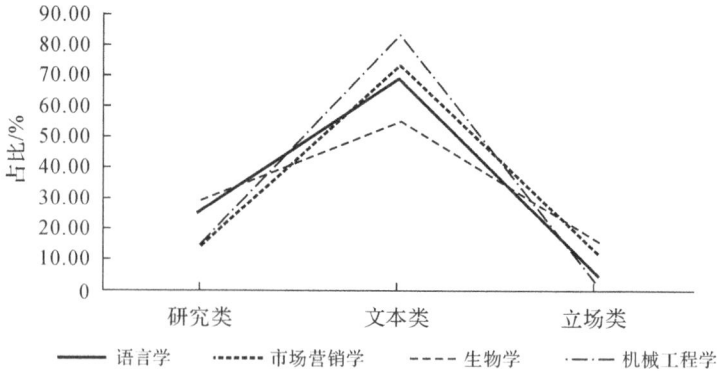

图 5.23　"介绍本研究"语步中毗邻式词块数量的功能分布

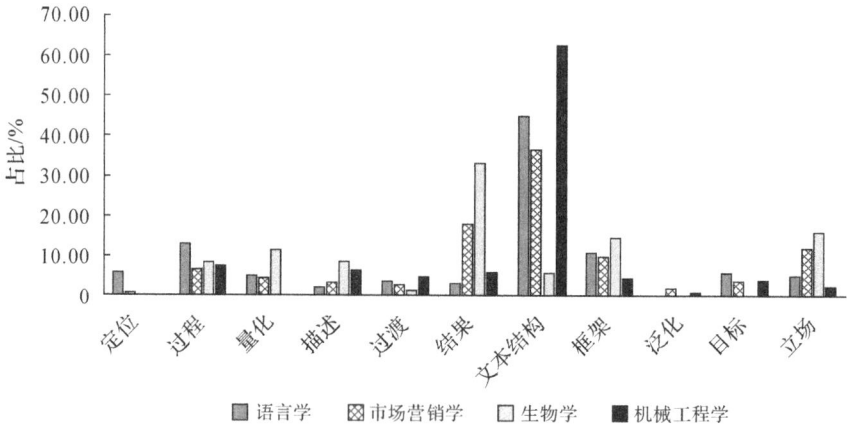

图 5.24　"介绍本研究"语步中毗邻式词块数量的功能子类分布

科的知识需不断更新,需要研究者在这些领域以他们的研究给现实世界提供科学的解决方案。

　　另外,本研究发现,同样是表述应用价值,软学科更注重描述抽象的研究过程,而硬学科更偏好描述具体的研究成果。同时,市场营销学在此语步偏好使用肯定意义的搭配,组成基本句型 *To the best of our knowledge, . . . it/this/our paper/which is the first. . .* ,表示当下研究的合理性(例 5.34)。而机械工程学则强调当下研究"首次"解决了现实世界的某项工程问题。

　　例 5.34　To the best of our knowledge, this is the first study to empirically address the issue of brand, product form and store format alignment in an emerging market. (MK)

5.6　本章小结

　　本章阐述了各学科期刊论文引言语步高频毗邻式词块的使用情况。首先，本章从引言整体上考察了毗邻式词块的使用，包括其总体的频数分布、形式结构与语篇功能的分布。这些分布体现了词块本质上是词汇与语法的共选，以及"型式"与意义的共选。此外，本研究发现，词块结构，尤其是结构"型式"的使用，具有学科倾向性，词块的使用同时体现出词块结构"型式"与学科、语类结构的共选。其次，本章探讨了是否存在核心词块的问题，再根据搭配、语义韵与语义倾向等，考察了毗邻式词块的学科共用词块。最后，本章以语步功能为分析单位，重点考察了毗邻式词块在不同语步的频数分布，形式结构与语篇功能的分布。结果表明，毗邻式词块具有语类特质性，语步结构的差异可反映出不同学科构建、传播知识的不同方式，也可反映出不同学科社团的学术文化，同时还可以解释不同学科语言使用的差异特征。研究范式（research paradigm）在学术英语写作中起着重要作用。Gray(2013)利用多维度分析（multi-dimensional analysis），探析了六个学科语言使用的学科差异，以及造成这些差异的影响因素。他发现，学科大类是影响语言使用的重要参数，这些参数还应包括：证据的性质、是否基于数据、研究范式（质性、量化或理论研究）、研究目的。本书词块研究同样证实，这些参数基本反映在语步结构中，形成特定的学科属性和学术写作范式。本书研究基于"软学科—硬学科"与"纯理—应用"两种分类维度，研究结果证实了这两种维度可作为分析学科文化、语类结构与功能映射的语言形式的参照维度。

第6章　非毗邻式词块研究

上一章分析了毗邻式词块的特征和在不同学科中存在的使用差异。本章以非毗邻式词块为研究对象，基于四个学科的期刊论文引言语料库：语言学、市场营销学、生物学与机械工程学，分别代表"软—纯理"学科、"软—应用"学科、"硬—纯理"学科与"硬—应用"学科。毗邻式词块重在讨论各学科学术语言的程式化，而非毗邻式词块侧重各学科程式化语言的内部变异性，及其自由词位的设定。Römer(2010)提出，非毗邻式词块的内部变异性、功能及分布可以在短语学层面反映文本特征。

本章将首先介绍引言部分非毗邻式词块的整体使用情况，包括其总体分布情况、内部变异性、结构和功能的分布；其次探讨学术语篇是否存在核心非毗邻式词块；最后结合语步分析，探析非毗邻式词块在各语步的分布差异以及可能存在的学科差异。

6.1　非毗邻式词块的总体分布情况

6.1.1　种类与数量的分布

本书统计了语料库中各学科的五词非毗邻式词块，并同毗邻式词块的结果进行对照，结果见表6.1。两种词块在各学科的文本覆盖率较为接近。类符/形符比略低于四词的非毗邻式词块，这是因为，五词词块在种类和数量上都会低于四词词块(Hyland,2008)。但仅通过计算使用频次并不能反映出不同文本类型或使用群体之间的差异特征(O'Donnell et al.,2013)，即短语框架的种类和数量基本一致，但短语框架中自由词位(free slot)的词汇变体(variants)存在差异。下节将介绍非毗邻式词块的内部变异性。

表 6.1　引言部分非毗邻式词块的使用情况及其与毗邻式词块的对比

词块种类	学科	种类	数量	类符/形符比	文本覆盖率
非毗邻式词块	语言学	66	398	16.58%	2.47%
	市场营销学	56	322	17.39%	2.00%
	生物学	45	283	13.98%	1.76%
	机械工程学	107	720	14.86%	4.49%
毗邻式词块	语言学	120	607	19.73%	2.98%
	市场营销学	94	466	20.17%	2.31%
	生物学	79	351	22.51%	1.75%
	机械工程学	121	680	17.79%	3.39%

6.1.2　内部变异性

Gray 和 Biber(2013)提出利用类符/形符比测量非毗邻式词块中自由词位的变化度,称为内部变异性(internal variability)。计算方法为自由词位的词汇变体除以非毗邻式词块的使用频次,如 the present study ＊ to,自由词位的词汇变体为六个,分别为 adds、aims、attempts、draws、is、seeks,共出现 11 次,内部变异性(即词汇变体数量与词块框架数量之比,the variant/p-frame ratio, VPR)则为 0.55。VPR 越高(接近 1),表明这个非毗邻式词块的变异性越高,较多使用不同的词汇变体;同理,VPR 越低(接近 0),非毗邻式词块的变异性越低,频繁使用相同的词汇变体。换言之,VPR 越高,短语表达的产出性(phraseological productivity)越高,反之亦然(Grabowski,2015)。尽管 VPR 为连续变量,为了区分不同语域的词块变异性,Gray 和 Biber(2013)把 VPR 划分为三个维度基准,分别是:高变异(highly variable),类符/形符比大于 0.70;中变异(variable),类符/形符在 0.30 与 0.70 之间;固定(fixed),类符/形符比比小于 0.30。本研究沿用类符/形符比对比不同学科学术语篇的词块变异性,首先以箱形图展示非毗邻式词块变异性的整体分布,如图 6.1 所示。为了更详尽地研讨各个学科非毗邻式词块的变异度分布,本书根据变异性的三个主要类别对比各个学科非毗邻式词块的使用情况,如图 6.1—6.3 所示。

图 6.1 展示了各个学科词块变异度的分布。笔者发现,机械工程学的变异度分度最广(从 0.09 到 1),生物学的分布最窄,局限在 0.35 到 1,而软学科的

分布较为一致,在 0.22 到 1。原因在于,其分布广度受到词块数量的影响,机械工程学的非毗邻式词块最多,达到 107 个;生物学的非毗邻式词块最少,仅有 46 个。而语言学与市场营销学的非毗邻式词块数量较为接近,分别为 65 个与 56 个。箱形图显示四组数据的平均值较为一致,约为 0.75。这个结果说明,这些非毗邻式词块整体上变异度较高。同时,上、下四分位数表明各学科有一半集中在 0.5 及以上的变异度,其中生物学非毗邻式词块的变异度较为集中在 0.67 到 1。这个结果也印证了 Gray 和 Biber(2013)关于非毗邻式提取方法的论断,非毗邻式词块有两种提取方法:从高频毗邻式词块中归纳(bundle-to-frame approach)与从所有连续性词块结构中完全归纳(fully inductive approach)。他们发现,高频毗邻式词块中归纳非毗邻式词块的方法会忽略内部变异性在 0.5 以上的词块,完全归纳方法则将提取更为全面的非毗邻式词块,并反映出不同文本类型的特征。本研究发现,各学科的非毗邻式词块有 75% 的内部变异度高于 0.5。若使用第一种方法,将忽略掉各学科多半非毗邻式词块,其结果和特征显然是不客观的。因此,本研究方法是可行的。

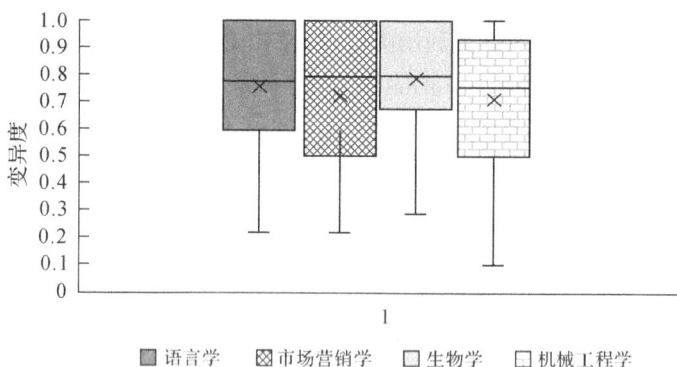

图 6.1 各学科库中非毗邻式词块内部变异性的整体分布

6.1.3 数量与变异的相关性

Grabowski(2015)曾探究在医学四种语类文本中,非毗邻式词块的频数与其变异性(pattern variability)是否存在相关性。换言之,非毗邻式词块的频数是否随着词汇变体的增加或减少而发生相应的变化。如若二者存在正相关,即随着频数的增加或减少,词汇变体随之增加或减少,则表明最高频使用的非毗邻式词块应该在学术英语教学中加以强调;反之,则说明二者的关联存在偶发

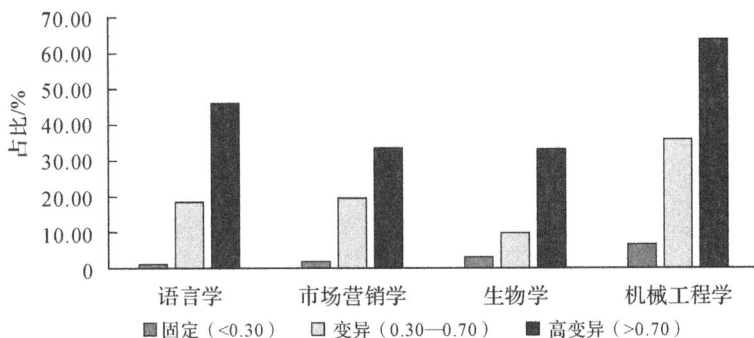

图 6.2　各学科库中非毗邻式词块内部变异性的维度分布

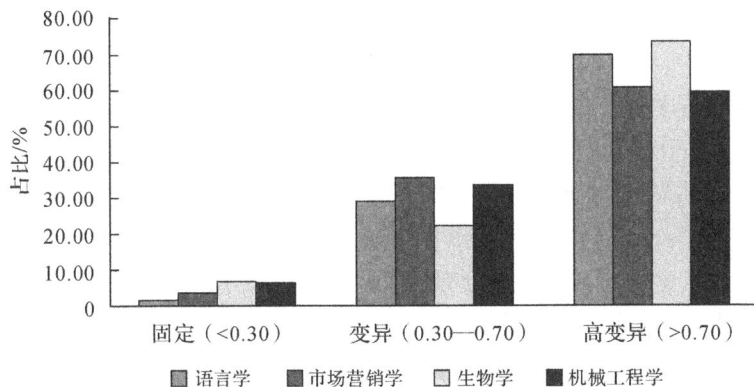

图 6.3　各学科库中非毗邻式词块内部变异性的维度百分比

性,高频非毗邻式词块的学术英语教学待进一步考证。Grabowski(2015)利用斯皮尔曼等级相关系数(Spearman's rho test)估计两组变量之间的相关性,其研究结果表明,四种语类分别存在中度程度正相关、弱正相关、弱负相关与不相关。他由此认为二者的关联存在偶发性。

由于 Grabowski(2015)的语类中不包含期刊论文,本研究尝试验证在期刊论文语类中,非毗邻式词块的频数与内部变异性是否存在相关性,以及学科间是否存在不同的相关性。本研究同样使用斯皮尔曼等级系数估计二者之间的相关性,用 r 表示其值,r 的取值可在 $[-1, +1]$。r 值越接近 $+1$,二者正相关性越强;r 值越接近 -1,二者负相关性越强;r 值为 0,二者不存在相关性。按照社会科学学科的学术传统,p 值小于 0.05,则认为这种相关性具有统计学意义。如表 6.2 所示,斯皮尔曼等级系数结果显示,四个学科中非毗邻式词块的频数与词汇变体呈正相关,且具有统计学意义。这个结果在一定程度上说明,高频使用的非毗邻式词块具有相应的学术英语教学价值。

表 6.2　非毗邻式词块频数与词汇变体的相关性

变量	语言学	市场营销学	生物学	机械工程学
非毗邻式词块的频数与词汇变体的数量	$r=0.68$ ($p<0.001$)	$r=0.49$ ($p<0.001$)	$r=0.60$ ($p<0.001$)	$r=0.46$ ($p<0.001$)

注:r取值 0.8—1.0 为极强相关;0.6—0.8 为强相关;0.4—0.6 为中等程度相关;0.2—0.4为弱相关;0.0—0.2为极弱相关或无相关。

6.1.4　结构形式的分布

统计语料库中各学科五词非毗邻式词块的结构分布,结果见表 6.3。各个学科的结构占比中,语言学按照"其他实词类""动词类""虚词类"依次递减,而另外三个学科按照"动词类""其他实词类""虚词类"依次递减。将本研究结果与 Lu 等(2018)软学科引言部分非毗邻式词块结构做对比,发现本研究中仅有语言学符合软学科的词块结构分布特征。原因可能在于样本的大小影响研究结果的产生,而更重要的原因在于,Lu 等(2018)选取了六个学科(分别是人类学、语言学、经济学、政治科学、心理学、社会学),大部分学科更趋于纯理学科。因此,结果上可能更趋于软、纯理学科的语言特征。为了证实这个观点,本书将在语步这一小节,从深层次的语步层面分析软、硬学科以及理论、应用学科分类范畴与非毗邻式词块特征的关系。

表 6.3　非毗邻式词块的结构分布及与 Lu 等(2018)的对比

学科	动词类	其他实词类	虚词类	共计
语言学	19(28.78%)	35(53.03%)	12(18.18%)	66(100%)
市场营销学	23(41.07%)	21(37.50%)	12(21.43%)	56(100%)
生物学	20(44.44%)	14(31.11%)	11(24.44%)	45(100%)
机械工程学	56(52.34%)	39(36.45%)	12(11.21%)	107(100%)
软学科——Lu 等(2018)	28.9%	64.3%	6.8%	100%

6.1.5 语篇功能的分布

上文通过斯皮尔曼等级系数,证实了非毗邻式词块的种类与词汇变体的数量呈正相关。由此,我们可以推断,二者分别作为变量考察其在功能分布上的趋势应该一致。为此,本书分别统计了其种类与数量在功能及语步单位上的分布趋势,结果表明二者的分布趋势基本一致,证实了上文的推断。同时,本章非毗邻式词块的考察重点是词汇变体的分布和语义功能特征。因此,不同于毗邻式词块(见第 5 章),在下文非毗邻式词块的量化分析中,仅展示其在数量上的分布和差异。而在下一步的质性分析中,本书将结合非毗邻式词块的种类和词汇变体,并通过大量检索行,分析不同学科中非毗邻式词块使用的同质性与异质性。

本书对各学科非毗邻式词块进行了功能分类,结果见表 6.4。同时,为了直观地考察每个非毗邻式词块的自由词汇,本书相应地列出了相应了词汇变体,详见附录 6。根据每个功能的占比(如图 6.4 所示),四个学科整体功能趋势基本一致,即文本类最多,其次是研究类与立场类。这与 Hyland(2008)研究期刊论文全篇的词块特征不相符,Hyland 研究结果显示出软学科(语言学、商学)中文本类词块最多(49.5%,48.4%),占比近一半;硬学科(生物类、工程类)使用研究类词块更多,占比近一半(48.1%,49.4%)。其原因在于,在本研究结果中,功能分布呈现出"纯理—应用"学科维度的倾向性。其中,语言学与生物学中文本类最多(49.15%,48.26%),研究类占比略低(39.93%,39.00%),其次是立场类(10.92%,12.74%);市场营销学与机械工程学基本一致,文本类最多(72.30%,68.43%),并远高于研究类(19.59%,27.61%)与立场类(8.11%,3.96%)。

表 6.4 非毗邻式词块的功能分布

学科	研究类	文本类	立场类
语言学	105	156	32
市场营销学	48	201	46
生物学	97	129	33
机械工程学	175	466	37

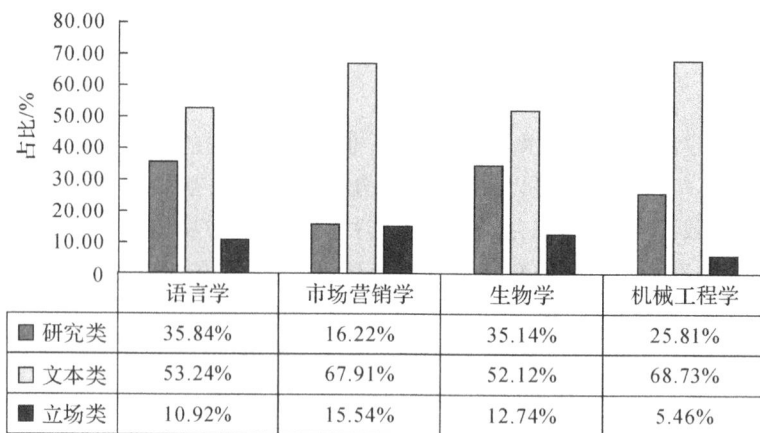

	语言学	市场营销学	生物学	机械工程学
研究类	35.84%	16.22%	35.14%	25.81%
文本类	53.24%	67.91%	52.12%	68.73%
立场类	10.92%	15.54%	12.74%	5.46%

图 6.4　非毗邻式词块的功能分布

　　为了进一步考察其在功能类别的差异和原因,本书统计了各个学科在功能类别上的分布,结果见图 6.5。笔者发现,在研究类词块中,纯理学科较为重视研究过程的描述,尤其体现在生物学学科;在文本类词块中,应用类学科的"文本结构"功能显著高于其他学科,为此也提高了文本类词块的比重。可见,语言特征与语类及其语类结构有较大关联。引言部分的词块使用与全文语篇的词块使用存在差异,次语类(sub-genre)与语类结构分析有重要的理论与实践意义。

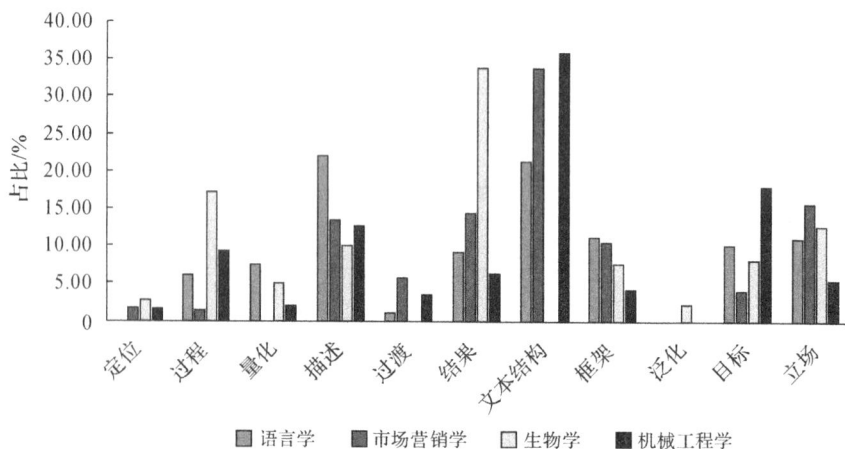

图 6.5　非毗邻式词块的功能子类分布

　　非毗邻式词块的一个重要研究意义在于其内部变异性。根据这项参数,可以发现语言片段的表达是趋于固定性或灵活性。为此,本书将非毗邻式词块的结果与毗邻式词块的结果(见第 5 章)做对比。结果发现:从整体分布看,非毗邻式词块的描述类和目标类词块的比例明显增加,说明此类词汇变体较多,表达趋于灵活性。泛化类与量化类明显减少,说明这两种功能类词块更倾向于固定的程式化表达。另外,在过程类词块中,毗邻式词块的结果显示,各个学科之间差别微小;而非毗邻式词块的结果则显示,生物学较为倾向过程类词块,多使用虚词类结构词块,如 *in the * of the*、*to the * of the*,词汇变体常为动词加 *-tion*、*-ing* 等后缀构成动词的名词化形式,其仍然表述的是事物动态的发展,如 *accumulation*、*formation*、*tracking*。同为硬学科,机械工程学也使用一定比例的过程类词块,但其多使用动词类结构词块,如 *adjust the * of the*、*focuses on the * of*,词汇变体也存在部分动词的名词化现象,但更强调研究者的行为和操控,如 *classification*、*modeling*、*optimization*。

6.2　共用高频非毗邻式词块

本研究共有 33 个共用非毗邻式词块,只有 2 个是四个学科的共用词块,31个为两到三个学科的共用词块。同毗邻式词块较为一致,即存在少部分核心词块,其数量远远低于典型词块(见图 6.6)。同时,相同非毗邻式词块在不同学科呈现出不同的词汇变体。

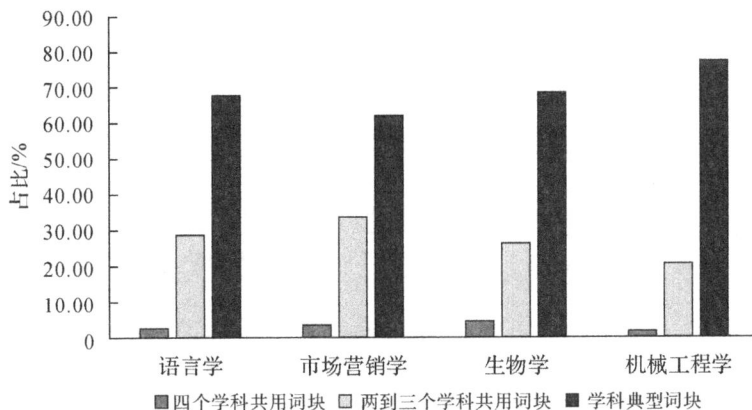

图 6.6　共用及典型非毗邻式词块的使用情况

表 6.5－6.7 按照结构分别展示了学科共用非毗邻式词块,其中动词类 11

个,其他实词类 9 个,虚词类 13 个。通过进一步考察共用词块的结构和功能,笔者发现,动词类主要体现在三方面(见表 6.5):第一方面体现在词块的结果功能,多是作者对前人研究结果的汇报,如 *has been * to be*(*reported/proved/shown*)、*it has been * that*(*identified/recognized/estimated*)。这第一方面主要集中在硬学科(生物学与机械工程学),词汇变体为报道类动词。第二方面体现在词块的结构功能,如 *the * is organized as*(*article/paper*),主要分布在应用类学科(市场营销学与机械工程学)。这部分结构框架和词汇变体也较为接近,与部分实词类词块构成格式化句子,如 *the remaining*(*rest/reminder*)*of the*(*this*)*paper*(*research/article*)*is organized*(*structured/summarized*)*as follows*、*the purpose*(*goal/objective*)*is to investigate*(*examine/understand*)。第三方面主要是词块的目标功能,如 *be used to * the*(*determine/assess*)、*to investigate the * of*(*effects*),这方面词块无明显的学科倾向,但通过进一步观察各个学科的词汇变体,笔者发现,这些词汇变体反映出学科交际目的的差异特征。语言学在于理解回答相关研究问题,使用动词如 *address*、*interpret*、*qualify* 等;市场营销学在于考察一种社会效应和关系,如 *effect*、*impact*、*relation* 等。生物学在于考察研究主体的属性,如 *structure*、*mechanism* 等;而机械工程学则在于实现机械类功能,如 *dry*、*expand* 等。同时,笔者发现,软学科强调推论性与评价性,而硬学科更强调科学性与实证性,前者推动读者产生共鸣,后者促使读者认知进展。以 *it is * that the* 为例,语言学使用词汇变体 *hoped*、*plausible*、*improbable* 等表示希望、可能意义的形容词,而机械工程学则使用词汇变体 *evident*、*known* 等表示客观事实的肯定意义的形容词。

表 6.5　动词类共用非毗邻式词块

动词类结构	学科	词汇变体
be used to * the	B	determine,elucidate,infer,study,understand
	ME	assess, compensate, determine, expand, offset, relate, track,train
has been * in the	B	implicated,induced,stagnating,studied
	ME	embedded,highlighted,reported,studied
has been * to be	B	estimated,proven,**shown**
	ME	**proven**,shown

续　表

动词类结构	学科	词汇变体
in order to ＊ a	L	conduct，interpret，mask，**obtain**，provide，qualify，reach
	ME	achieve，address，avoid，determine，guarantee，maintain，reach，realize
in order to ＊ the	L	achieve，**address**，answer，conduct，delineate，determine，identify，justify，make，recontextualize，teach
	ME	achieve，analyze，avoid，compensate，dry，ensure，estimate，identify，implement，improve，increase，investigate，move，navigate，obtain，overcome，reduce，reflect，sustain，verify
it has been ＊ that	L	established，shown，**suggested**
	B	argued，**hypothesized**，observed，recognized，**reported**，**shown**，suggested
	ME	estimated，identified，**proved**
it is ＊ that the	L	crucial，hoped，improbable，plausible，possible
	ME	**assumed**，desirable，evident，found，known，noticed，shown
of ＊ paper is organized	MK	**the**，this
	ME	**the**，this
of this ＊ is to	L	article，paper，research，study
	MK	paper，**research**
	ME	paper，research，study
the ＊ is organized as	MK	**article**，**paper**
	ME	article，**paper**
to investigate the ＊ of	MK	**effects**，impact，interplay，relation
	B	**effect**，mechanism，reproducibility，role，structure

注：黑体表示此词变体出现了两次及以上；阴影部分表示学科共用词汇变体。

在实词类词块中（见表 6.6），除了与部分动词类词块构成结构类功能句子（如上文所述），主要体现在词块的立场类功能，多使用评价类形容词表明作者的立场，如 a ＊ role in the（critical/fundamental）、a ＊ understanding of the（better/deeper）。

表 6.6　其他实词类共用非毗邻式词块

其他实词类结构	学科	词汇变体
a * role in the	L	key,minor,significant
	B	**critical**,fundamental,major,pivotal,significant
a * understanding of the	B	**better**,comprehensive,**deeper**
	ME	**better**,deeper,good
light on the * of	L	**development**,effects,heterogeneity
	MK	consequence,issue,motivations,nature
the * of the paper	MK	**remainder**,remaining,**rest**
	ME	contributions,**remainder**,remaining,rest
the * of this research	L	aim,bulk,validity
	MK	aim,findings,focus,goal,heart,insights,objective, purpose
	ME	**aim**,frame,objective
The * of this study	L	findings,**purpose**
	ME	context,findings,**objective**
the relationship between * and	L	age,citation,culture
	MK	firms,manufacturers,similarity,variety
the remainder of * paper	MK	**the**,this
	ME	**the**,**this**
understanding of the * of	B	dynamics,function,physiopathology
	L	language,**nature**,nuances,purposes

注:黑体表示该词变体出现了两次及以上;阴影部分表示学科共用词汇变体。

　　虚词类词块出现较多三个或四个学科共用词块的情况,无明显的学科分布差异(见表 6.7)。本书以四学科共用非毗邻式词块为例,分别为 in the * of the、on the * of the,考察各学科的词汇变体。学科间共用词汇变体 basis,在词块的历时研究中,on the basis of (the)是各学科学术语篇的高频词块,尤其体现在软学科。在本研究中,basis 也是软学科的常用词汇变体。通过进一步观察其他词汇变体,笔者发现,这两个非毗邻式词块主要实现了研究导向中的过程和描述功能。同时,软学科更关注抽象类事物,

如 *frequency*、*plausibility*，硬学科更趋向于具体的事物，如 *nucleus*、*mechanics*。硬学科的词汇变体多是描述研究对象，如 *structure*、*shape*，以及研究过程，如 *calculation*、*reduction*。而对于应用类学科，尽管它们都关注事物的功效，如 *effect*、*impact*、*effectiveness*，但市场营销学关注的是抽象类的社会效应，无法准确测量；机械工程学关注的是机械类的效能，需要在上下文提供精确值与之相呼应。

表 6.7　虚词类共用非毗邻式词块

虚词类结构	学科	词汇变体
and the * of the	L	audience，extension，language，operationalization，significance，status，writing
	MK	characteristics，length，nature，performance，reassignment，source，strength
	B	accumulation，consequences，maintenance，role，structure，tracking，tropism
at the * of the	L	administration，choice，core，end，forefront，**heart**，majority
	B	beginning，end，level，midzone，onset，**organization**，phase，surface，translation，use
	ME	beginning，depth，displacement，**end**，expense，handle，level，loss，mouth，root，surface，**time**，tip
both the * and the	L	concept，content，form，speaker
	MK	good，main，situation
for the * of the	L	creation，purposes，usability，use
	ME	autonomy，**design**，success
in the * of a	L	acquisition，age，context，course，**development**，distribution，field，**form**，introductions，**production**，service，study
	MK	absence，context，domains，**face**，form，liking，middle，**presence**
	B	**absence**，context，distribution，presence，reactivation，tr anscription

续　表

虚词类结构	学科	词汇变体
in the * of the&	L	course, creation, curricula, description, development, discussion, evaluation, introductions, meaning, narrative, ownership, rest, scope, selection, **use**
	MK	accessibility, eyes, front, heat, rest, **science**
	B	absence, case, context, genes, nucleus, reduction, regulation, shape, structure
	ME	assessment, calculation, classification, context, development, posture, proposal
of the * and the	MK	beauty, brand, brands, good, managerial, meal, model, need, person
	ME	CLMR, cutter, fibers, hand, laboratory, machine, needle, palm, tool
of the * of the	L	aims, conventions, **frequency**, importance, knowledge, language, meaning, medium, nature, results, role, similarity, **use**
	MK	contributions, description, effects, influence, partworths, prices, quality
	ME	accuracy, complexity, effect, effectiveness, motions, output, variability, workbench
on the * of a	MK	basis, bundling, effect, framework, outcome, presence, results, timing
	ME	ability, **design**, effectiveness, existence, idea, presence, theory
on the * of the&	L	basis, development, evaluation, frequency, interactions, part, use
	MK	basis, consequences, effects, impact, interplay, nature, plausibility, proximity, role, specifies, subject
	B	basis, composition, concentration, day, head, nature, recruitment, stalk
	ME	accuracy, basis, design, direction, effectiveness, mechanics, minimization, monitoring, role, sensitivity, surface
that the * of the	L	administration, choice, core, majority
	B	**organization**, phase, translation, use

续 表

虚词类结构	学科	词汇变体
to the * of the	L	**best**, centrality, construction, dominance, expectations, features, **fulfillment**, indication, nature, principle, selection
	B	**activation**, development, expectations, formation, health, identify, overexpression, presence, preposition
	ME	**best**, arrangement, complexity, dynamics, locations, needs, price, qualities, surface, tip
with the * of the	MK	exception, growth, loss, square
	ME	aid, consideration, goal

注：黑体表示该词变体出现了两次及以上；阴影部分表示学科共用词汇变体。

为了更直观地考察学科间词汇变体的差异性，本书运用词云（Word Cloud）展示各学科词汇变体的分布情况（见图 6.7—6.10）。词云中的字体大小映射了各自的频次和权重值。在词云图中，字体越大，频次越大，权重越高。由此可得出，语言学的关注度在于语言的使用以及语言的本质，如 *use*、*language*、*development*、*nature*、*form* 等。市场营销学在于探讨各种市场行为，如商品、商标、消费者需求，如 *effect*、*impact*、*nature*、*good*、*brand*、*needs* 等。生物学在于描述研究对象和重要的研究发现，如 *structure*、*role*、*presence* 等。而机械工程学则更在意研究者对实验对象的操控和能动性，如 *effect*、*assess*、*design* 等。

同时，词云图引证前文对软学科—硬学科，纯理学科—应用学科的分类描述，即软学科和硬学科分别趋于关注抽象构念和物质世界，应用学科更关注效度。另外，笔者也发现，软学科同样非常重视报道量化结果，趋于更加弱化作者身份。硬学科尽管仍使用较多的词块用于汇报研究，但这些词汇变体常带有交际和评价功能，强调作者的立场。当然，如上描述仅为共用非毗邻式词块的使用情况。为了更全面地展示非毗邻式词块在引言部分的使用情况，以及可能存在的学科差异，本书在下节将结合语步分析和上下文语境，深入探讨非毗邻式词块在各个语步的分布情况，并重点分析学科典型非毗邻式词块的使用情况。

图 6.7　语言学共用非毗邻式词块中词汇变体的词云

图 6.8　市场营销学共用非毗邻式词块中词汇变体的词云

图 6.9　生物学共用非毗邻式词块中词汇变体的词云

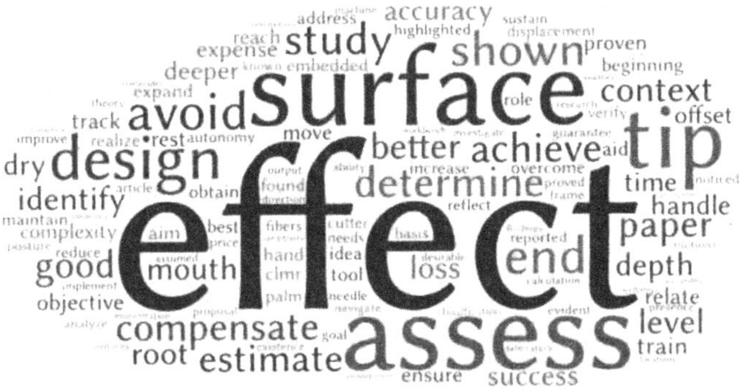

图 6.10　机械工程学共用非毗邻式词块中词汇变体的词云

6.3　非毗邻式词块在各语步的使用情况

上文主要介绍了非毗邻式词块的整体使用情况,并通过共用词块的词汇变体映射出学科文化与语言使用的同质性与异质性。这一节将介绍非毗邻式词块在各语步分布与使用情况。基于前人"词块具有语类结构特质性"的研究发现(Omidian et al.,2018;李梦骁、刘永兵,2017),在非毗邻式词块的量化分析部分,本书也尝试利用"软学科—硬学科"与"纯理学科—应用学科"两个维度印证上述假设。本小节将简要概述各学科的语步(语阶),为词块的语步特质性提供必要证据。

在语步—语阶的标注和统计中,本研究发现,"软学科—硬学科"与"纯理学科—应用学科"两种维度相互交叉,共同影响着各学科的语类结构(详见第 4 章)。主要反映在:在语步一,纯理学科常以"建立中心议题"为开端,阐述研究的重要性。部分以"界定概念意义"导入。而应用类学科常以"概括论题内容"的现象导入(例如,市场营销学以市场现象导入,机械工程学以工程类现象问题导入)。在语步三,"软学科—硬学科""纯理—应用"两种分类维度相互影响。从"软学科—硬学科"的分类维度分析,软学科一般符合"介绍研究内容或目的"到"提出研究问题或假设"的过渡。但两者的区别在于,语言学偏好以研究问题的形式提出,市场营销学倾向于使用肯定句,并利用动词(如 $propose$、$hypothesize$、$demonstrate$ 等)阐述作者的概念模型和假设。"纯理—应用"学科的分类维度分析,纯理学科较少详述研究方法和论文结构设置,应用学科则较为重视,在文末以较大篇幅阐述研究价值。从整体上,"应用学科"非常重视语步三的构建,该语步在引言部分具有十分重要的地位。

统计语料库中四个学科五词非毗邻式词块在各个语步的使用情况,结果见表 6.8(类符分布)和表 6.9(形符分布)。由于非毗邻式词块的考察重点是词汇变体的频次和分布,本书仅比较各个学科中非毗邻式词块在形符上的分布和差异,结果见表 6.10 与 6.11。卡方检验表明,在软学科与硬学科期刊论文引言部分中,五词非毗邻式词块的数量在三个语步中的分布没有显著差异($\chi^2 = 4.87, p = 0.08$)。另一组卡方检验表明,在纯理与应用期刊论文引言部分中,五词非毗邻式词块的数量在三个语步中的分布呈显著差异($\chi^2 = 200.36, p = 2.2 \times 10^{-16}$)。标准化残差表明,差异主要体现在语步一与语步三。在语步一,纯理学科的非毗邻式词块数量高于应用学科($R = 7.72, R = -6.18$)。而语步三则相反,应用学科的非毗邻式词块数量高于纯理学科($R = 6.14, R = -7.67$)。

表 6.8　各学科库中引言语步非毗邻式词块的种类分布

学科	语步一	语步二	语步三
语言学	50	37	47
市场营销学	22	20	56
生物学	41	27	27
机械工程学	66	57	84

表 6.9　各学科库中引言语步非毗邻式词块的数量分布

学科	语步一	语步二	语步三
语言学	199	75	120
市场营销学	36	35	251
生物学	158	48	68
机械工程学	216	107	397

表 6.10　"软—硬"学科引言语步非毗邻式词块的使用对比

学科类别	值或差	语步一	语步二	语步三
软学科	观测值	235	110	371
	拟合值	76.76	60.47	91.77
	残差(R)	−1.63	0.45	−1.85

续　表

学科类别	值或差	语步一	语步二	语步三
硬学科	观测值	374	155	465
	拟合值	102.24	80.53	122.23
	残差(R)	−1.41	−0.39	1.61

注:$\chi^2 = 4.87, df = 2, p = 0.08$

表 6.11　"纯理—应用"学科引言语步非毗邻式词块的使用对比

学科类别	值或差	语步一	语步二	语步三
纯理	观测值	357	123	188
	拟合值	237.90	103.52	326.58
	残差(R)	**7.72**	1.91	**−7.67**
应用	观测值	252	142	648
	拟合值	371.10	161.48	509.42
	残差(R)	**−6.18**	−1.53	**6.14**

注:$\chi^2 = 200.36, df = 2, p < 0.001$

　　此研究结果从一定程度上说明词块具有语步特质性。另外,不同学科论文引言的语言程式化程度不同,语步分析能针对性地解释这种现象。下文将结合语步分析,通过大量检索行,对不同学科的非毗邻式词块进行质性分析。为了更好地解释词块"功能—形式"的关系,本书将首先探讨各语步中不同学科的语篇功能分布,再以各学科典型的(即仅在此学科出现的)非毗邻式词块为例,探析非毗邻式词块的学科差异化特征,并适当举例说明。不同学科作者在各个语步高频使用的非毗邻式词块展示在附录 7。

6.3.1　确定研究领域语步

　　"确立研究领域"语步强调话题的重要性,从宏观到微观地介绍相关的研究背景和研究现状。与其他语步相比,语言学与生物学在语步一出现的词块数量最多,所涵盖的词块框架类别也最丰富。通过观察本语步的语阶序列和频次,本研究发现,在"建立中心议题"语阶,语言学与生物类学科在篇首常常具体地强调某研究对象在真实世界或在某研究环节的重要性。而市场营销学在开篇多以市场现象为出发点(例如,在线下实体或线上网络平台,消费者对某类产品的购买欲望或购买行为),作者以此引起潜在读者的共鸣,引导读者继续阅读。同样,机械工程学多以工程应用为出发点。相对而言,少部分作者会在开篇直接描述当下话题的重要性和研究热点。因此,纯理学科在此语阶出现较多程式化语言,而应用学科相对较少,从而出现了纯理学科的词块数量显著多于应用类学科。

通过观察"确定研究领域"语步各学科的功能分布(见图 6.11),语言学的研究类词块占比明显高于其他功能词块。通过进一步观察,笔者发现,语言学作者使用大量研究功能的量化与描述类词块构建"回顾前人研究"语阶。"回顾前人研究"语阶关联了"什么被发现"以及"谁发现",是学术研究论文的必要语阶。语言学的论辩性(discursivity)更强,作者需要"追根溯源",引述大量前人研究,表明作者对此研究领域的专业度,以学术社团成员的身份说服目标读者接受自己的观点。因此,语言学作者在此语步使用了较多研究功能的量化与描述类词块,如 *a * number of studies*、*the role of * in*。而对于生物学科技论文,科技推陈出新较快,创新性的研究结果是作者传播信息的重点。因此,生物学科技论文在陈述前人研究时,倾向使用文本功能的结果类词块,如 *due to the * of*,通过前人研究结论印证自己的论断,弱化研究者的地位,凸显当下实验的客观性与创新性。同时,机械工程学倾向于使用更多文本导向的目标类词块,如 *to improve the * of*、*is designed to * the*,符合作者环环相扣解决问题的线性思维过程。因此,其他三个学科在语步一的文本导向词块更多。

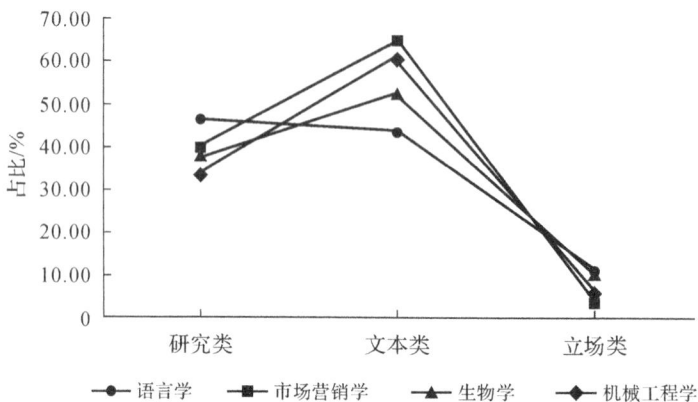

图 6.11 "确立研究领域"语步中非毗邻式词块的功能分布

通过观察各学科的典型词块(见附录 7,灰色阴影部分代表学科共用词块、非灰色阴影部分代表学科典型词块），笔者发现：在研究导向功能，硬学科偏好过程类词块，但两个硬学科作者使用词块的词汇变体又有不同的语义倾向。生物学偏好表述生物体的实验反应过程，如 *activation*、*evolution*（例6.1），机械工程学倾向于描述研究者的操作过程，如 *control*、*simulate*（例6.2）。其原因在于，生物学的实验对象是实验条件下的生物体，其目的是通过调整实验环境记录生物体的动态发展；机械工程学的实验对象是某机械类性能，其目的是通过模拟、调整相关参数，最终解决或优化具体待解决的性能问题。因此，生物学倾向弱化研究者地位，强调生物体的客观发展。而机械工程学则强调研究者的能动性，以解决问题为导向的思维模式引导目标读者理解文本。由此可见，"纯理—应用"的学科维度反映出学术文化与语言表述的差异。例6.1与例6.2分别展示了生物学与机械工程学使用过程类词块的差异：

例 6.1 Mechanistically, oocyte-enriched factors, such as the oocyte linker histone B4, have been implicated in the reactivation of a few pluripotency genes such as Sox2 (REF). (B)

例 6.2 Recently there has also been a growing interest in the assessment of the potential environmental impacts of grain production in this region, e.g. Norway (REF) and Finland (REF). (ME)

在研究导向功能词块中，硬学科出现了共用"定位"词块（at the * of the），主要用来精确描述物体的具体位置和反应时间（如 *surface*、*root*、*time*）。这是因为，硬学科追求数据的科学性和精确度，见例6.3—6.4。

例 6.3 Furthermore, the ss4 mutant leaves contain less starch than the wild type at the end of the day, but more at the end of the night. (B)

例 6.4 CVD is a chemical reaction of a gas mixture at the surface of the wafer taking place at high temperatures. (ME)

在研究导向功能中，另外一个显著差异在于"描述类"词块，其结构多为"名词短语＋of短语片段"，但其词汇变体的语义功能和分布数量存在较大的学科差异。语言学的描述类词块的词汇变体多是对研究对象（如语言特征、语言使用、语言使用者）属性的描述，如 *frequency*、*stance*、*qualities*。而机械工程学的描述类词块的词汇变体多是描述机械类物体或与其相关的系统或模型，如

complexity、*stiffness*，但用在此语步的词汇变体较少。这是因为，语言学倾向于较为详尽地列举前人研究，以此梳理出还可以进一步探索的研究缺口。因此，语言学在此语步出现较多的描述类词块与词汇变体。而机械工程学倾向于在此语步较为简单泛化地介绍前人研究，但会在语步二"确立研究地位"语步较为具体地指出这项研究处理机械类问题的不足之处，并在语步三"介绍本研究"语步详细地介绍本研究。因此，描述类词块的词汇变体更多地使用在语步二和语步三。

在文本导向功能，笔者发现，软学科偏好引述前人研究"做了什么"，使用报道动词，如 *examine*、*study*、*investigate* 等，硬学科作者偏好引述前人研究"发现了什么"，使用报道动词，如 *prove*、*recognize*、*implicate* 等。因此，软学科的报道动词常是主动语态，而硬学科常使用被动语态。这是因为，软学科和硬学科都偏好使用大量的非融入式引述，以凸显信息的客观性。生物学科技论文的非融入式引述密度更高，语言学倾向使用一部分融入式引述，以凸显作者的专业身份，增加研究的信度。另外，硬学科更强调创新，重复研究没有研究意义。硬学科汇报前人研究结果在于印证作者的论断，并将前人研究与当下研究形成一种线性的知识发展体系。同时，硬学科的知识体系日新月异，论文期刊多、发表周期短、论文数量多，作者不需要进行全面综述。软学科的知识体系则有反复性和整体性，强调"仁者见仁智者见智"（顾建民，2006），学者们可通过不同的角度或方法，以共时或历时的时间线观察同一个研究现象。同时，硬学科是范式领域，其研究基础、研究内容与研究范式是圈内人所熟知的，作者无须赘述前人研究结果之外的其他研究背景。而软学科是非范式领域，其知识属性在于"百家争鸣"，作者必须借助前人研究的观点、热点及缺口论证其研究意义。例6.5 与例 6.6 分别展示了硬学科与软学科使用结果类动词的差异：

例 6.5　Generally, chloroplast gene expression has been shown to be controlled at the level of translation through binding of specific trans factors to cis elements in the untranslated region（UTR）of specific mRNAs3.（B）

例 6.6　A number of researchers have examined the ways of expressing and interpreting evaluation in academic genres from specific disciplines.（L）

通过观察各语步的典型词块（见附录 7，黑体显示），即仅出现在此语步的非毗邻式词块与词汇变体,笔者发现,语步一的典型词块较少,主要集中在两方面:一方面是对前人研究的宏观"量化",如 *a * number of studies*,主要体现在语言学(例 6.7)。另一方面是引用,常论述"结果",如 *it has been * that*(例 6.8)和"目标",如 *been * to improve the*(例 6.9)。

例 6.7 A growing number of studies have examined different dimensions of university student-produced argumentative essays. (L)

例 6.8 On the other hand, it has been shown that air dispersal may also be a source for habitat generalists that are able to cope with a wide range of environmental conditions (REF). (B)

例 6.9 Over the years, many different error compensation methods have been employed to improve the accuracy of machine tools (REF). (ME)

6.3.2 确立研究地位语步

"确立研究领域"语步的交际目的在于总结研究不足,并提出本研究的必要性。此语步增强了语言表达的批判性和学术观点的鲜明特色。如图 6.12 所示,"确立研究领域语步"在研究类与文本类功能词块中表现出"软学科—硬学科"维度的倾向。具体表现在:在研究类词块,硬学科使用较多"过程"类词块。其原因仍在于硬学科注重创新,需要作者明确前人研究中具体操作中的研究空白,从而继承前人研究,并进一步开创知识领域。在文本类词块,软学科整体上使用频数上略高于硬学科。主要体现在,软学科倾向于"框架"类词块论述。同时,笔者发现,市场营销学作为"应用"学科,在此语步已经体现出了"应用"倾向,更加强调了"效应"的地位,如 *the effect(s) of * on*。而在立场类功能词块,各个学科都较为重视立场表达,包括积极归向的评价意义形容词,如 *important*、*critical*、*crucial*,消极归向的形容词,如 *difficult*,以及带有否定意义的名词短语,如 *there is a * of*,*为 *lack*、*death*、*paucity*。这些立场类表达用以文献述评,并合理化当下研究。值得一提的是,市场营销学与机械工程学在此语步的使用频数比例略低于语言学与生物学。这是因为,应用类学科将更多的立场类表达放置于"介绍本研究"语步,强调当下研究的应用价值,因此降低了在"确立研究领域"语步中立场类词块的频数占比。

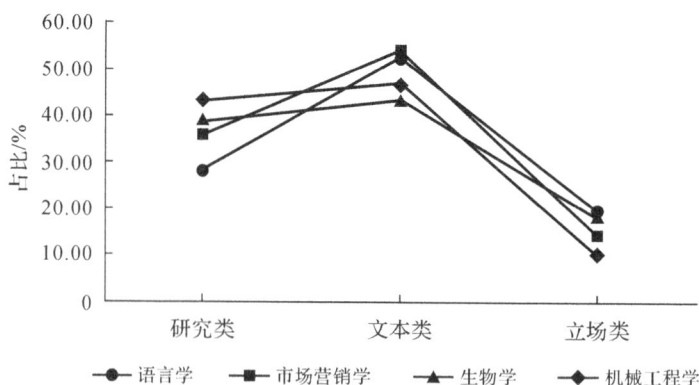

图 6.12 "确立研究地位"语步中非毗邻式词块的功能分布

据观察学科典型词块（见附录7,灰色阴影部分代表学科共用词块、非灰色阴影部分代表学科典型词块）,软学科在"确立研究领域"语步偏好抽象的、宏观的评述（例6.10）,硬学科则表现出对于精确度的关注,如 *the * of the system*。具体表现在:硬学科均使用研究导向的描述类词块,描述研究主体的研究不足。但基于两个学科不同的"纯理—应用"维度,生物学强调前期生化实验的不足（例6.11）,机械工程学描述机械性能的欠缺之处,如 *on the * of the* 、*the * of the system*（例6.12）,并使用文本导向功能的目标类词块,指出针对性的改进措施,如 *to increase/reduce the * of*（例6.13）。

例 6.10 First, there is a serious lack of research on the use of Facebook as an educational resource. (L)

例 6.11 In particular, little is known about the mutational load on post-mitotic cells that cannot be expanded in culture. (B)

例 6.12 However, the state of the system might not be available, since a sensor cannot be set in every state variable, and some sort of reconstruction technique is required to obtain an estimation of the true state. (ME)

例 6.13 Second, there is a need to support human inspection tasks at screening in order to reduce the probability of human error, mainly due to tiredness and stress. (ME)

通过观察各语步的典型词块(见附录 7,黑体显示),笔者发现,这些词块带有典型的研究泛化与研究评价的语义功能,包括:*little is* ＊ *about the* (*known/understood*)、*there is a* ＊ *need* (*dire/pressing/significant*)、*has not been* ＊ *yet* (*built/investigated/reached/reported*)、*it is* ＊ *difficult to* (*more/sometimes/usually/very*)。通过观察检索行,笔者发现,这些多词结构用以表述研究空白及当下研究的重要性和操作难度,通常下文会出现两种组织语篇的形式:评述相关的文献,指出可圈可点之处;或进一步论证当下研究的重要性。这两种组篇形式都为过渡到"介绍本研究"语步做出了适当的铺垫,完成了本语步的交际功能,见例 6.14—6.15。

例 6.14　In particular, little is known about the mutational load on post-mitotic cells that cannot be expanded in culture. Studies on CAG repeats in mouse brain (REF) have shown that.... However, such a systematic survey of human tissue from different ages has not been performed.... Thus, to overcome the previous technical difficulties in studying cellular aging, we analyzed single human cells from donors of a wide spectrum of ages. (B)

例 6.15　However, the mathematical model of the corresponding relation between the geometrical feature and the processing feed speed has not been built yet. Based on the above, it is of great significance to build the mathematical model.... Aiming at the problem... in this study, a sub-regional processing method... is proposed, which distributes the NC programmed feed speed based on the geometric feature of the parts. (ME)

6.3.3　介绍本研究语步

"介绍本研究语步"在于总结研究内容,概括当下研究的目的、方法、研究价值等。经过统计语阶序列与频数,笔者发现,应用类学科科学的语阶分布较为一致。在纯理学科中,语阶分布趋势相对接近,不同的是,生物学者使用了更高比例的"报告研究发现"语阶(详见第 4 章)。词块使用也反映出较为类似的分布趋势(见图 6.13)。这种趋向主要表现在:在研究导向功能,应用类学科的"描述类"词块和词汇变体主要分布在"介绍本研究"语步,重点描述当下研究的研究主体,相对弱化前人研究中研究主体的描述。同时也较少使用其他功能类词块(定位、过程、量化)。在文本导向功能,应用学科偏好在"介绍本研究"语步使用大量的"文本结构"类词块,描述研究目的、研究方法和研究价值,将文章中其他章节的安排予以简要概述。而纯理学科则倾向使用简单的小段或一句话概括其研究内容。这一点尤其体现在生物学,生物学在此语步仅简要地描述研究目的、研究结果,从而造成生物学在此语步中文本类功能占比最低。另外,生物学的研究类词块比例偏高。本书分析其仍然与生物学的语类结构有关。与其他学科不同的是,生物学在此语步的必要语阶仅为两项:"介绍研究内容和目的"语阶与"报告研究发现"语阶。报告研究内容与结果的同时,也需要描述生物体的状态,需要一定的"描述类"词块,从而造成研究类功能占比偏高。

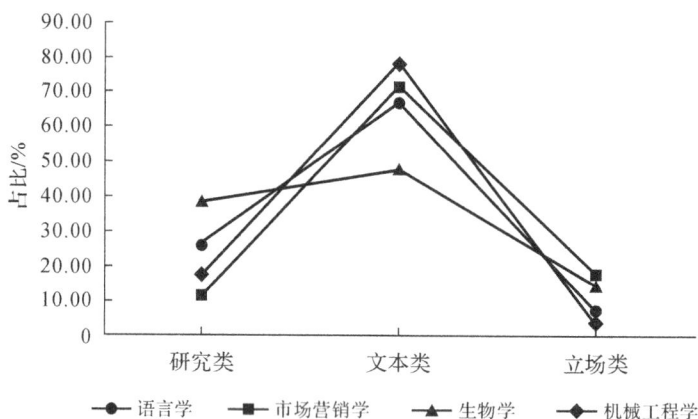

图 6.13 "介绍本研究"语步中非毗邻式词块的功能分布

通过观察各学科的典型词块,笔者发现,在研究导向功能,硬学科仍然需要客观而具体地描述研究主体的状态和动态发展(例 6.16)。而软学科则倾向宏观描述抽象的属性(例 6.17)。

例 6.16 On the other hand, we consider the dynamic maximization of the microgrid utility. (ME)

例 6.17 What are the qualities of the wiki texts that small groups produced in the collaborative wiki writing task environment? (L)

在文本导向词块,上文已论述纯理学科与应用学科的差别在于对当下研究的介绍,前者偏好简述,而后者倾向详述。因此,在"文本结构"词块中,语言学词块多介绍研究目的和内容,如 *the present study * to*(* 为 *aims/attempts/ is/seeks*)、*the * of the present*(* 为 *purposes/focus/scope/aims*)。而应用类学科则包含了研究框架、内容、方法、研究价值等,并偏好结构化、程式化的语言组织语篇。例 6.18—6.21 分别展示了纯理学科(语言学;生物学)与应用学科(市场营销学;机械工程学)在"介绍本研究"语步中如何报道当下研究(黑体为五词非毗邻式词块,下画线部分为表示结构的语言)。

例 6.18 One of **the aims of the present study** is to offer.... An additional aim **of this study is to** introduce and show... for research that can aid not only in informing our teaching and understanding of discipline-specific language and texts but also in sparking new areas of research techniques. (L)

例 6.19 In this study, we examined.... We systematically examined.... **Our results indicate that the**... **plays a major role in** the central carbon metabolism in this model cyanobacterium. (B)

例 6.20 **The remainder of the article is organized as follows.** In the next section, we present the.... We then describe the..., explain... and use a simulation to demonstrate the.... We follow this with an empirical application showing the... and close **with a discussion of the** benefit considerations for design and analysis implementation. (MK)

例 6.21 In this paper, we propose a .... Specifically, **the main contributions of this paper** can be summarized as follows: We propose a.... To our knowledge, **it is the first attempt to** achieve.... To protect the... we introduce.... Furthermore, we give two extensions to support.... **The rest of this paper is organized as follows**: Section II discusses the related work. In Section III, we introduce our system model.... Then, in Section IV, we review.... We present... in Section V, followed by... analysis in Sections VI and VII, respectively. Section VIII gives.... Finally, Section IX makes a conclusion. (ME)

文本类词块中,另外一个突出的特点在于过渡类词块,即建立成分间的加链接或对比链接。应用类词块在此语步使用了部分加链接的词块,如 *the* *relationship between * and*。原因在于,市场营销学与机械工程学存在一个类似的研究方法:建模,即模拟系统的因果关系或相互关系。不同之处在于,市场营销学利用已有的经验和知识来建模,通过野外数据和相关的统计结果,改变模型的个别参数,识别出研究现象的影响因素(例 6.22);机械工程学是根据事物的机制(如数学或物理仿真)来建模,通过对系统的实验或统计数据的处理,调整模型的某些系数,为企业生产提供可参照的模板和解决路径(例 6.23)。

例 6.22　First, this work informs the relationship between variety and happiness. (MK)

例 6.23　Taking the NC machining of an equiangular spiral for example, the geometrical model of equiangular spiral is analyzed first, and the relationship between the curvature and the feed speed is built through test processing. (ME)

立场功能的非毗邻式词块分布在引言各个语步,却呈现出词汇变体在语义功能的差异性。在"确定研究领域"语步,立场类词块多为积极归向的评价意义形容词,多用在"建立中心议题"语阶,强调研究主体在学科领域的核心地位。在"确立研究地位"语步,立场类词块则同时出现了积极与消极归向的评价意义形容词,以及否定意义的名词短语,多出现在"指出差距"与"提出研究的积极合理性"语阶,强调当下研究的价值与合理性。而在"介绍本研究"语步,立场类词块又重新归向积极的评价意义,主要用在应用学科中的"阐述研究价值"语阶,强调当下研究的贡献,以及对未来研究或现实社会生活的启示。

6.4　本章小结

本章论述了各学科作者高频使用非毗邻式词块的使用情况。首先,本章介绍了非毗邻式词块的总体分布情况,包括其频数分布、内部变异性以及频数与内部变异性的相关性。本研究发现,尽管非毗邻式词块的内部变异性在四个学科中存在一定程度上的差异,但各学科的平均变异性系数均较高(0.75)。非毗邻式词块的频数与词汇变体之间的相关性在四个学科中均呈现出中等程度相关(0.4—0.6)到强相关(0.6—0.8)。这在一定程度上说明,高频使用的非毗邻式词块具有相应的学术英语教学价值。

其次,本章介绍了各学科的共用词块,结果表明其词汇变体的选择反映出相应的学科文化与知识传播的重点。

最后,本书以语步功能为分析单位,以词块功能为分析框架,重点考察了非毗邻式词块在不同语步的频数分布,以及各语步中不同学科的典型词块。结果表明,非毗邻式词块具有语类和语步特质性,其使用受到语类结构的制约,同时也构建了学科差异化的语类结构与修辞手段。在词块研究中,仅单独考察词块的结构和功能是不全面的,需以语篇内深层次的交际功能为出发点,建立"功能—形式"的关联,即交际功能如何通过特定的语言特征去实现,以及不同的语言形式如何实现特定的交际功能。通过接触专家学者常用的语言形式,学术新手能以更准确的语言表达更精准的交际目的,从而熟练运用学科独特的语篇构建机制与语言表达。综上所述,非毗邻式词块具有很大的研究价值与教学价值,值得语言学界进一步深入关注。

第7章 基于词块的学术英语教学辅助工具

随着计算机技术的发展,计算机作为学习平台或基础工具已渗入到语言学习与教学的方方面面。计算机技术与语言学研究相结合的一个重要成果是语料库语言学的兴盛与发展。通过语料库与相应的语料库工具,我们得以研究真实的语言,更准确匹配特定的语言单位,并对相关的语言特征进行描述、统计与归纳。与此同时,计算机辅助语言学习(Computer-assisted Language Learning, CALL)作为现代信息技术与语言学研究的交叉领域,已取得大量的科研成果和实践成果,大大地提高了大众认知度。本章分为两个部分:第一部分首先介绍计算机辅助语言学习,然后介绍相关的词块写作工具,最后系统地介绍自编词块写作工具的各项规格和使用示例。第二部分展示使用者的反馈和建议。

7.1 计算机辅助语言学习

Warschauer(2000)将 CALL 分为三个阶段:(1)20 世纪 70—80 年代,CALL 奉行行为主义理论(behaviorism),属于结构主义计算机辅助语言学习(Structural CALL),这个时期的程序功能相对简单,内容局限于词汇和语法结构。计算机作为指导者,为学习者提供正确的词汇和语法指导,但学习操练模式脱离了真实语境。(2)20 世纪 80—90 年代,CALL 奉行信息加工理论与构建主义学习理论,属于交际主义计算机辅助语言学习(Communicative CALL),这个阶段的语言学习更多地融入学习过程,利用多种模式与学习者互动,以提高学生的交际能力为语言学习目标。(3)21 世纪以来,CALL 处于整合阶段,集合以上两个发展阶段的特点,同时更加重视语言使用的社会文化环境,认为语言是社会文化所构建的产物。在这个时期,CALL 善于利用日趋先进的网络和现代信息技术,并趋向以内容丰富、真实使用的语言材料作为后端数据库,帮助学习者探索微观层面的词汇语法知识和宏观的篇章结构知识,极大地扩展了学习者自主学习的空间。

总体上,CALL 是对计算机在语言教学和实践应用中的研究,其研究范畴既宽泛又具体(孙凤兰、胡加圣,2014)。说其宽泛,是因为 CALL 可贯穿外语课程的各个环节,如资源开发、教学设计与评估、工具开发等;说其具体,是因为 CALL 多聚焦于教学一线的具体应用层面。孙凤兰、胡加圣(2014)统计了第三届世界计算机辅助语言教学大会的论文主题,依次是计算机辅助语言教学教改、以计算机为媒介的交流(CMC)、学生研究、教学课件开发、新技术应用、多媒体应用、语料库应用、网络在线学习、教师研究及其他。郑春萍(2015)通过量化元分析了 CALL 领域的五种国际权威期刊,发现 CALL 主要围绕以下几个主题展开,分别是:理论基础、新兴技术、学习者、二语习得、教师发展、CALL 的设计开发、测试评价及教学方法。同时,CALL 在辅助学习者语言学习方面最受研究者关注的是如何提升学习者的词汇认知与写作能力。

7.2 相关的英语教学辅助工具介绍

近些年来,学术用途英语逐渐成为语言教学的重点,词块研究不仅是语言教学,也是学习者自主学习的研究焦点(陈海员、何安平,2017)。如上所述,CALL 逐步结合真实的语言开展应用实践。语料库作为真实语言的集合,主要有两种应用手段:间接应用和直接应用。间接应用的例子有词典(如 *Collins COBUILD English Language Dictionary*)和语法参考书(如 *Longman Grammar of Spoken and Written English*);直接应用的例子有数据驱动学习(Data-Driven Learning,DDL),即学习者自己成为"语言的侦探",鼓励学习者积极地使用目标语语料库,在检索行中识别并分析这些复现的语言形式,并自行归纳、发现语言规律。

如前文所述,语言的基本意义单位不在于单词,而在于多词单位的组合。书写正确的句子可能是一个挑战,书写正确的程式化短语结构也可能存在较大的难度。对许多二语学习者来说,程式化语言是一个挑战,因为没有明确的规则说明哪些词可以组合,哪些词不可以组合。其中一个解决办法是,根据一定的数据统计,得出专家学者常用的程式化语言,让学习者参考和效仿(Grami & Alkazemit,2016)。研究表明,在写作课堂上或写作项目中,使用语料库或相应的辅助软件,可以帮助学生决定哪些词可以组合使用,以及哪种语境更加适合使用。Friginal(2013)发现,接受程式化序列与相关语料库语言学训练的学生,可以更好地在写作中使用连接状语、报道动词和动词时态。Yoon 和 Hirvela(2004)指出,在 ESL(English as a Second Language)课程中接受语料库训练对培养二语写作技能有较大的帮助,也能提升学习者的写作自信。Gavioli 和 Aston(2001)认为,在 ESL 写作课程中使用语料库语言学,可以提高学习者的自主学习能力。Lee 和 Swales(2006)为博士阶段的四名学生开设了基于语料库的写作课程,分别使用了通用语料库(如 BNC 等)与一种专门语料库(专家学者学术英语语料库),并使用 WordSmith 作为检索软件。在熟悉了软件使用与语料属性后,作者鼓励学生自建本学科的学术英语论文语料库。这几名学生表示,他们更容易接受学科化的专门语料库,语料库辅助写作产生了实际的辅助效果。但作者也表示,这四名学生高度自律,熟悉软件操作和本领域学术论文的语类知识,这些内部因素促使作者的实践研究产生了积极的效果。楼捷(2011)做了一项历时的实证调查研究,论证了利用网络语料库(BNC 与 COCA)辅助写作,可以提升英语专业中高级英语能力水平学生的词块使用能力和综合的语言技能。在访谈中,学生肯定了网络语料库对辅助写作的实际帮助,其增强了使用语块,而非孤立单词的语言表述能力,提升了语言表达的流畅性与地道性。但这项研究也存在不足之处,即 BNC 与 COCA 的部分语料并不符合使用者的使用语境,使用者不易理解所在的检索行。这项研究不足说明,面对特定的工具使用群体,要选择特定的语料库,必要时需自建语料库,并开发特定的辅助工具。

随着计算机辅助语言学习的发展,英语教学辅助工具应运而生,可为学习者与教师提供一些有用的教材和一个友好的平台,而学习者也可以实现研究与自主学习为一体的目标。目前,不仅技术支持的语言学习研究日趋广泛,各种新的技术与工具也应运而生,可应用到广泛的语类、教学环境及教学方法中。Strobl 等(2019)调查近年来写作工具开发情况发现,现有研究对可支持的语类、语言、教学重点并不均衡。有大量的工具支持议论文写作,而适用其他语类(如期刊论文)或其他语言的工具尚且不多。另外,从教学目的的角度来看,这些自动化信息技术多展现语言微观层面的事实知识(factual knowledge),如语法、词汇拼写与频次,而较少展现写作质量的宏观层面知识,如篇章结构、语篇衔接与连贯、语步修辞结构等。语类教学以提升学习者的修辞功能的意识为主要目的,而信息技术则能更好地实现语类教学的学科差异化特征。近年来,这样的理念和实践极大地促进了此类技术支持的发展。从学科领域的角度,仅有少量工具有学科领域的区分,此类研究和开发还有进一步拓展的必要。

本书的研究范畴主要聚焦于技术性研究工具的开发设计,具体涉及语料库应用与网络在线学习。研究集合了四个学科,分别为语言学、市场营销学、生物学与机械工程学,将语类分析与词块研究的结果编入此工具,提升了本研究成果的应用价值。下文将分别从设计与开发、测试与反馈两方面探讨词块在线学习工具的开发。

7.3 基于词块的教学辅助工具开发

7.3.1 设计与开发

期刊论文作为一种约定俗成的范式文体写作,具有较为固化的语类结构和语言特征,学术新手尤其需要这方面较为明晰的指导。本书的词块研究为期刊论文的学术英语教学提供了实证数据与文本信息。为了进一步促进技术支持的语类写作教学,本研究开发了一项语料库驱动的和理论支撑的期刊论文学术英语教学辅助工具。这一工具结合了修辞语步与词块(毗邻式词块和非毗邻式词块),为各个学科提供了可选语步和必选语步,并根据特定语步,按频次依次展示最常用的固定结构词块和半固定结构词块,以及相应的词汇变体。词块—语步联结的研究方法和研究成果已得到前人研究的实证论证(Cortes,2013;Mizumoto et al.,2017;Omidian et al.,2018),在本书前期研究的各个阶段(第4—6章)已证实这个研究方法的可行性。而基于词块的学术英语教学辅助工具则可以进一步验证研究结果的适用性、应用性和推广性,与本书的研究发现(第4—6章)相辅相成、自成一体。

本书按照 Strobl 等(2019)对写作辅助软件的标注和归类,按照"一般规格"(general specifications)、"指导方法"(instructional approaches)、"技术规格"(technological specifications)这几个方面的 19 个特征详细地描述了本研究开发工具的属性(分别见表 7.1、表 7.2 与表 7.4),并以此说明此工具的优越性和局限性。

如表 7.1 所示,本工具主要面对高等教育水平群体(本科生与研究生),原因在于这个群体有明确的学术语言学习需求。由于英语是国际权威期刊的主要使用语言,本写作工具的目的语为英语。为了方便使用者理解,本工具的用户支持语言为汉语与英语。学术英语非任何人的母语(Hyland,2015),母语为英语的学术新手同样需要习得特定学术规约的学术英语。本工具适用于学术新手,无关其母语背景,因而未限制用户语言背景。工具归类范畴为交互式写作平台(Interactive Writing Platform,IWP),即提供写作方面的教学指导,促进使用者的写作实践,但并不对使用者的写作文本在线再加工。鉴于期刊论文是各学科领域传播知识的主要渠道,本工具以四个学科(语言学、市场营销学、生物学、机械工程学)的期刊论文语料为后端数据库,作为本工具的目标语类与目标领域。本工具仅作交流学术知识之用,是一款免费的应用软件,可公开访问。

表 7.1　学术英语教学辅助工具的一般规格

ID	功能设置	类别描述
1	用户教育水平	高等教育水平(本科生与研究生)
2	写作目的语	英语
3	工具支持语言	汉语、英语
4	用户语言背景	未限制(学术新手)
5	工具归类范畴	交互式写作平台
6	目标语类	期刊论文
7	目标领域	语言学、市场营销学、生物学、机械工程学
8	访问政策	可公开访问

　　如表 7.2 所示,本工具对于文本层面的焦点为宏观层面与微观层面的结合。其宏观层面是修辞语步与语阶。为了更清楚地指导使用者组织语篇,本书将必要语步(语阶)与可选语步(语阶)纳入工具中(见表 7.3)。由于引言部分的三个语步均为必要语步,本工具将不另外特别设置。但语阶在各个学科却有不同的语阶重点,本工具以符号 * 作为必要语阶(见图 7.1 与图 7.2),提醒使用可在一定程度上参照专家学者构建语篇的语类模式。

表 7.2　学术英语教学辅助工具的指导方法

ID	功能设置	类别描述
10	文本层面的焦点	宏观层面(修辞语步与语阶)微观层面(毗邻式词块与非毗邻式词块)
11	使用环境	非特定(主要用来自主学习,也可以用来课堂辅助教学)

续　表

ID	功能设置	类别描述
12	目标任务	写作过程中的起草与编辑（帮助理清思路、表达观点）
13	目标技巧和策略	事实知识（词汇语法类的毗邻式词块与非毗邻式词块）概念知识（引言文体的宏观修辞结构、篇章结构的安排以及修辞结构与词汇语法之间的关联）
14	指导任务类型	写作结构与词块语言
15	数字交互支持	学习者—内容交互
16	用户适应性偏好	较小的用户适应性偏好调整（根据作者的写作需要，选择相应的学科、论文部分（目前仅支持引言部分）、语步、语阶以及词块范畴

表 7.3　各学科库中必要语阶与可选语阶的分布

学　科	M1 Establishing_territory	M2 Establishing_niche	M3 Presenting_study
语言学	M1_Definition M1_Centrality* M1_Generalization* M1_Previous-research*	M2_Gap* M2_Known* M2_Question M2_Justification*	M3_Present-research* M3_RQs-H* M3_Method M3_Outcome M3_Value M3_Structure
市场营销学	M1_Definition M1_Centrality M1_Generalization* M1_Previous-research*	M2_Gap* M2_Known M2_Question M2_Justification*	M3_Present-research* M3_RQs-H* M3_Method* M3_Outcome* M3_Value* M3_Structure*
生物学	M1_Definition M1_Centrality* M1_Generalization* M1_Previous-research*	M2_Gap* M2_Known M2_Justification*	M3_Present-research* M3_RQs-H M3_Method M3_Outcome* M3_Value*
机械工程学	M1_Definition M1_Centrality M1_Generalization* M1_Previous-research*	M2_Gap* M2_Known M2_Question M2_Justification*	M3_Present-research* M3_RQs-H M3_Method* M3_Outcome M3_Value M3_Structure*

注：* 为必选语阶。

　　针对使用环境,本工具并未有明确的设置,主要用来自主学习,也可以作为示范性的课堂辅助教学,辅助使用者在写作中的起草与编辑,并借助宏观的语类结构,帮助使用者理清思路,根据交际目的选择特定的语言表达形式。因此,本工具的目标技巧和策略则是"事实知识"(factual knowledge)与"概念知识"(conceptual knowledge),前者是词汇语法类的毗邻式词块与非毗邻式词块,后者是引言文体的宏观修辞结构、篇章结构的安排以及修辞结构与词汇语法之间的关联。目前,本工具仅支持学习者—内容交互,不提供在线的语言分析与校正业务。本工具支持较小的用户适应性偏好调整,即可根据作者的写作需要,选择相应的学科、论文部分(目前仅支持引言部分)、语步、语阶以及词块范畴。

　　鉴于多数使用者可能不了解"语类""语步""语阶"的概念,本工具另设置了"引言部分语类结构模式"(CARS List)选项,将 CARS 模型的基本框架和基本语类知识呈现出来,方便使用者学习和参照。微观层面则是不同语步功能单位中所使用的毗邻式词块与非毗邻式词块。简单来说,毗邻式词块是固定结构的 n 元词,而非毗邻式词块是包含一个自由词位(以 * 代表)和一系列词汇变体的半固定结构的 n 元词。为此,本工具将分而设之。

　　在界面的上方,使用者可依次选择"学科"(Discipline)、"论文部分"(Section)、"语步"(Move)、"语阶"(Step)。在界面的中间部分,若选择"毗邻式词块"(n-grams),则会出现相对应的毗邻式词块(Most frequent n-grams)。Hockey(2001)认为一个理想的工具应该将这些单词(词块)根据字母顺序或频次排序。本书遵从频次排序的原则,将毗邻式词块以频次标准从高到低的排序展示。语言的使用在于其语境的设置。为此,本工具设置了"检索行"(Concordance)选项。点击任意毗邻式词块,则可出现相对应的完整的句子,而毗邻式词块则以黄色高亮显示,以引起使用者的注意。同时,点击相应的句子,则会出现引言全文,方便使用者观察语境,尝试成为"语言的侦探"。图 7.1 展示了语言学学科(Linguistics)、引言部分(Introduction)、语步三(M3 Presenting_study)、"介绍研究内容或目的"语阶(M3_Present-research)的词块展示。若选择"this study aims to",下方 concordance 则会出现相对应的检索行,使用者可参照专家学者使用的实例。点击某一行检索行,则会出现其文本语境,见图 7.2。若选择"非毗邻式词块"(p-frames)选项,则会在左侧栏目(Most frequent p-frames)出现相应的非毗邻式词块,点击某个非毗邻式词块,则会在右侧栏目(Variants)出现包含不同词汇变体的词块。非毗邻式词块模块仍参照频次标准,非毗邻式词块以及相关的词汇变体都将根据频次从高到低排序展示。如图 7.3 所示,同样以语言学学科、引言部分、M3 语步、"介绍研究内容或目的"语阶为例,点击非毗邻式词块"the ＊ of the present",右侧将出现相关的词汇变体组成的词块"the focus of the present""the aims of the present""the aim of the present""the scope of the present",下方将展示所有的句子。点击任意词块,如"the focus of the present",下方则会展示其所在的句子。与毗邻式词块板块一样,点击任意检索行,则会出现相应的文本语境。

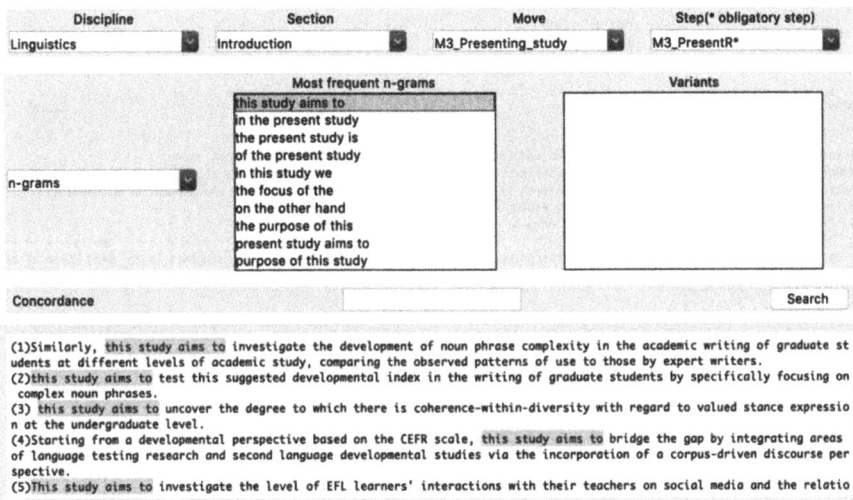

图 7.1　学术英语教学辅助工具的毗邻式词块板块示意

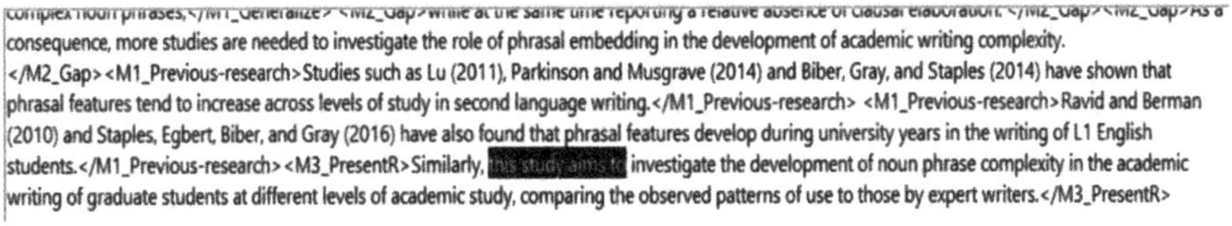

图 7.2　学术英语教学辅助工具的检索行示意

表 7.4 展示了词块写作工具的技术规格介绍。本工具主要利用了 Python 的 Tkinter 模块进行窗口视窗设计。Tkinter 是 Python 自带的语言包,可从需求出发,灵活地设计界面,并可同时分享给他人使用。本工具的后端数据库是语步标注的语料库,本书第 4—6 章分别论证了此语料标注的信度和词块研究的效度,可作为此软件的后端数据库。目前,本工具设定的运行环境为独立运行。根据未来研究的需求,本工具将进一步拓展为在线模式,方便使用者通过相关浏览器(如谷歌浏览器)进行网络爬虫(web crawling),加大数据抓取范围。

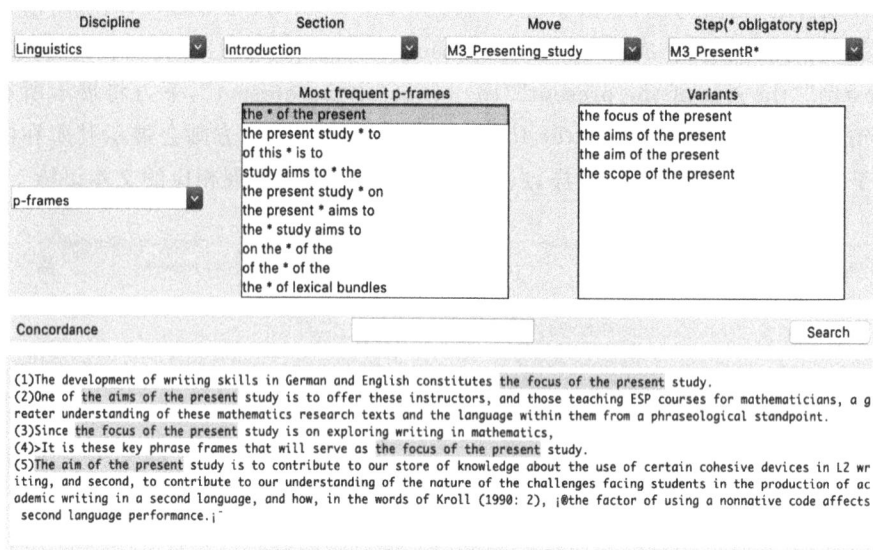

| Discipline | Section | Move | Step(* obligatory step) |
| Linguistics | Introduction | M3_Presenting_study | M3_PresentR* |

Most frequent p-frames:
the * of the present
the present study * to
of this * is to
study aims to * the
the present study * on
on the present * aims to
the * study aims to
on the * of the
of the * of the
the * of lexical bundles

Variants:
the focus of the present
the aims of the present
the aim of the present
the scope of the present

p-frames

Concordance — Search

(1)The development of writing skills in German and English constitutes the focus of the present study.
(2)One of the aims of the present study is to offer these instructors, and those teaching ESP courses for mathematicians, a greater understanding of these mathematics research texts and the language within them from a phraseological standpoint.
(3)Since the focus of the present study is on exploring writing in mathematics,
(4)>It is these key phrase frames that will serve as the focus of the present study.
(5)The aim of the present study is to contribute to our store of knowledge about the use of certain cohesive devices in L2 writing, and second, to contribute to our understanding of the nature of the challenges facing students in the production of academic writing in a second language, and how, in the words of Kroll (1990: 2), ¡@the factor of using a nonnative code affects second language performance.¡¯

图 7.3　词块写作工具的非毗邻式词块板块示意

表 7.4　学术英语教学辅助工具的技术规格

ID	功能设置	类别描述
17	技术应用	Python（Tkinter 模块）
18	后端数据库	语料库（语步标注）
19	运行环境	独立运行

　　本工具将为技术支持的学术英语教学提供独特的、有价值的贡献。本工具利用自上而下与自下而上的方法，辅助学术英语教学。本工具提供学科、期刊论文部分、语步与语阶选项，直接展示最高频的毗邻式词块与非毗邻式词块，以及与之相关的句子和段落，是对已有工具的功能优化。WriteAway（http://writeaway.nlpweb.org）可以通过键入一个单词，检索出学术文本语料库中相关短语的词法与句法结构。其设计理念在于，从语境中获取具体的写作建议，加快语言产出。本研究沿袭了这个开发理念，与 WriteAway 不同的是，本工具融入了语步的概念，可以缩短学习者的认知过程和元认知过程。在作者使用词汇语法时，提供了可参考的写作框架，使二者合二为一。Academic Phrasebank（http://www.phrasebank.manchester.ac.uk）将短语与语类结构、语步功能

结合在一起,是一项很有价值的尝试,为本书提供了一定的参照标准。本书认为其不足在于,一是没有进行学科分类,二是语料来源不够专业领域化(大部分为博士学位论文,逐步增加期刊论文)。已有研究证实,博士学位论文的语言水平与专家学者仍有差距,从博士学位论文中提取语言范式,其准确性与权威性还有待考证。AWSuM(http://langtest.jp/awsum/)同样把词块与语步结合在一起,以语言学为目标领域,在后续反馈中也得到了试用者的积极回应。本研究工具秉承同样的设计理念,增加了非毗邻式词块的选项,并另外增加了三个学科。更为重要的是,在前期研究中,本研究发现了语步结构的学科差异性。因此,本工具另设各个学科的必选语步(语阶)与可选语步(语阶),使学习者能够更精准地匹配特定学科专家学者常用的修辞结构、修辞方法以及相对应的多词结构表达。另外,这个用户界面使用简单,省时省力,学生无须进行专业培训,即可掌握此软件的基本操作。

当然,本工具也有它的局限性与限制性。首先,本研究仅聚焦于期刊论文语类、专家学者常用的词块。而反映语步结构的语言特征还涉及其他关键的语言特征,如元话语(metadiscourse)等,这些语言特征若同样加入工具选项,也将为学习者提供有效的帮助,在未来研究中,值得进一步探索。其次,尽管本工具可以从宏观与微观的角度同时给予建议,但是并不能把使用者自己的想法直接融入写作工具,并产出建议性的句子和语步(语阶)。即本工具侧重事实性知识(factual knowledge)(各语步或语阶中常用的词块)和概念性知识(conceptual knowledge)(语步结构的规律性框架),而没有涉及程序性知识(procedural knowledge)(如何构建一个连贯的语篇)与元认知知识(metacognitive knowledge)(如何从整体上反思论文写作)的输入。但这一局限性是大多数写作工具所面临的问题(Strobl et al.,2019),需要依靠团队合作和学科交叉研究加以解决,从而进一步完善学术写作辅助工具。最后,计算机辅助语言学习如何影响学习者的自主性,以及这种学习环境是否提高了学习者的写作水平,仍需要实证研究(如实验研究)开展进一步的多方验证。

然而,必须说明的是,学术英语教学是一项大工程,既需要培训句法层面(语法、结构、搭配)的语言知识,也需要语义层面(逻辑、修辞、语类)的修辞技巧。不管是在句法层面还是语义层面,语言辅助工具并不能替代学术英语教学,而仅可作为学术英语教学课程的补充,支持学习者自主学习。另外,学术英语水平或学术英语写作质量受多个因素相互交错影响,一个项目并不能考虑到所有的因素。同样,基于词块的学术英语教学辅助工具并不是要替代现有的教学方法,而是要提供一种有效的词块学习途径。本工具将后续给一些学习者试用,通过访谈,评价它的可用性、有效性以及对试用者的影响。

7.3.2　测试与反馈

访谈是最常用的质性探究方法。其中最典型的访谈是一对一的专业访谈,即有组织、有目的地探寻被访者,以理解特定的现象。在语言学领域,大多数研究采用的一对一采访是半结构式访谈(semi-structured interview),它是结构式采访和非结构式访谈的折中模式,既有指导性和方向性,也期待采访能有更有趣的发现和发展,并鼓励被访者详述一些有趣的问题(Dörnyei,2007)。即访谈者需预先制好访谈大纲,访谈大纲中可备有多种问题,并利用半结构式访谈的优势,通过探究式和无预制的回答,发现一些问题和现象的真正含义。

本研究将此工具发送给十位研究生使用,两个月之后,笔者对他们进行了一对一的半结构式访谈。表7.5展示了访谈内容与受访者相应的回答。此次访谈对象为硕士和博士研究生,由于本工具设置了多学科选项,这些访谈对象分布在不同的学科领域。访谈内容将分别从选项设置、界面设置以及未来使用三个方面进行,并主要访问以下两项问题:

(1)工具项中关于学科、语步—语阶,以及两种词块的选项设置是否有利于检索与使用?

(2)对此项工具的进一步调试有何建议?

表 7.5　学术英语教学辅助工具的使用反馈

访谈内容	受访者回答
教育水平	硕士研究生二年级 博士研究生二年级
学　科	语言学 市场营销学 生物学 机械工程学
工具中语步与语阶的设置是否有益于写作	有,还需要进一步培训语类知识,很有兴趣
工具中毗邻式词块与非毗邻式词块的语言特征是否有利于写作	有,但固定词数的表达略有限制,造成可参考的表达和语境略少
工具中词块按频次标准设计是否有用	有用,但也提出疑惑:排序较低的是否不鼓励使用?
工具中检索行的句子是否有利于写作语言的组织	有一定的帮助,但是还需要自己进一步改述,较担心造成抄袭的后果

续 表

访谈内容	受访者回答
工具中检索行的全文(标注语料)语境是否有利于写作语言的组织	有,但标注编码有些不友好,需要更简易的编码与排版
工具界面是否友好	还可以,但界面设计有些单一,不够醒目
未来是否还会继续使用此工具	会,若可在线使用,并提供更多样的检索功能,如翻译,会更愿意使用
对此工具有何建议	希望能扩展到期刊论文其他部分 希望能开展在线写作指导或培训 希望能系统地接受语类结构知识的培训

　　数据驱动学习强调的是学生的自主性,通过观察语言实例,归纳语言使用的主要规律。数据驱动学习或语料库辅助教学已有多年的研究与实践,但限于现实条件和学生的内部因素,这种学习和教学方法也受到了诸多质疑与挑战。研究表明,该方法的短期效果有限,但长期效果显著,可以增强学生的语言敏感度以及语言学习的动机(Chen & Flowerdew,2018)。本研究依据学生两个月的使用体验,仍不足以明确该工具长期的使用效果。在未来研究中,将做进一步的跟踪调查与实证研究。

7.4　本章小结

　　本章主要展示了学术英语教学辅助工具的开发与使用。本章首先介绍了计算机辅助语言学习与语言教学辅助工具的基本概况。接着,以"一般规格""指导方法"与"技术规格"三个维度,系统展示了本研究自主开发的学术英语教学辅助工具,并以图例展示了其主要的模块与功能。根据已有工具的设计理念与使用体验,本书介绍了本工具的优越性与局限性。为了考察本工具的用户体验,本研究开展了一对一的半结构式访谈,对十位使用者进行了相关的访谈,并将受访者的回答以列表的形式归纳呈现。受访者对本工具提出了积极的正面反馈,也提出了几条建设性的建议,为未来的研究与工具开发提供了方向。

第8章 结论与启示

本章将总结本研究的主要发现,审视本研究的研究贡献、研究启示、研究局限与未来研究方向。在"主要发现"小节,本书将首先概述研究内容,再简要回答本书的四项研究问题。根据本研究发现,接下去的两小节将讨论本研究的贡献与启示。在此基础上,阐述本研究的局限性,并对未来研究提出建议与展望。

8.1 主要发现

本研究基于语类分析理论与数据库驱动的研究方法,以毗邻式词块与非毗邻式词块为研究对象,考察不同学科作者在期刊论文引言部分语步的词块使用情况。为此,本书自建专门语料库,由四个学科(语言学、市场营销学、生物学、机械工程学)的 383 篇英文国际期刊论文的引言文本语料组成,形符数321167。本研究采用定性与定量相结合的研究方法。

下文将依据研究问题,报告本书的主要研究发现。

研究问题 1: 在四个学科的期刊论文引言部分,语步及语阶的分布情况如何? 常用的语步及语阶序列是什么? 存在学科间语步—语阶分布异同的原因是什么?

本书自编计算机程序,自动统计语步与语阶单位的频数与序列。本书首先统计语步单位的频数与序列。统计结果显示:在四个学科(语言学、市场营销学、生物学与机械工程学)的期刊论文引言部分,从篇数的角度来看,语步一(M1)与语步三(M3)的篇数分布比重均达 100%,语步二(M2)的篇数比重也分别高达 100%、97.06%、96.85%、97.96%。从频数的角度来看,各学科的语步频数占比大致呈现 M1 与 M2 持平、M3 略少的情况。但是,市场营销学呈现较为不一致的分布情况,即 M2 较少,M3 较多。语步频数分布的不一致与语步序列有很大的关系。在语步序列中,语步的循环与套嵌是两种常见的序列模式。

四个学科的语步序列大致符合 M1-M2-M3 的顺序,市场营销学偏好在文章开头以 M1-M3 或 M1-M2-M3 循环,从而造成 M2 的频数分布相对较低。语言学常用的语步序列为 M1 与 M2 组合循环,但 M3 常在两者中间出现(M1-M2-M3-M2-M3⋯⋯M1-M2⋯⋯M3)。生物学与机械工程学以 M1 与 M3 组成循环单位,而 M3 常处于末尾(M1-M2-M1-M2⋯⋯M3)。

接着,本书统计了语阶单位的频数分布与序列。从整体趋势来看,各学科在 M1 和 M2 的语阶分布呈现较为相似的趋势,而 M3 语步的差异性较大。其中,市场营销学和机械工程学的语阶篇数占比较为一致,说明应用类学科传达的交际功能重点较为接近。语言学与生物学在部分语阶表现出一致的趋势,又存在较为明显的学科差异,主要体现在 M1 的"回顾前人研究"(M1_Previous research)与 M3 的"提出研究问题或假设"(M3_RQs-H)和"报告主要发现"(M3_Outcome)上。这与各学科的学科文化与学术规约有较大的关系。

以上研究发现说明,各学科期刊论文引言的语类结构具有同质性与典型性。语类结构的同质性反映了期刊论文语类的共核部分,也反映了学术界普遍接受的语类图式认知,促进了跨学科的知识传播与交流。语类结构的典型性则表现出学科化的语步(语阶)序列以及呈现重点,体现出学科话语社团对学术成员的制约。这种制约同时映射在"软学科—硬学科""纯理—应用"两种学科分类属性上。前者主要反映在语步一(确立研究领域)上,后者主要体现在语步三(介绍本研究)上。

研究问题 2:在四个学科的期刊论文引言部分,高频毗邻式词块的总体分布情况如何?是否存在学科共用毗邻式词块?各个学科作者高频使用的毗邻式词块在不同语步的频数分布是否具有显著差异?在各语步实施的语篇功能存在哪些异同?存在如上差异的原因是什么?

通过观察毗邻式词块在引言部分的总体分布情况,并参照前人研究中整篇期刊论文语料的词块数据,笔者发现:引言部分的词块使用情况具有独特的次语类特征。通过观察词块的种类、数量、类符/形符比以及文本覆盖率,并将其与前人研究中同类学科全篇文本中的词块使用数据加以对比,结果证实:首先,引言部分词块数据的学科次序与全篇的词块数据基本一致,说明作者在引言部分的交际行为以及话语实践与全篇文本基本保持一致。其次,各学科引言部分的类符/形符比明显高于全篇,即引言虽占据全文较少的篇幅,却存在更大比例的词块种类,说明引言部分具有更高的词块丰富度。最后,在四个学科中,仅有语言学在引言部分的词块文本覆盖率略高于整个语篇。这项数据说明,相对语言学期刊论文的其他论文部分(如方法、讨论等),引言部分的文本构建更依赖于程式化的固定表达。基于毗邻式词块的形式结构、语篇功能以及二者的交互关系,笔者发现词块使用存在一定的学科偏好。

本书统计了共用高频毗邻式词块,并根据搭配、语义韵、语义倾向分析了各学科的词块使用差异。笔者发现:引言部分存在一定的学科共用词块,但在数量上远少于学科典型词块,与全篇的共用词块种类也存在差异。在一定程度上,这项结果说明:语类及学科分类的词块研究具有重要的学术价值和教学实用价值。通过分析共用词块在不同学科的实证语义,笔者发现,部分共用词块存在搭配词项、语义倾向与语义韵的不同。其中,语义韵从语境意义的角度看存在较小的学科差异。但若根据检索行考察学科作者的即时语用态度,则明显存在一定的学科倾向。

本书自编计算机程序,自动统计了各语步中毗邻式词块的频数。笔者发现:软学科与硬学科在词块种类与数量上均无差异,但纯理与应用学科存在差异,主要体现在语步三(介绍本研究语步)。进一步质性分析显示:差异的原因在于应用类学科十分重视介绍本研究语步的构建,占用大量篇幅较为详尽地描述本研究,且多用程式化语言描述主题与语篇衔接。本研究结果说明,语步结构的差异可反映出不同学科构建、传播知识的不同方式,也可反映出不同学科社团的学术文化。这些差异为语言使用的差异特征提供了必要解释。

研究问题 3:在四个学科的期刊论文引言部分,高频非毗邻式词块的总体分布情况如何?是否存在学科共用非毗邻式词块,以及词汇变体的选择是否存在学科差异?各个学科作者高频使用的非毗邻式词块在不同语步的频数分布是否具有显著差异?在各语步上实施的语篇功能存在哪些异同?存在如上差异的原因是什么?

通过观察毗邻式词块的整体分布情况,笔者发现:非毗邻式词块的内部变异性在四个学科中存在一定程度上的差异,但各学科的平均变异性系数均较高(0.75)。非毗邻式词块的频数与词汇变体之间的相关性在四个学科中呈现出中等程度相关(0.4—0.6)到强相关(0.6—0.8)。这在一定程度上说明,高频使用的非毗邻式词块具有相应的学术英语教学价值。通过统计各学科期刊引言的学科共用词块,笔者发现:非毗邻式词块存在少量学科共用词块,其词汇变体却并不完全一致,其语义域可反映出独特的学科文化。

本书自编计算机程序,自动统计各语步的非毗邻式词块与相应的词汇变体。笔者发现,软学科与硬学科的词块使用数量没有显著差异,但是纯理学科与应用学科的词块使用存在显著差异,差异的组别主要存在于语步一与语步三。经过进一步观察检索行与语类结构,笔者推断:这种差异的原因在于,虽然各个学科都较为注重语步一的构建,但是应用类学科以现象描述为导入,较少利用程式化的词块类语言,因而其词块数量少于纯理学科。而在语步三,应用类学科常以大量语言描述研究主题与价值,并且注重对论文结构的描写,而这些都需要大量程式化的非毗邻式词块。本研究说明,非毗邻式词块也具有语类与语步特质性,不同学科期刊论文引言的语类结构可为词块使用提供良好的佐证。

基于上述实证研究发现,结合语料库语言学的优势和在线学习理念,本书自主开发了一款基于词块的学术英语教学辅助软件。通过半结构式访谈,再次验证了本书利用语步—语阶分析框架开展词块研究的适用性与推广性,也增加了本研究的现实应用价值。

8.2　研究贡献

本小节将重点阐述本研究的研究贡献及学术创新。

本研究的主要学术贡献可以概括如下:

在理论方面,第一,本研究考察了词块使用的多维度(学科与语类)制约因素。由于语类标注耗费大量人力,相关研究还比较少,尤其是针对非毗邻式词块的研究,仍相对匮乏(Golparvar & Barabadi,2020;Lu et al.,2021)。本研究可引导学术新手认识文本背后的知识构建方式及学科文化因素,产出符合话语社团知识传统的学术语言行为。第二,本研究通过研究证实"纯理—应用"学科维度在语步层面对语言使用的制约作用。多数研究仅以"软—硬"两分法作为学科分类标准与文本分析依据,容易忽略话语行为的多样性。本研究表明,基于语步—语阶(move-step)层面的语类分析与微观语言特征分析,不同学科期刊论文引言同时存在"软—硬"与"纯理—应用"学科维度的语类结构倾向性,以及相对应的词块使用差异。第三,在共用毗邻式词块部分,笔者发现,各学科作者的共用词块在搭配、语义韵、语义倾向方面存在共性与差异性。另外,学界对"语义韵"的所指仍存在争议,即语义韵应关注其一般态度意义还是微观的具体态度。本研究证实,相比一般态度意义,微观的具体态度更能区分学科差异。综上所述,毗邻式词块与非毗邻式词块均有语类特质性与学科差异化特征,词块研究结合语步分析与学科对比分析,有较大的研究价值。

在实践方面,第一,本研究有助于培养学术新手的语类意识,以及以功能为导向的程式化语言表达,帮助学术新手了解国际学术社团的话语惯例,熟练运用学科独特的语篇构建机制,增加其学术论文的国际认可度,使学术成果"走出去"(赵永青等,2019)。第二,在前人研究中,大多研究验证的是毗邻式词块的教学价值。而本书通过相关性检测证实,高频非毗邻式词块同样具有教学价值,这为学术用途英语的教材编撰提供了实证的参照依据。此外,信息技术的发展为数据的收集、分析及归纳提供了很大的便利,也促进了科研项目与信息技术的合作发展。本书设计开发了辅助写作工具,将词块结合语类与学科维度,并可在索引行展示词块所在的语境,使文本的研究结果得以系统、清晰地体现,为学术英语课堂,以及相关教材的设计提供了实际的帮助。

另外,本研究的标注语料对未来的研究或软件开发具有一定的价值。第一,一致性系数较高的标注语料可为未来研究提供一手资料(Cortes,2013)。本书对语料开展了语类标注,而且一致性系数较高(四个学科的 Kappa 平均系数 $\kappa=0.89$),可以继续研究其他形式—功能的映射,如语步—语阶层面的元话语、句子复杂度等。这类形式—功能的映射研究可为二语语言教学、语言测试提供实证资料。第二,当前学术界还未出现较高效度的语步自动标注工具,难点之一在于缺少大量准确度高的训练与测试语料(training and test data)(Cotos et al.,2017)。在标注语料中,n 元词(n-gram)是开发标注工具的必要条件。Anthony(2003)与 Cotos 等(2015)即是提取了不同学科各个语步或语阶的高频 n 元词,将其作为语步标注工具 Mover 与语步写作工具 Research Writing Tool 的训练语料。

本书有以下学术创新:

第一,本研究考察了词块使用的多维度(学科与语类)制约因素。由于语类标注耗费大量人力,相关研究还比较少,尤其是针对非毗邻式词块的研究,仍相对匮乏(Golparvar & Barabadi,2020;Lu et al.,2021)。本研究可引导学术新手认识文本背后的知识构建方式及学科文化因素,产出符合话语社团知识传统的学术语言行为。

第二,本研究通过研究证实"纯理—应用"学科维度在语步层面对语言使用的制约作用。多数研究仅以"软—硬"两分法作为学科分类标准与文本分析依据,容易忽略话语行为的多样性。本研究表明,基于语步—语阶层面的语类分析与微观语言特征分析,不同学科期刊论文引言同时存在"软—硬"与"纯理—应用"学科维度的语类结构倾向性,以及相对应的词块使用差异。

第三,本研究在研究发现的基础上,自主开发了一款基于词块的学术英语教学辅助工具。此项工具设定学科与语类维度,可提高词块使用的适切性与准确性。本研究也为工具的使用体验开展了半结构式访谈,进一步验证研究方案的适用性与对学术英语教学的启示意义。此项工具增加了本研究的外部效度与应用价值。

8.3　研究启示

本研究确定了引言语步中不同学科作者高频使用的毗邻式词块与非毗邻式词块列表,并从结构、意义、功能等方面考察了学术词块的语类特质与学科特质。本研究结果对学术话语研究与学术英语教学有以下启示。

随着全球经济的发展与学术交流的国际化趋势,语言使用逐渐产生了新范式和新特征。本族语者模式不再是全球化英语标准,而是体现了一种以交际需求驱动的语言使用,即焦点在于互动,目标在于交际。语言教学和语言学习也更应强调作为交际的语言使用。在英语作为国际通用语(English as a Lingua Franca, ELF)的环境下,学术新手的语言能力应不仅包括词汇与句法能力,更要涵盖实现交际功能的语用能力。语料库语言学研究已证实,词块是词汇语法的支撑部分,是学术语言通顺的标识,是区别语言水平的要素之一(Coxhead & Byrd,2007)。本研究同时证实,词块同时具有学科特质与语类特质。下文将从学科与语类的角度,阐述本研究的启示。

本研究按照"软—硬""纯理—应用"两个学科维度,解释不同的学科文化,并阐述不同学科作者如何运用词块构建与传播知识。然而,学科分类不是绝对的,而是可以作为连续统或按等级对待。"软学科—硬学科""纯理—应用"两个维度也不是独立存在的,两种维度相互交织,影响着语类结构与相应的语言修辞形式的表达。本研究已证实,词块具有学科特质,核心词块的比重很小,不足以支撑学科知识的表达。许多学者已强调词块教学的重要性,但怎样组织教学,仍是学术界亟待解决的问题。鉴于词块的学科化特征,词块教学是否需要专业领域化教学?从学术英语的角度,英语教育是否需要学科化或专业化培养?

本研究认为,词块教学趋于专业领域化,学术英语的教学内容与学员构成明确化,是较为理想的模式。但是,能够胜任多学科学术英语教学的老师较少,且高校英语多是大班教学,基本不存在为某一专业特别开设的学术英语课程(蔡基刚,2019)。当然,多学科学生在同一课堂学习,也有利于教师和学生意识到学术语篇在语篇组织、修辞手段以及语言形式方面的差异(Swales & Feak,2004)。因此,在多种现实因素下,笔者认为学术英语老师应具有学科化学术语言的意识,并引导学生逐步认识到他们专业领域的语言独特性。比如,在课堂上,对学生根据同源学科进行分组,通过分析几份具有代表性的学术论文,引导学生关注某个词块或语言特征,并分组进行系统总结。学术英语教师可更系统地总结、对比,帮助剖析不同学科作者如何使用不同的词块实现同样的功能,以及同样的词块在不同学科是否有不同的语境搭配或语义功能。最终,教师能够帮助学生形成"功能—形式"的思维方式。

在教材方面,最好的方法不是提供通用教材,而是向学生展示他们实际需要的特定学科、特定语类所具有的语篇特征(Hyland,2008),且语料来源越具体,越能凸显其语言使用特征,也越有益于教学和教材的编撰。权威期刊论文的词块使用是学术新手可模仿的范例,在此基础上,若展开词块的显性教学,便可帮助学术新手较快掌握学科特色的核心词块,更准确地实现文本的交际功能,在学术交流中得心应手(王芙蓉、王宏俐,2015)。词块应根据学科在教材的数量和类型上有所差别,从而更有利于学习者习得词块(陈海员、何安平,2017)。

本研究按照"次语类—语步—语阶"逐步分析了各期刊论文引言的语篇构建,并解析了各语步—语阶的词块分布。本研究证实,词块具有语类特质。相应的,词块研究与词块教学是否应推崇语类化教学?从学术英语角度来看,学术英语教学是否应重视培养学生的语类意识?

本研究认为,词块教学或学术英语教学应重视语类意识的培养。Hyland(2009)表示,学术用途英语教学应根据学科所在的写作方式,应同时把期刊论文不同语步及相对应的语言表达方式讲授于学生。这种方式不仅能帮助学生掌握特定学术语篇的图式结构,同时又能帮助理解特定学术语篇的建构过程,从而最终帮助学生以目标读者或潜在读者所期望的信息呈现方式,产出符合所在学科领域学术规范的学术语篇。庞继贤(2008)根据 Swales(1990;2004)的语类分析理论,编写了论文写作教材,他在书中分述相关语步与实例,给读者带来了诸多启发和实际帮助。蔡基刚(2019)开设了"基于语步辨认的英语期刊论文读写法",把学生根据学科或相近学科分到不同的组别。访谈表明,基于语步分析、识别相应的语言表达,明显地促进了大学生学术期刊论文的读写能力。熊淑慧(2019)尝试了"确定语境—建立模式—比较分析—独立写作"的课堂教学模式,从学习者的反馈中可得出,以真实的语篇(各学科期刊论文)作为阅读和分析教材,并融入宏观层面的语类分析和微观层面的语言特征分析,能够明显地提升中等水平研究生的学术英语写作能力。同样,结合语步分析与词块习得,也可以相应地提高学术英语写作能力。实际上,各学科专家学者在分享写作与发表经验时,也十分注重结构化的写作,并强调凸显写作者的重点与交际目的。这些结构化的写作经验在本质上也是语类写作的现实说法。

尽管学术语篇的语类结构与语言表达存在差异。语言教师无须惧怕各学科不同的专业知识,而应关注这些专业知识如何通过语言进行构建与传播(蔡基刚,2017)。换言之,语言教师可分析各学科领域不同的"语类—语步—语阶",以及各语步—语阶通过怎样的修辞结构和语言形式得以实现。尤其在论文的引言部分,其结构和逻辑非常重要。如何讲述一个好的研究,如何从现有文献中找到可作出新贡献的缺口,是引言部分重要的修辞技巧,初学者极为需要这方面的训练和指导,而语言教师在这方面大有可为。虽然没有相关的学科背景知识,但语言教师可以通过与写作者的交流,对相关研究有宏观的理解。这种理解可以让语言教师对文章的结构与逻辑性提出建设性的意见,为初学者提供较为实用的帮助。目前,我们也可以轻松地下载相关的学术英语语篇,语料库软件也越来越人性化,老师和学生都可以尝试在学术英语的实践中自建语料库,较为精准地探索所在学科的语类结构与语言使用特征。

以上研究启示主要针对非英语专业学生的学术英语培养,而英语专业学生如何面对学科化英语的社会需求,发挥英语专业学生的专长,也是学界值得探讨的问题。学术英语不是任何人的母语(Hyland,2015),同理,学科化或专业领域英语(例如,跨人文科学学科的法律英语、商务英语,跨自然科学学科的工程英语、医学英语等)也不是英语专业学生信手拈来的语言技能。蔡基刚(2020)表示,英语专业首先是一门专业,需要同时具备学科知识体系,并满足一定的社会需求。脱离了社会的需求,英语专业在某种程度上也失去了专业独特性。英语专业学生应接受学科化或专业化培养,理解各学科或各专业如何用英语进行传播与构建,成为跨学科的双语复合型人才,才能学有所用、学以致用。

8.4 研究局限与未来研究

由于时间与篇幅所限,本研究也存在一定的局限性。未来研究可在以下几个方面进一步拓展。

首先,研究语料可再扩大,包括语料数量、学科类别与语类范围。

量化结果显示,词块使用存在学科差异。通过观察词块所在检索行,笔者发现,这些差异并不是任意的,而是受制于语类的交际目的(即语步)与学科文化的。软学科和硬学科存在一定的差异性,这项发现已被多数研究者证实。与此同时,笔者也发现,学科的"纯理—应用"属性对语言使用特征也有重要的影响。因此,本研究基于四个学科的383篇引言文本语料,其学科的遴选范围与语料规模可再扩大,增加学科差异化研究的信度。由于标注的一致性系数要求,其工作量无疑增加了许多,是本研究下个阶段的建库目标。另外,本书的研究语料仅为引言,这样的做法有利有弊。利处在于,可以深层次解析次语类的语言特征,帮助学术新手有针对性地提升次语类的语类意识。弊处在于,研究结果的现实价值限制在引言部分。本研究证实了引言语步的词块使用具有语类属性与学科特性。在未来研究中,期刊论文的其他部分(方法部分、结果部分、讨论部分)是值得探索的延续课题。

其次,研究主体可再增加,包括词块的词数与词块的类别。

一方面,词块的词数再增加,既可更全面了解词块的分布特征,又可总结更多的短语"型式"(Cui & Kim 2023)。另一方面,词块的类别可扩展到其他类别。词块研究具有多样性与复杂性的特征,本研究关注了毗邻式词块与非毗邻式词块,探究了两种词块在引言语步的语类特质与学科特质。在基于频数方法的词块中,仍有其他类别,其中一种为同现词列(concgram),即根据频数、统计方法提取的两词及以上非毗邻式搭配框架。这种词块允许位置变化(如 AB、BA)与成分变化(如 AB、ACB)。通过同现词列,可更多地了解短语搭配与意义移变单位(meaning shift unit)。目前,提取同现词列的常用工具为 ConcGram,其处理语料的速度相对较慢,仍需要大量的人工筛选工作。另外,还有其他词块类别,如搭配元词(CollGram)(Bestgen & Granger,2014)、搭配构式(Collostruction)(Wulff & Römer,2009),尚需要研究者具备一定的编程基础。在未来研究中,本研究将进一步探索这些词块与语类、学科的关联性。

再次,可进一步采用多方验证的方法。

词块具有复杂性与多样性的特征,也具有跨学科研究的特征。目前,词块研究主要有语料库语言学的方法与心理语言学的方法。这两个方法并非完全对立,而是彼此互补的。在学术语篇研究中,语料库语言学的方法占主导地位。但是,如何结合计算机科学、信息科学、统计学等学科领域,最优化词块的统计测量方法,仍是学术词块的学术热点与学术难点之一。另外,学术英语的研究本质在于反哺于语言教学。何种词块可促进学习者的语言加工能力,仍需要结合心理学的实验研究方法,进一步认证。综合以上方面,本研究需继续深化跨学科知识,以进一步提升本研究的信度和效度。

最后,本研究的教学辅助工具需进一步迭代和升级。

　　本研究开发的学术英语教学辅助工具还是一个原型(prototype)，未在真实的教学环境中加以实践。本研究应该进一步开展需求分析，根据实际的教学场景和教学需求，丰富并完善此教学辅助工具的界面和功能，进一步推进语料库和计算机技术在外语教学中的应用。

参考文献

蔡基刚,2017.《上海高校大学英语教学参考框架》修订的理论依据和主要内容研究. 外语电化教学(1):90-96.

蔡基刚,2019. 基于语步辨认的中国本科生专业期刊英语论文读写研究. 外语教学理论与实践(3):76-82.

蔡基刚,2020. 高校英语专业定位的挑战与颠覆——《普通高等学校本科英语专业教学指南》颁布思考. 东北师大学报(哲学社会科学版). (2020-06-10)[2023-06-02]. http://kns.cnki.net/kcms/detail/22.1062.C.20200609.1713.002.html.

曹彤,2011. 机械设计制图. 北京:高等教育出版社.

陈海员,何安平,2017. 国外学术用途英语语块研究进展. 江西师范大学学报(哲学社会科学版)(1):138-144.

陈建生,赵佳美,2019. 中国英语专业学生议论文中非毗邻式词块研究. 山东外语教学(1):53-62.

陈菁,于学玲,史志祥,2019. 中外生物类英文 SCI 收录期刊论文引言部分的体裁分析与对比. 中国科技期刊研究(2):143-148.

丁良萍,张智雄,刘欢,2019. 影响 SVM 模型语步自动识别效果的因素研究. 数据分析与知识发现(11):16-23.

丁言仁,戚焱,2005. 词块运用与英语口语和写作水平的相关性研究. 解放军外国语学院学报(3):49-53.

杜育红,臧林,2019. 学科分类与教育量化研究质量的提升. 华东师范大学学报(教育科学版)(4):38-46.

段士平,2019. 语块在语言系统中的位置:从"边缘"到"核心". 外国语文(2):87-94.

高丹,李秀霞,周娜,2018. 基于改进 CARS 模型的学术文献被引频次影响因素分析. 数字图书馆论坛(10):18-24.

高歌,卫乃兴,2020. 英国语言学传统下的意义研究——从 Firth、Halliday 到 Sinclair. 中国外语(1):25-34.

高霞,2017. 基于中外学者学术论文可比语料库的词块使用研究. 外语与外语教学(3):42-52.

顾建民,2006. 学科差异与学术评价. 高等教育研究(2):42-46.

何伟,2003. 系统功能语法时态系统概观. 外语教学与研究(6):417-424.

何伟,2008. 时态的情态用法:语法隐喻. 外语与外语教学(7):6-10.

胡新,2015. 中外科技论文英文摘要的语步词块特征对比研究. 现代外语(6):813-822.

胡新,黄燕,2017. 中英工学期刊英文摘要共用高频词块的语步差异研究. 外语教学理论与实践(4):31-36.

黄开胜,2018. 中国英语专业学习者词块输出的语体特征对比研究. 外语界(5):71-79.

姜峰,2019. 语料库与学术英语研究. 北京:外语教学与研究出版社.

李冰,2019. 语类多维度分析模式构建及实证研究——基于交际目的谈 Swalesian 学派语类分析模式的拓展. 外语教学理论与实践(3):58-67.

李晶洁,卫乃兴,2010. 学术英语文本中连续短语单位的提取方法. 解放军外国语学院学报(2):45-49.

李晶洁,卫乃兴,2013. 学术文本中短语序列的语篇行为. 外语教学与研究(2):200-213.

李美霞,2016. 基于语料库的程式语的系统、功能与结构研究. 北京:清华大学出版社.

李梦骁,刘永兵,2017. 中国学习者英语学术论文结论语步的词块特征研究. 外语教学(1):34-38.

李娜,陈欣,2018. 英语学术论文引言部分的跨学科体裁分析. 考试与评价(大学英语教研版)(5):88-93.

李文中,2012. 语料库标记与标注:以中国英语语料库为例. 外语教学与研究(3):336-345.

李文中,2016. "新弗斯语料库语言学"考辩. 外国语(2):38-46.

李文中,濮建忠,甄凤超,等,2020. 再探语义韵. 当代外语研究(2):72-83.

李晓红,2017. 语言学博士学位论文摘要的语篇策略对比分析. 解放军外国语学院学报(3):19-27.

林维燕,何安平,2019. 基于机切口语语块的四国大学生英语元话语能力探究.

中国外语(1):71-78.

楼捷,2011. 论网络语料库辅助对英语写作语块运用能力的影响. 外语与外语教学(6):61-64.

陆俭明,沈阳,2010. 关于建立"语言学"一级学科的建议. 语言科学(1):9-14.

陆军,2012. 共选理论视角下的学习者英语型式构成特征研究. 现代外语(1):70-78.

鲁莉,王敏,2015. 英语学术论文中词块使用的学科间差异研究. 西安外国语大学学报(3):36-40.

马广惠,2009. 英语专业学生二语限时写作中的词块研究. 外语教学与研究(1):54-60.

马广惠,2011. 词块的界定、分类与识别. 解放军外国语学院学报(1):1-4.

庞继贤,陈明瑶,2007. 英语研究论文的及物性结构与论文交际目标的实现. 外国语(5):16-22.

庞继贤,2008. 英文研究论文写作. 杭州:浙江大学出版社.

庞继贤,叶宁,2011. 西方语类理论比较分析. 浙江大学学报(人文社会科学版)(2):160-168.

庞继贤,程乐,2012. ESP 研究中的语类分析路径. 上海理工大学学报(社会科学版)(4):253-258.

庞继贤,陈君,程乐,2021. 英语学术论文语篇的话语策略研究. 杭州:浙江大学出版社.

濮建忠,2003. 英语词汇教学中的类联接、搭配及词块. 外语教学与研究(6):438-445.

濮建忠,2020. 扩展意义单位模型再解读. 外语研究(2):1-8.

屈典宁,彭金定,2016. 国外语块实证研究 20 年:回顾与展望. 外语学刊(2):109-114.

邵玲芝,马银琦,朱军文,2020. 多种学科分类标准在高校运行中的应用、冲突及其治理. 江苏高教(8):21-27.

孙凤兰,胡加圣,2014. 国内外 CALL 研究概论及其学科化发展趋势. 现代教育技术(6):50-57.

王芙蓉,王敏,2013. 基于语料库的应用语言学学术英语词块研究及词块表的创建. 英语研究(2):79-84.

王芙蓉,王宏俐,2015. 基于语料库的语言学和工科学术英语词块比较研究. 外语界(2):16-24.

王节祥,蔡宁,2018. 平台研究的流派、趋势与理论框架——基于文献计量和内容分析方法的诠释. 商业经济与管理(3):20-35.

王立非,张岩,2006. 基于语料库的大学生英语议论文中的语块使用模式研究. 外语电化教学(4):36-41.

王立非,钱娟,2011. 我国学生英语演讲中的语块特点:基于语料库的考察. 外语学刊(2):115-120.

王立非,刘霞,2017. 英语学术论文摘要语步结构自动识别模型的构建. 外语电化教学(4):45-51.

王丽,2014. 二语学习者学位论文引言中非毗邻式词块的使用特征. 外语与外语教学(5):61-66.

王丽,李清婷,2014. 二语学习者学位论文引言中词块的结构、功能以及语步特征. 解放军外国语学院学报(4):32-39.

王全智,刘文姣,李想,2017. 学术论文摘要中时态的人际功能研究. 外语教学(5):18-22.

王续琨,2003. 交叉科学结构论. 大连:大连理工大学出版社.

卫乃兴,2007. John Sinclair 的语言学遗产:其思想与方法评述. 外国语(4):14-19.

卫乃兴,2011. 再探经典短语学的要旨和方法:模型、概念与问题. 外语与外语教学(3):29-34.

卫乃兴,2012. 共选理论与语料库驱动的短语单位研究. 解放军外国语学院学报(1):1-6,74.

卫乃兴,2019. 学术话语行为呈现知识构建特征. 社会科学报,2019-05-09(5).

熊淑慧,2019. 基于体裁教学法的理工科研究生学术英语写作教学探索. 上海理工大学学报(社会科学版)(1):46-51.

徐昉,2012. 中国学习者英语学术词块的使用及发展特征研究. 中国外语(4):51-56.

徐昉,2013. 英语学术语篇语类结构研究述评(1980—2012). 东南大学学报(哲学社会科学版)(5):128-133.

徐昉,2015. 二语学术语篇中的作者立场标记研究. 外语与外语教学(5):1-7.

徐昉,2016. 二语学术写作的引证能力及其发展特征:截面与历时证据. 外国语(上海外国语大学学报)(3):73-82.

徐泉,2010. 外语教学研究视角下的语块:发展与问题. 中国外语(2):75-79.

许家金,许宗瑞,2007. 中国大学生英语口语中的互动话语词块研究. 外语教学与研究(6)：437-443.

许家金,熊文新,2009. 基于学习者英语语料的类联接研究概念、方法及例析. 外语电化教学(3):18-23.

许家金,2017. 体裁短语学视角下的医学学术英语词典研编. 外语与外语教学(6):52-60.

杨瑞英,2006. 体裁分析的应用:应用语言学学术文章结构分析. 外语与外语教学(10):29-34.

杨越森,苏杭,卫乃兴,2019. 语义序列与学科文化探索. 外语教学与研究(4)：508-520.

叶鹰,张家榕,张慧,2020. 知识流动与跨学科研究之关联. 图书与情报(3)：29-33.

雍文明,2018. 英文医学论文引言结构与编写模板研究. 中国科技期刊研究(4):362-367.

张会平,2020. 中国英语初学者写作词块使用特征研究. 解放军外国语学院学报(4):19-25.

张乐,陆军,2015. 科技文本中的 it 评价性词块:语料库驱动的短语对等原则与方法. 外语教学(5):35-39.

赵永青,刘璐达,邓耀臣,等,2019. 国际文学类期刊论文英文摘要的语步—语阶序列分析. 外语研究(1):18-23.

赵永青,徐建伟,邓耀臣,薛舒云,2019. 中外期刊实证类论文英文摘要语阶推销功能导向研究. 外国语(上海外国语大学学报)(2):45-53.

郑春萍,2015. 计算机辅助语言学习的国际动态与研究热点——2010—2014 年 CALL 论文关键词分析. 现代教育技术(7):75-81.

甄凤超,杨枫,2019. 再谈语义韵的短语及语用属性. 外语教学理论与实践(3):30-40.

Ädel, A. & Römer, U., 2012. Research on advanced student writing across disciplines and levels introducing the Michigan Corpus of Upper-level Student Papers. *International Journal of Corpus Linguistics*, 17(1)：3-34.

Altenberg, B., 1998. On the phraseology of spoken English：The evidence of recurrent word-combinations. In Cowie, A. P. （ed.）. *Phraseology：Theory, Analysis, and Applications*. Oxford：Clarendon Press：101-122.

Anthony, L., 2003. Mover：A machine learning tool to assist in the reading and writing of technical papers. *IEEE Transactions on Professional Communication*, 46(3): 185-193.

Anthony, L., 2014. *AntConc* (Version 3.4.4w). Tokyo: Waseda University.

Appel, R. & Wood, D., 2016. Recurrent word combinations in EAP test-taker writing: Differences between high- and low-proficiency levels. *Language Assessment Quarterly*, 13(1): 55-71.

Barabadi, E., Robatjazi, M. A. & Bayat, M., 2020. A phraseological examination of research articles in the field of environment using key phrase frame. *Eurasian Journal of Applied Linguistics*, 6(1): 81-100.

Becher, T., 1987. The disciplinary shaping of the profession. In Clark, B. R. (ed.). *The Academic Profession*. Berkeley, CA: University of California Press: 287-300.

Becher, T. & Trowler, P., 2001. *Academic Tribes and Territories: Intellectual enquiry and the cultures of the disciplines*. Buckingham: Open University Press.

Benson, M., Benson, E. & Ilson, R. F., 1986. *Lexicographic Description of English*. Amsterdam: John Benjamins.

Bestgen, Y. & Granger, S., 2014. Quantifying the development of phraseological competence in L2 English writing: An automated approach. *Journal of Second Language Writing*, 26: 28-41.

Bhatia, V. K., 1993. *Analyzing Genre: Language Use in Professional Settings*. London: Longman.

Bhatia, V. K., 2004. *Worlds of Written Discourse: A Genre-Based View*. London: Continuum.

Biber, D., Johansson, S. & Leech, G. et al., 1999. *Longman Grammar of Spoken and Written English*. London: Longman.

Biber, D., Conrad, S. & Cortes, V., 2004. If you look at ...: Lexical bundles in university teaching and textbooks. *Applied Linguistics*, 25(3): 371-405.

Biber, D. & Barbieri, F., 2007. Lexical bundles in university spoken and written registers. *English for Specific Purposes*, 26(3): 263-286.

Biber, D., 2009. A corpus-driven approach to formulaic language in English multi-word patterns in speech and writing. *International Journal of Corpus Linguistics*, 14(3): 275-311.

Biglan, A., 1973. The characteristics of subject matter in different academic areas. *Journal of Applied Psycholinguistics*, 57(3): 195-203.

Boers, F. & Lindstromberg, S., 2005. Finding ways to make phrase learning feasible: The mnemonic effect of alliteration. *System*, 33(2): 225-238.

Bychkovska, T. & Lee, J. J., 2017. At the same time: Lexical bundles in L1 and L2 university student argumentative writing. *Journal of English for Academic Purposes*, 30: 38-52.

Cai, L. J., 2016. An exploratory study on an integrated genre-based approach for the instruction of academic lexical phrases. *Journal of English for Academic Purposes*, 24: 58-74.

Casal, J. E. & Yoon, J., 2023. Frame-based formulaic features in L2 writing pedagogy: Variants, functions, and student writer perceptions in academic writing. *English for Specific Purposes*, 71:102-114.

Chang, C. & Kuo, C., 2011. A corpus-based approach to online materials development for writing research articles. *English for Specific Purposes*, 30(3): 222-234.

Chen, M. & Flowerdew J., 2018. Introducing data-driven learning to PhD students for research writing purposes: A territory-wide project in Hong Kong. *English for Specific Purposes*, 50(4): 97-112.

Chen, Y. & Baker, P., 2010. Lexical bundles in L1 and L2 academic writing. *Language Learning & Technology*, 14(2): 30-49.

Cheng, A., 2019. Examining the "applied aspirations" in the ESP genre analysis of published journal articles. *Journal of English for Academic Purposes*, 38: 36-47.

Cheng, W., Greaves, C. & Warren, M., 2006. From n-gram to skipgram to concgram. *International Journal of Corpus Linguistics*, 4(11): 411-433.

Cortes, V., 2004. Lexical bundles in published and student disciplinary writing: Examples from history and biology. *English for Specific Purposes*, 23(4): 397-423.

Cortes, V. , 2013. The purpose of this study is to: Connecting lexical bundles and moves in research article introductions. *Journal of English for Academic Purposes*, 12(1): 33-43.

Cotos, E. , Huffman, S. & Link, S. , 2015. Furthering and applying move/step constructs: Technology-driven marshalling of Swalesian genre theory for EAP pedagogy. *Journal of English for Academic Purposes*, 19: 52-72.

Cotos, E. , Huffman, S. & Link, S. , 2017. A move/step model for methods sections: Demonstrating rigour and credibility. *English for Specific Purposes*, 46: 90-106.

Coxhead, A. & Byrd, P. 2007. Preparing writing teachers to teach the vocabulary and grammar of academic prose. *Journal of Second Language Writing*, 16: 129-147.

Cui, X. & Kim, Y. , 2023. Structural and functional differences between bundles of different lengths: A corpus-driven study. *Frontiers in Psychology*, 13: 1061097[2023-11-20]. https://doi. org/10. 3389/fpsyg. 2022. 1061097.

Cunningham, K. J. , 2017. A phraseological exploration of recent mathematics research articles through key phrase frames. *Journal of English for Academic Purposes*, 25: 71-83.

Dahl, T. , 2004. Textual metadiscourse in research articles: A marker of national culture or of academic discipline?. *Journal of Pragmatics*, 36: 1807-1825.

Dörnyei, Z. , 2007. *Research Methods in Applied Linguistics*. New York: Oxford University Press.

Durrant, P. & Mathews-Aydinli, J. , 2011. A function-first approach to identifying formulaic language in academic writing. *English for Specific Purposes*, 30(1): 58-72.

Durrant, P. , 2017. Lexical bundles and disciplinary variation in university students' writing: Mapping the territories. *Applied Linguistics*, 38(2): 165-193.

Ellis, N. C. , 1996. Sequencing in SLA: Phonological memory, chunking and points of order. *Studies in Second Language Acquisition*, 18: 91-126.

Ellis, N. C. , 2008. Phraseology: The periphery and the heart of language.

In Granger, S. & Meunier, F. (eds.). *Phraseology in Foreign Language Learning and Teaching*. Amsterdam: John Benjamins: 1-13.

Ellis, N. C., Simpson-Vlach, R. & Maynard, C., 2008. Formulaic language in native and second language speakers: Psycholinguistics, corpus linguistics, and TESOL. *TESOL Quarterly*, 42(3): 375-396.

Firth, J. R., 1968. *Selected Papers of J. R. Firth, 1952—1959*. Bloomington & London: Indiana University Press.

Fletcher, W., 2007. *kfNgram*(Version 1.3.14). Annapolis, MD: USNA.

Flowerdew, J., 2015. John Swales's approach to pedagogy in genre analysis: A perspective from 25 years on. *Journal of English for Academic Purposes*, 19: 102-112.

Flowerdew, J., 2017. Corpus-based approaches to language description for specialized academic writing. *Language Teaching*, 50(1): 90-106.

Forsyth, R. S. & Grabowski, L., 2015. Is there a formula for formulaic language?. *Poznan Studies in Contemporary Linguistics*, 51 (4): 511-549.

Friginal, E., 2013. Developing research report writing skills using corpora. *English for Specific Purposes*, 32(4): 208-220.

Gavioli, L. & Aston, G., 2001. Enriching reality: Language corpora in language pedagogy. *ELT Journal*, 55(3): 238-246.

Geluso, J., 2022. Grammatical and functional characteristics of preposition-based phrase frames in English argumentative essays by L1 English and Spanish speakers. *Journal of English for Academic Purposes*, 55: 101072 [2023-11-20]. https://doi.org/10.1016/j.jeap.2021.101072.

Golparvar, S. E. & Barabadi, E., 2020. Key phrase frames in the discussion section of research articles of higher education. *Lingua*, 236 (102804).

Grabowski, L., 2015. Phrase frames in English pharmaceutical discourse: A corpus-driven study of intradisciplinary register variation. *Research in Language*, 13(3): 266-291.

Grami, G. M. A. & Alkazemit, B. Y., 2016. Improving ESL writing using an online formulaic sequence word-combination checker. *Journal of Computer Assisted Learning*, 32: 95-104.

Granger, S. & Paquot, M., 2008. Disentangling the phraseological web. In

Granger, S. & Meunier, F. (eds.). *Phraseology: An Interdisciplinary Perspective*. Amsterdam: John Benjamins: 28-49.

Gray, B., 2013. More than discipline: Uncovering multi-dimensional patterns of variation in academic research articles. *Corpora*, 8(2): 153-181.

Gray, B. & Biber, D., 2013. Lexical frames in academic prose and conversation. *International Journal of Corpus Linguistics*, 18(1): 109-135.

Groom, N., 2007. *Phraseology and Epistemology in Humanities Writing: A Corpus-driven Study*. Birmingham: University of Birmingham (Doctoral Dissertation).

Halliday, M. A. K. & Martin, J. R., 1993. *Writing Science: Literacy and Discursive Power*. London: Falmer Press.

Hockey, S., 2001. Concordance programs for corpus linguistics. In Simpson, R. C. & Swales, J. M. (eds.). *Corpus Linguistics in North America: Selections from the 1999 Symposium*. Ann Arbor: University of Michigan Press: 76-97.

Hsu, W., 2014. The most frequent opaque formulaic sequences in English-medium college textbooks. *System*, 47: 146-161.

Hunston, S., 2002. *Corpora in Applied Linguistics*. Cambridge: Cambridge University Press.

Hunston, S., 2007. Semantic prosody revisited. *International Journal of Corpus Linguistics*, 12 (2): 249-268.

Hyland, K., 2002. Specificity revisited: How far should we go now?. *English for Specific Purposes*, 21: 385-395.

Hyland, K., 2008. As can be seen: Lexical bundles and disciplinary variation. *English for Specific Purposes*, 27(1): 4-21.

Hyland, K., 2009. Writing in the disciplines: Research evidence for specificity. *Taiwan International ESP Journal* (1): 5-22.

Hyland, K., 2012. Bundles in academic discourse. *Annual Review of Applied Linguistics*, 32: 150-169.

Hyland, K., 2015. *Academic Publishing: Issues and Challenges in the Construction of Knowledge*. Oxford: Oxford University Press.

Hyland, K. & Jiang, F. K., 2018. Academic lexical bundles: How are they changing?. *International Journal of Corpus Linguistics*, 23(4): 383-407.

Jeong, H. & Jiang, N., 2019. Representation and processing of lexical bundles: Evidence from word monitoring. *System*, 80: 188-198.

Kanoksilapatham, B., 2005. Rhetorical structure of biochemistry research articles. *English for Specific Purposes*, 24(3): 269-292.

Kim, S. & Kessler, M., 2022. Examining L2 English university students' uses of lexical bundles and their relationship to writing quality. *Assessing Writing*, 51: 100589 [2023-11-20]. https://doi.org/10.1016/j. asw.2021.100589.

Landis, J. R. & Koch, G. G., 1977. The measurement of observer agreement for categorical data. *Biometrics*, 33(1): 159-174.

Lee, D. & Swales, J., 2006. A corpus-based EAP course for NNS doctoral students: Moving from available specialized corpora to self-compiled corpora. *English for Specific Purposes*, 25: 56-75.

Lei, L. & Liao, S., 2017. Publications in linguistics journals from the Mainland, Hong Kong, Taiwan, and Macao (2003—2012): A bibliometric analysis. *Journal of Quantitative Linguistics*, 24(1): 54-64.

Lei, L. & Liu, D. L., 2019. Research trends in applied linguistics from 2005 to 2016: A bibliometric analysis and its implications. *Applied Linguistics*, 40(3): 540-561.

Li, Y. K. & Fang, A. B., 2022. Synergistic effects of multiword sequences structure, function, frequency and association on raters' evaluations of essay quality. *Frontiers in Psychology*, 13: 1026658 [2023-11-20]. https://doi.org/10.3389/fpsyg.2022.1026658.

Lim, J. M. H., 2006. Method sections of management research articles: A pedagogically motivated qualitative study. *English for Specific Purposes*, 25: 282-309.

Liu, D., 2012. The most frequently-used multi-word constructions in academic written English: A multi-corpus study. *English for Specific Purposes*, 31(1): 25-35.

Liu, C. Y. & Chen, H. J. H., 2022. Phraseological exploration of university lectures through phrase frames. *Journal of English for Academic Purposes*, 58: 101135 [2023-11-20]. https://doi.org/

10. 1016/j. jeap. 2022. 101135.

Liu, L., Jiang, F. K. & Du, Z., 2023. Figure legends of scientific research articles: Rhetorical moves and phrase frames. *English for Specific Purposes*, 70: 86-100.

Lu, X. & Deng, J., 2019. With the rapid development: A contrastive analysis of lexical bundles in dissertation abstracts by Chinese and L1 English doctoral students. *Journal of English for Academic Purposes*, 39: 21-36.

Lu, X., Yoon, J. & Kisselev, O., 2018. A phrase-frame list for social science research article introductions. *Journal of English for Academic Purposes*, 36: 76-85.

Lu, X., Yoon, J. & Kisselev, O., 2021. Matching phrase-frames to rhetorical moves in social science research article introductions. *English for Specific Purposes*, 61: 63-83.

Lu, X., Yoon, J., Kisselev, O. & Casal, J. E. et al., 2021. Rhetorical and phraseological features of research article introductions: Variation among five social science disciplines. *System*, 100: 102543 [2023-11-20]. https://doi. org/10. 1016/j. system. 2021. 102543.

Marco, M. J. L., 2000. Collocational frameworks in medical research papers: A genre-based study. *English for Specific Purposes*, 19: 63-86.

Martinez, R. & Schmitt, N., 2012. A phrasal expressions list. *Applied Linguistics*(3): 299-320.

Mizumoto, A., Hamatani, S. & Imao, Y., 2017. Applying the bundle-move connection approach to the development of an online writing support tool for research articles. *Language Learning*, 67(4): 885-921.

Moreno, A. I. & Swales, J. M., 2018. Strengthening move analysis methodology towards bridging the function-form gap. *English for Specific Purposes*, 50: 40-63.

Nattinger, J. R. & DeCarrico, J. S., 1992. *Lexical Phrases and Language Teaching*. Oxford: Oxford University Press.

Nesselhauf, N., 2003. The use of collocations by advanced learners of English and some implications for teaching. *Applied Linguistics*, 24

(2): 223-242.

Northbrook, J. & Conklin, K., 2018. "What are you talking about?": An analysis of lexical bundles in Japanese junior high school textbooks. *International Journal of Corpus Linguistics*, 23(3): 311-334

Oakey, D., 2020. Phrases in EAP academic writing pedagogy illuminating Halliday's influence on research and practice. *Journal of English for Academic Purposes*, 44: 1-16.

O'Donnell, M. B., Römer, U. & Ellis, N. C., 2013. The development of formulaic sequences in first and second language writing: Investigating effects of frequency, association, and native norm. *International Journal of Corpus Linguistics*, 18(1): 83-108.

Omidian, T., Shahriari, H. & Siyanova-Chanturia, A., 2018. A cross-disciplinary investigation of multi-word expressions in the moves of research article abstracts. *Journal of English for Academic Purposes*, 36: 1-14.

Pan, F., Reppen, R. & Biber, D., 2016. Comparing patterns of L1 versus L2 English academic professionals: Lexical bundles in telecommunications research journals. *Journal of English for Academic Purposes*, 21: 60-71.

Peters, E. & Pauwels, P., 2015. Learning academic formulaic sequences. *Journal of English for Academic Purposes*, 20: 28-39.

Qin, J., 2014. Use of formulaic bundles by non-native English graduate writers and published authors in applied linguistics. *System*, 42: 220-231.

R Core Team, 2016. *R: A language and environment for statistical computing* (Version 3. 3. 2). Vienna, Austria.

Ren, J., 2022. Comparative study of the phrase frames used in the essays of native and nonnative English students. *Lingua*, 274: 103376 [2023-11-20]. https://doi. org/10. 1016/j. lingua. 2022. 103376.

Renouf, A. & Sinclair, J., 1991. Collocational frameworks in English. In Aijmer, K. & Altenberg, B. (eds.). *English Corpus Linguistics*. London: Longman: 128-143.

Römer, U., 2009. The inseparability of lexis and grammar: Corpus linguistic perspectives. *Annual Review of Cognitive Linguistics* (7): 140-162.

Römer, U. , 2010. Establishing the phraseology of a text type. *English Text Construction*, 3(1): 95-119.

Römer, U. , 2017. Language assessment and the inseparability of lexis and grammar: Focus on the construct of speaking. *Language Testing*, 34 (4SI): 477-492.

Salazar, D. , 2014. *Lexical Bundles in Native and Non-Native Scientific Writing: Applying a Corpus-based Study to Language Teaching*. Amsterdam: John Benjamins.

Santos, M. , 1996. The textual organization of research paper abstracts in applied linguistics. *Text—Interdisciplinary Journal for the Study of Discourse*, 4: 481-500.

Scott, M. & Tribble, C. , 2006. *Textual patterns: Key words and corpus analysis in language education*. Amsterdam: John Benjamins.

Shin, Y. , 2020. Evaluative prosody and semantic preference: Extending the analysis of recurrent multiword sequences. *English for Specific Purposes*, 59: 45-58.

Simpson-Vlach, R. & Ellis, N. C. , 2010. An academic formulas list: New methods in phraseology research. *Applied Linguistics*, 31(4): 487-512.

Sinclair, J. M. , 1991. *Corpus Concordance Collocation*. Oxford: Oxford University Press.

Sinclair, J. M. , 1996. The search for units of meaning. *Textus IX* 9: 75-106.

Sinclair, J. M. , 2003. *Reading Concordances: An Introduction*. London: Pearson.

Sinclair, J. M. , 2004. *Trust the Text: Language, Corpus and Discourse*. London: Routledge.

Sinclair, J. M. , 2008. The phrase, the whole phrase, and nothing but the phrase. In Granger, S. & Meunier, F. (eds.). *Phraseology: An Interdisciplinary Perspective*. Amsterdam: John Benjamins: 407-410.

Strobl, C. , Ailhaud, E. & Benetos, K. et al. , 2019. Digital support for academic writing: A review of technologies and pedagogies. *Computers & Education*, 131: 33-48.

Stubbs, M. , 2001. *Words and Phrases: Corpus Studies of Lexical*

Semantics. Oxford: Blackwell Publishers.

Swales, J. M., 1990. *Genre Analysis: English in Academic and Research Settings*. Cambridge & New York: Cambridge University Press.

Swales, J. M., 2004. *Research Genres: Explorations and Applications*. Cambridge & New York: Cambridge University Press.

Swales, J. M. & Feak, C. B., 2004. *Academic Writing for Graduate Students*. Ann Arbor: University of Michigan Press.

Swales, J. M., 2019. The futures of EAP genre studies: A personal viewpoint. *Journal of English for Academic Purposes* 38: 75-82.

Tan, Y. & Römer, U., 2022. Using phrase-frames to trace the language development of L1 Chinese learners of English. *System*, 108: 102844 [2023-11-20]. https://doi.org/10.1016/j.system.2022.102844.

Tanko, G., 2017. Literary research article abstracts: An analysis of rhetorical moves and their linguistic realizations. *Journal of English for Academic Purposes*, 27: 42-55.

Thi, N. P. L. & Harrington, M., 2015. Phraseology used to comment on results in the discussion section of applied linguistics quantitative research articles. *English for Specific Purposes*, 39: 45-61.

Vo, S., 2019. Use of lexical features in non-native academic writing. *Journal of Second Language Writing*, 44: 1-12.

Warschauer, M., 2000. *CALL for the 21st Century*. Barcelona, Spain.

Wood, D., 2015. *Fundamentals of Formulaic Language*. London & New York: Bloomsbury Academic.

Wray, A., 2002. *Formulaic Language and the Lexicon*. Cambridge: Cambridge University Press.

Wright, H. R., 2019. Lexical bundles in stand-alone literature reviews: Sections, frequencies, and functions. *English for Specific Purposes*, 54: 1-14.

Wulff, S. & Römer, U., 2009. Becoming a proficient academic writer: Shifting lexical preferences in the use of the progressive. *Corpora*, 4(2): 115-133.

Xiao, R., & McEnery, T., 2006. Collocation, semantic prosody, and near synonymy: A cross-linguistic perspective. *Applied Linguistics*, 27(1):

103-129.

Yang, R. Y. & Allison, D., 2003. Research articles in applied linguistics: Moving from results to conclusions. *English for Specific Purposes*, 22 (4): 365-385.

Yoon, H. & Hirvela, A., 2004. ESL student attitudes toward corpus use in L2 writing. *Journal of Second Language Writing*, 13(4): 257-283.